全过程工程咨询
问题解答及要点解析

北京国金管理咨询有限公司　皮德江　著

中国建筑工业出版社

图书在版编目（CIP）数据

全过程工程咨询问题解答及要点解析 / 北京国金管理咨询有限公司，皮德江著. —北京：中国建筑工业出版社，2022.8
ISBN 978-7-112-27665-3

Ⅰ.①全… Ⅱ.①北… ②皮… Ⅲ.①建筑工程—咨询服务 Ⅳ.①F407.9

中国版本图书馆 CIP 数据核字（2022）第 132135 号

责任编辑：宋 凯 张智芊
责任校对：董 楠

全过程工程咨询问题解答及要点解析
北京国金管理咨询有限公司 皮德江 著
*
中国建筑工业出版社出版、发行（北京海淀三里河路9号）
各地新华书店、建筑书店经销
华之逸品书装设计制版
北京君升印刷有限公司印刷
*
开本：787毫米×1092毫米 1/16 印张：20½ 字数：420千字
2022年9月第一版 2022年9月第一次印刷
定价：**58.00**元
ISBN 978-7-112-27665-3
（39738）

版权所有 翻印必究
如有印装质量问题，可寄本社图书出版中心退换
（邮政编码 100037）

勤于思改
勇于探索
统筹协调
全咨服务

王早生

二〇二二年十月六日

中国建设监理协会会长王早生为本书题字

序
PREFACE

全过程工程咨询自2017年起已经历经了五年,如今已开始向纵深发展。以全过程咨询试点地区浙江、广东和江苏为代表的先试先行省份,积极响应国务院、国家发展改革委和住房和城乡建设部关于发展和推行全过程咨询的号召,在稳步推进的基础上,大胆探索创新,改革原有传统工程项目建设、管理和招标模式。上述地区政府不仅陆续出台全过程咨询系列指导意见、服务导则和实施方案等,还促使一批全过程咨询服务项目落地实施并逐年增加,呈现出欣欣向荣、蒸蒸日上的喜人景象。

随着全过程咨询的不断深入推进,各种问题和矛盾随之凸显。工程咨询单位不但忙于全过程咨询服务项目的日常繁复工作,同时还抽出时间、投入人力物力,本着目标导向、市场导向、问题导向和结果导向相结合的研究方法和态度,加强供给侧(工程咨询单位)自身的改革和提高,深入研究和解决全过程工程咨询在发展过程中出现的新问题和矛盾,探索新的发展路径。

北京国金管理咨询有限公司一直秉承"主动的服务意识、专业的服务水平、规范的服务过程、优良的服务效果"的经营理念。随着全过程工程咨询的兴起和不断发展以及企业自身发展的需要,我们提出"忠诚廉洁、敬业精业、预控高效、沟通包容"的咨询服务工作准则,旨在不断提高我们的服务质量,为项目业主提供更高质量的服务产品,为工程咨询行业和全过程咨询领域做出我们的贡献。

让我们工程咨询行业各位同仁共同携起手来,努力奋斗、锐意进取、大胆探索创新,迎接全过程咨询更加辉煌灿烂的明天。

北京国金管理咨询有限公司　总裁
国　金　管　理　研　究　院　院长
2022年10月16日

前言
FOREWORD

在电脑上敲入书稿的最后一个字符,抬眼一看,岁月的脚步已迈入2022年年末。真是时光荏苒,岁月如梭,如白驹过隙。不由手抚键盘,思绪一下飞回44年前。

1978年夏季,正值"文化大革命"后恢复高考的第二年,即史称的中国改革开放元年和"高考77、78级现象"时期,作为应届高中毕业生的我,正在填报高考志愿。我的高中老师指导我填报志愿时,随口说了一句:学建筑也不错嘛!并随手一划,把我填报的志愿由医学改为建筑,我的人生轨迹也就随之改变。从此,世上少了一位"悬壶济世"的医者,而多了一位"安得广厦千万间,大庇天下寒士俱欢颜!风雨不动安如山"的建筑结构工程师。

从对建筑行业的懵懂无知到历经四十多年建筑行业、工程咨询行业的风雨历练,从一个青涩单纯的大学生到自诩为"八十年代新一辈"的大学青年教师,再成长为工程设计师、高级工程师、项目经理,直至企业的部门主管和公司管理者,与毕生从事的建筑行业、工程咨询行业之间,有点像旧式婚姻中的"先结婚后恋爱"那样,从经人介绍认识,到结婚生子过日子,再回到逐步培养、建立感情的谈"恋爱"阶段,最后升华为相濡以沫、白头偕老的最高境界。人生就是如此的不可捉摸,经常是"有心栽花花不开,无心插柳柳成荫",不过也正因如此才会有趣、难忘和曼妙。

从事工程咨询行业的过程中,时常感到咨询行业还有很多未知领域且发展现状有很多亟待改进之处。不知从何时起,自己逐步产生一种使命感,虽只是行业中的普通一员,但却总觉得有责任和义务参与其中,并将自己从业大半生的经验教训及所得所失奉献出来,和行业同仁共享,这也许就是时下所谓的"不忘初心,牢记使命"吧。

2019年10月,自我撰写的《全过程工程咨询内容解读和项目实践》一书出版后,该书在全过程工程咨询行业内获得一定的反响,从一个侧面反映了全过程工程咨询在工程咨询行业中广受关注。随着全过程工程咨询服务的进一步落地、推行和向纵深发展,各种问题、疑虑和争议也随之产生,一定程度上影响和迟滞了全过程工程咨询的推进速度和健康持续发展。基于上述问题和现象,自拙作出版后不久,我便开始认真思考和进一步探究有关全过程工程咨询发展的重大问题和争议，同时注意搜集和整理相关问题和资料，形成工作笔记；此外，结合自己和所在公司的全过程工程咨询项目实践以及自己参加各种讲座、论坛、评审会和交流授课等活动的难得经历，以收集整理的大量资料和自己在各类期刊杂志上发表的文章为基础，编写完成此书。本书可作为《全过程工程咨询内容解读和项目实践》一书的姊妹篇。

编著此书还有一个目的，就是基于自己在长期的全过程工程咨询和业主方项目管理服务过程中，常常遇到很多困惑和疑问，可能囿于自身知识层面和接触范围，很难得到较为圆满的答疑解惑。而不少专业书籍和解答只停留在理论层面，一触及项目实际解决办法就语焉不详，针对性和实操性不强且让人不得要领。

究其原因，可能是因为在工程建设领域，施工专业技术、管理方法等最成熟，各种专著论述也最多，并且结论最清晰；而工程设计、造价咨询、工程监理等行业，工作范围和边界较清楚，规范规程、技术标准配套成熟，讲清楚相对也并不困难。反观全过程工程咨询和业主方项目管理服务，由于涉及的管理咨询要素多于技术咨询，不确定性等复杂风险因素较多，加之理论和实践研究起步较晚，因此多囿于碎片化、分专业和阶段性研究，造成上述困惑和疑问不容易得到准确和清晰的解答。

因此，本书旨在采用通俗易懂的问答方式，将搜集到的大量工程案例中所遇到的问题和做法加以提炼，并编列于书中，以飨读者。旨在使广大工程咨询行业同仁和项目业主于日常工作中，像查工作手册和工具书一样便于查找和参考。

本书共分为三个部分：

第一部分，编列了全过程工程咨询服务中九十余个各种常见和疑难问题，并尝试对其进行解析和回答。

第二部分，提供了全过程工程咨询服务行业普遍关心的全过程工程咨询服务策划方案编制要求和项目策划方案参考案例，以及建设单位关心的全过程工程咨询服务履约评价表等相关内容。

第三部分，将涉及国家和北京市有关工程咨询行业的部分政策法规文件统计整理后进行选择编辑，以省去读者自行查找、下载之苦。

本书能够顺利付梓，首先要特别感谢公司总裁沈柏先生，不仅是因为他对我写作、出版此书的大力支持和帮助，更令我感激和难忘的是，书中的许多观点正是我们一起在办公室、会议室，甚至飞机和高铁上通过不断交流、讨论、思想碰撞和头脑风暴得来的。沈总的很多独辟蹊径、开启思路的创新见解和观点，常使我耳目一新，大受裨益。

特别感谢公司市场发展部经理周萍女士及余然、张琪、何飞等工程师在本书的编著过程中提供了无私奉献和帮助，是他们的倾力相助和默默付出，使我切身感受到集体的力量和温暖。

此外，还要感谢我的同事，公司高级副总裁徐岩、总工程师赵泓、副总裁丁旋和法务合约部经理吴丽萍律师以及招标事业部经理张阳、评估稽查部经理史晋燕、工程管理部经理刘建江、综合部经理万青云，是他们及所带领的团队作为国金公司全过程工程咨询项目实践中坚力量的艰苦工作，及与公司各部门的密切配合协作，给我的工作和本书的编著提供了项目实操案例和坚实的写作基础及技术后盾。应该说，本书的编著和出版发行，凝结着国金公司全体同仁的智慧和汗水。

感谢中国建筑工业出版社的领导和编辑为本书出版付出的心血。

最后，还要感谢我的夫人陈芳教授，不仅作为贤内助，为我的写作创造很多便利条件，而且从工程设计、设计管理和工程总承包等专业和实际工程案例角度给了我很多启发、提示和建议。

由于笔者水平所限，书中难免疏漏和错误，恳请各位领导、专家和读者批评指正。

谨以此书作为笔者专业生涯小溪中的一朵水花，为大学毕业并从业四十周年留下一个小小的注脚和纪念。

2022 年 10 月 16 日

目录 CONTENTS

第一部分　全过程工程咨询问题解答解析 001
一、基本概念 002
第1题：什么是全过程工程咨询？ 002
第2题：如何理解项目、项目管理、工程项目管理和全过程项目管理？ 002
第3题：国家关于建设项目"四制"的规定是什么？ 005
第4题：项目全过程工程咨询服务单位是指哪些单位和机构？ 006
第5题：项目总咨询师、专业咨询负责人及专业咨询工程师岗位如何设置？ 006
第6题：项目建设单位、项目法人和项目业主之间的关系和区别 007
第7题：什么是"1+N"模式全过程工程咨询？ 008
第8题：什么是"1+1+N"模式全过程工程咨询？ 008
第9题：什么是"建筑师负责制"模式全过程工程咨询？ 008
第10题：什么是委托型业主方项目管理（PMA）？ 009
第11题：什么是承包型（代建制）业主方项目管理（PMC）？ 010

二、政策法规 011
第12题：国家和政府层面全过程工程咨询政策法规一览 011
第13题：住房和城乡建设部10个试点省市全过程工程咨询政策法规一览 011
第14题：非试点省市全过程工程咨询政策法规一览 013
第15题：各地开展全过程工程咨询服务的单位应具备哪些咨询资质条件？ 014
第16题：各地对开展全过程工程咨询服务的项目咨询管理人员有何资格要求？ 015
第17题：各地对全过程工程咨询服务是否可以依法分包（或称转委托）有哪些规定？ 017
第18题：各地对全过程工程咨询服务酬金列支和计取有哪些规定？ 018

第19题：各地对全过程工程咨询服务招标有哪些规定？ ………………………… 020
第20题：各地有哪些可供选择的全过程工程咨询服务招标文件和合同示范文本？ … 021
第21题：哪些工程项目必须招标？ ……………………………………………… 022
第22题：工程咨询行业协会层面关于全过程工程咨询服务有何规定？ ………… 023
第23题：国家层面招标投标法律法规相关文件一览 …………………………… 023

三、服务取费 …………………………………………………………………… 024

第24题：国家关于全过程工程咨询服务费用列支和取费有何规定？ …………… 024
第25题：全过程工程咨询服务相关取费政策解析 ………………………………… 025
第26题："515号文"对全过程工程咨询服务列支和取费是如何规定的？ ……… 026
第27题：针对全过程项目管理取费困境有何解决办法和建议？ ………………… 027
第28题：项目建议书和可行性研究报告编制取费标准参考 …………………… 029
第29题：环境影响评估报告编制取费标准参考 ………………………………… 030
第30题：交通影响评价咨询报告编制取费标准参考 …………………………… 036
第31题：社会稳定性风险评估报告编制取费标准参考 ………………………… 037
第32题：节能评估报告编制取费标准参考 ……………………………………… 038
第33题：修建性详细规划设计（总图设计）、城市设计编制等取费标准参考 … 039
第34题：水土保持方案编制取费标准参考 ……………………………………… 040
第35题：工程勘察取费标准参考 ………………………………………………… 042
第36题：工程设计取费标准参考 ………………………………………………… 048
第37题：工程监理取费标准参考 ………………………………………………… 054
第38题：造价咨询取费标准参考 ………………………………………………… 057
第39题：PPP项目咨询服务取费标准参考 ……………………………………… 063
第40题：招标代理取费标准参考 ………………………………………………… 064
第41题：BIM咨询取费参考标准 ………………………………………………… 065
第42题：全过程造价咨询服务有取费参考依据吗？ …………………………… 070
第43题：全过程工程咨询招标代理（采购）服务有取费参考依据吗？ ……… 071
第44题：北京市BIM收费参考标准 ……………………………………………… 071
第45题：后评价咨询取费标准参考 ……………………………………………… 072
第46题：绿色建筑咨询取费标准参考 …………………………………………… 073
第47题：全过程工程咨询建筑师负责制模式建筑师服务取费参考依据 ……… 075
第48题：对于全过程工程咨询服务取费有哪些意见和建议？ ………………… 085

四、要点解析

第49题：全过程工程咨询发展现状解析 ········· 085

第50题：全过程工程咨询服务可以采用咨询总分包模式吗？ ········· 089

第51题：全过程工程咨询服务"1+N"模式解析 ········· 090

第52题：全过程工程咨询招标委托模式有哪些？ ········· 091

第53题：为何推荐《清单革命》一书？ ········· 091

第54题：什么是政府投资项目集中管理？ ········· 092

第55题：全过程工程咨询发展创新趋势解析 ········· 092

第56题：什么是总包服务费、总包管理费、总包配合费？ ········· 095

第57题：基坑工程EPC承包模式解析 ········· 097

第58题：什么是模拟工程量清单招标？ ········· 098

第59题：如何界定建设单位肢解发包工程？ ········· 099

第60题：单项工程和单位工程有何区别？ ········· 100

第61题：什么是费率招标？其有何优缺点？ ········· 101

第62题：工程量清单招标和施工图预算招标的区别和差别？ ········· 102

第63题：什么是暂估价、暂估项招标？ ········· 103

第64题：工程总承包模式与施工总承包模式的区别是什么？ ········· 105

第65题：建设单位委托全过程工程咨询服务有哪些主要工作内容？ ········· 108

第66题：政府推行全过程工程咨询服务的主要目的和任务是什么？ ········· 108

第67题：为什么必须强调项目管理在全过程工程咨询服务中的核心地位？ ········· 109

第68题：为什么说不包含项目管理的咨询服务不是全过程工程咨询服务？ ········· 111

第69题：如何说服项目业主同意采用"管监一体化（管监合一）"模式？ ········· 113

第70题：评价优秀全过程工程咨询服务和项目管理机构的标准和准则是什么？ ········· 114

五、项目实操

第71题：全过程工程咨询服务有招标文件参考文本吗？ ········· 114

第72题：全过程工程咨询服务合同文件有参考文本吗？ ········· 130

第73题：全过程项目管理合同有参考文本（主要内容）吗？ ········· 139

第74题：一般项目业主对项目管理有哪些需求和主要关注点？ ········· 143

第75题：政府投资项目中，同一项目出现不同资金来源，如发展改革资金、财政资金和自筹资金等，如何进行招标和项目管理？ ········· 145

第76题：项目业主（建设单位）与全过程工程咨询服务单位的工作界面
如何划分？ ··· 146

第77题：全过程工程咨询服务项目管理组织架构参考 ·· 147

第78题：什么情况下项目建议书可以代可行性研究报告？ ·· 148

第79题：政府投资项目业主方如委托第三方检测、尽职调查、咨询顾问、
专项检测等，费用从何处列支？ ·· 148

第80题：工程项目前期手续办理程序 ··· 149

第81题：项目可行性研究报告批复及方案设计确定后，在设计单位编制
初步设计文件（初步设计图纸及概算）过程中，全过程工程咨询服务
单位设计管理的工作重点是什么？ ··· 153

第82题：设计单位中标项目全过程工程咨询服务，其还可以参加该项目的
工程总承包招标投标吗？ ··· 154

第83题：政府投资的重大项目如何开展全过程工程咨询服务？有哪些管理要点及
经验教训值得总结和汲取？（香山革命纪念馆项目案例） ···································· 155

第84题：全过程工程咨询服务项目主要管理人员岗位职责参考 ····································· 158

第85题：项目各项咨询服务的取费基数及相关术语 ·· 161

第86题：全过程工程咨询服务项目各专项咨询团队配置要点 ·· 164

第87题：《项目咨询服务廉洁自律承诺告知书》模板 ·· 166

第88题：工程建设项目如何科学合理划分阶段？ ·· 167

第89题："1+N"模式中，如不规定N≥1，则可取N=0，变为"1+0"模式，
还是不是全过程工程咨询服务？ ··· 168

第90题："1+N"模式中，如将1变为0，变为"0+N"模式，其中N≥2，
还是不是全过程工程咨询服务？ ··· 169

第91题："1+N+X"模式解析 ·· 170

第92题：如何向建设（业主）单位推荐和阐述全过程工程咨询及其优势？ ····················· 172

第93题：关于全过程工程咨询服务取费中统筹管理费用收取相关问题解析 ·················· 174

第94题：解决全过程咨询服务项目管理取费过低难题有何新的思路和做法？ ················ 174

第二部分　全过程工程咨询项目策划方案编制和履约服务评价 ·············· 177

第一节　项目策划方案编制基本要求（编制大纲） ·· 178
第二节　项目策划方案参考 ··· 187
第三节　履约服务评价 ·· 232

第三部分　国家部委和北京市政府关于工程咨询行业的相关政策法规 …… 257

一、财政部关于印发《基本建设项目建设成本管理规定》的通知
　　（财建〔2016〕504号）…………………………………………… 258

二、《国家发展改革委关于放开部分建设项目服务收费标准有关问题通知》
　　（发改价格〔2014〕1573号）………………………………………… 261

三、《国家发展改革委关于进一步放开建设项目专业服务价格的通知》
　　（发改价格〔2015〕299号）………………………………………… 261

四、国家发展改革委办公厅关于进一步做好《必须招标的工程项目规定》和
　　《必须招标的基础设施和公用事业项目范围规定》实施工作的通知
　　（发改办法规〔2020〕770号）……………………………………… 263

五、北京市发展改革委政府投资项目初步设计概算投资构成［公共建筑工程部分
　　（含住宅建筑）］……………………………………………………… 266

六、《北京市发展和改革委员会政府投资项目初步设计概算投资构成及计费依据
　　现行文件汇编》目录………………………………………………… 291

附件一　全过程工程咨询论文精选 ……………………………………… 293
附件二　全过程工程咨询配套习题 ……………………………………… 309

参考文献 ………………………………………………………………… 316

第一部分

全过程工程咨询问题解答解析

一、基本概念

第1题：
什么是全过程工程咨询？

（1）定义一：工程咨询方综合运用多学科知识、工程实践经验、现代科学技术和经济管理方法，采用多种服务方式组合，为委托方在项目投资决策、建设实施阶段乃至运营维护期提供局部或整体解决方案和管理的智力性服务活动（住房和城乡建设部全咨课题组）。

（2）定义二：对建设项目全生命周期（包含建设项目投资决策期、工程建设期和运营维护期）提供包含涉及组织、管理、经济和技术等有关方面的局部或整体解决方案的智力服务活动。包括但不限于项目的全过程项目管理以及投资咨询、工程勘察、设计、监理、造价咨询、招标代理、BIM咨询、绿色建筑咨询和运行维护咨询及其他咨询等全部或部分专业咨询服务（试点省市全咨发展指导意见）。

（3）定义三：采用多种服务方式组合，为项目决策、实施和运营持续提供局部或整体的解决方案以及管理服务（国家发展改革委《工程咨询行业管理办法》）。

（4）定义四：指对建设项目全生命周期提供组织、管理、经济和技术等各有关方面的工程咨询服务，可包括项目的全过程工程项目管理、投资决策综合性咨询、勘察、设计、招标采购、造价咨询、监理、运营维护咨询以及BIM咨询等专业咨询服务。全过程工程咨询服务可采用多种组织方式，由投资人授权一家单位负责或牵头，为项目从决策至运营持续提供局部或整体解决方案以及管理服务（深圳市住房和建设局）。

第2题：
如何理解项目、项目管理、工程项目管理和全过程项目管理？

1. 项目

项目是指在一定的约束条件下（主要是限定资源、限定时间），具有特定目标的一次性任务。项目具有单件性、生命周期和一定的约束条件等几个特征。

2. 项目管理

项目管理是指运用科学的理论和方法对项目进行计划、组织、指挥、控制和协调，实现项目确定目标的过程和活动；是融决策、管理、效益为一体的组织、过程和方法的集合。一般项目具有唯一性（专门性）、一次性（短期性）、整体性、多目标性和寿命周期阶段性等特征和特性。

项目管理是运用管理的知识、工具和技术于项目活动上，来达成解决项目问题或项目需求的结果。所谓管理包含领导（Leading）、组织（Organizing）、用人（Staffing）、计划（Planning）和控制（Controlling）五项主要工作。

项目管理还可以表述为：运用各种相关技能、方法与工具，为满足或超越项目有关各方对项目的要求与期望，所开展的各种计划、组织、领导和控制等方面的活动。

项目管理（PM）具有系统性、过程性、创新性、特殊性、复杂性和目的性特征和特点。具有成本、工期和质量管理三要素。

3. 工程项目管理

工程项目管理是在一定的约束条件下，以最优地实现建设工程项目目标为目的，按照其内在的逻辑规律对工程项目有效地进行计划、组织、协调、指挥和控制的系统管理过程和活动。

工程项目管理具有如下特点：

（1）工程项目管理是一种一次性管理。

这是由工程项目的单件性特征决定的。在工程项目管理过程中，一旦出现失误，很难有纠正机会，只能留下遗憾。这一点和工厂的车间管理或企业管理有明显的不同。为避免遗憾出现，优秀管理企业、项目经理（负责人）的选择、项目人员的配备和机构的设置就成了工程项目管理的首要问题。由于工程项目具有短期性特点和项目管理的一次性特征，所以在工程项目管理中，对项目建设的每个环节都实行严密的管理，具有特殊的意义。

（2）工程项目管理是一种全过程的综合性管理。

工程项目的建设周期和生命周期是一个有机的成长过程。项目的各个阶段既有明显的界线，又相互衔接、搭接和融合，不可间断。这就决定了项目管理应该是全建设周期直至全生命周期全过程的管理。由于社会生产力的不断发展和进步，社会化分工不断扩大、越来越细，项目建设和生命周期的不同阶段，如投资策划决策、勘察、设计、招标、采购、造价、管理、监理和施工、供货等逐步由专业的企业或独立的部门去完成，这就使得工程项目管理必须成为一种全过程的综合性管理，以满足工程建设项目对项目管理日益提高的要求。

（3）工程项目管理是一种约束性强的管理。

项目管理的约束条件，既是项目管理的必要条件，又是不可逾越的限制。工程项目管理的一次性特征、其明显的目标和时间限制、既定的功能要求以及质量标准和概算额度，决定了约束条件的约束强度比其他管理更高。工程项目管理的重要特点在于工程项目管理者必须在一定的时间内，善于应用这些条件，而又不能超越这些条件的情况下，完成既定任务，达到预期的目标，即投资、工期、质量、安全、绿色环保和使用功能六大目标。机不可失，时不再来，项目不会给管理者纠正错误、重来一次的机会和时间。

工程项目管理与工程咨询企业管理不同，不能混为一谈。工程项目管理的对象是具体的建设项目；而企业管理的对象是整个企业，管理范围涉及企业生产经营活动的各个方面，一个工程项目仅是其中的一个组成部分；而且，企业管理是与企业兴衰发展直接相关的，它没有工程项目管理所具有的一次性特点。

工程项目管理（业主方）用更加具体的建设行业专业术语的表达：它是项目管理在工程建设行业的一个重要分支，是指通过一定的组织形式，用系统工程的观点、理论和方法对工程建设项目生命周期内（或建设周期内）的所有工作，包括但不限于项目建议书、可行性研究报告、项目投资策划决策、工程勘察、设计、招标采购、建设手续办理、施工、验收和运维（运营）、后评价乃至项目建筑、设施拆除等系统运动过程进行计划、组织、指挥、协调和控制，以达到保证工程质量、缩短工期、提高投资效益和保证安全生产、绿色节能环保和实现项目使用功能的目的（或称六大目标、六统一）。由此可见，工程项目管理是以工程项目目标控制（六大目标）为核心的管理活动。

（4）国家及住房和城乡建设部对其定义的表述。

《建设工程项目管理规范》GB/T 50326—2017第2.0.2条将工程项目管理定义表述为："建设工程项目管理（Construction project management）运用系统的理论和方法，对建设工程项目进行的计划、组织、指挥、协调和控制等专业化活动，简称为项目管理"。

住房和城乡建设部《关于培育发展工程总承包和工程项目管理企业的指导意见》（建市〔2003〕30号）将项目管理服务定义为："项目管理服务是指工程项目管理企业按照合同约定，在工程项目决策阶段，为业主编制可行性研究报告，进行可行性分析和项目策划；在工程项目实施阶段，为业主提供招标代理、设计管理、采购管理、施工管理和试运行（竣工验收）等服务，代表业主对工程项目进行质量、安全、进度、费用、合同、信息等管理和控制"。工程项目管理企业一般应按照合同约定承担相应的管理责任。

（5）工程项目管理（业主方）类型。

主要可分为业主自管型和委托型两种。委托型项目管理服务主要有代理型（PMA）和承包型（PMC）两种模式，政府投资项目代建制实际上属于类似承包型（PMC）模式的项目管理。

4. 全过程项目管理（业主方）

按照建设项目的生命周期，其全过程项目管理工作范围应涵盖如下阶段（至少包括第1~4项及第5项之一部分）：

1）项目策划决策阶段

项目建议书→可行性研究报告→项目评估→初步设计概算批复。

2）工程设计阶段

概念性方案设计（非所有项目）→方案设计→初步设计→扩大初步（技术）设计（非

所有项目）→施工图设计→深化设计、专项设计。

3）招标采购阶段

工程招标／货物采购／服务采购。

4）工程施工及验收收尾阶段

施工准备→建安工程施工／市政（室外）工程施工／专业、专项工程→竣工验收、备案→工程结算、决算、固定资产移交（非所有项目）。

5）保修阶段与运营运维、物业管理

运营培训→运行维护→项目后评价。

第3题：
国家关于建设项目"四制"的规定是什么？

1.建设项目法人责任制

项目法人责任制是建设工程管理的基本制度。这是指国有单位经营性建设项目由项目法人负责项目策划、资金筹措、建设实施、生产经营、偿还债务和资产的保值增值等全过程管理并承担相关责任的项目管理制度。目前，项目法人责任制也适用于国有（政府）非经营性项目。

该项制度是为了建立投资责任约束机制，按照"产权清晰、权责明确、政企分开、管理科学"的现代企业制度进行项目管理，依据为原国家计委于1996年4月发布的《关于实行建设项目法人责任制的暂行规定》（计建设〔1996〕673号）中"国有单位经营性基本建设大中型项目在建设阶段必须组建项目法人""由项目法人对项目的策划、资金筹措、建设实施、生产经营、债务偿还和资产的保值增值，实行全过程责任制"。

1999年2月颁布的《国务院办公厅关于加强基础设施工程质量管理的通知》（国办发〔1999〕16号）文，进一步对项目法人责任制给予了明确，提出："基础设施项目，除军事工程等特殊情况外，都要按政企分开的原则组建项目法人，实行建设项目法人责任制，项目法定代表人对工程质量负总责"。

法人分为企业法人、机关法人和事业法人。对于国有（包括政府）投资的非经营性项目也应按照"建、管、用"分离的指导思路，成立或授权成立项目业主机构（建设单位），或以城建投资主体为项目业主和项目法人，参照经营性投资项目的管理模式实行项目法人责任制或项目业主责任制。

2.建设工程监理制

建设工程监理制是指建设工程必须执行监理管理制度，即建设工程凡是达到国家规定的规模和标准，以及国家规定必须实行监理的工程，均应实行建设监理的制度。

具有相应资质的监理单位受工程项目建设单位委托，依据国家有关工程建设的法律、法规，经建设主管部门批准的工程项目建设文件、建设工程委托监理合同及其他工程建设合同,对工程建设实施的专业化进行监督和管理。

实行建设监理,已经成为我国的一项重要制度。《中华人民共和国建筑法》以法律制度的形式作出规定:"国家推行建筑工程监理制度",从法律上明确了监理制度的法律地位。

3.建设项目招标投标制

建设项目招标投标制是指建设工程凡是达到国家规定的规模和标准,以及国家规定必须进行招标投标的工程,均应实行项目招标投标来确定承担单位的制度。

4.建设项目合同管理制

建设项目合同管理制是指建设项目实行合同管理的制度,即建设工程包括但不限于项目管理、经营、勘察设计、咨询、施工、安装、监理、材料设备及货物、服务采购等建设活动的相关方必须签订书面合同,并以合同为基础履行合同和进行合约管理。

第4题:
项目全过程工程咨询服务单位是指哪些单位和机构?

项目全过程工程咨询服务单位是指具备相关资质和能力,承担建设项目全过程工程咨询服务的咨询机构。其可以是独立咨询机构或联合体、咨询总分包形式。主要要求如下:

具有与项目相适宜的全过程工程咨询能力和经验,包括但不限于能够制订详细、先进、可行的全过程工程咨询方案,鼓励采用新型咨询和管理技术提高咨询服务水平和项目价值。

具有与项目相适应的专业力量,包括但不限于:选派项目的全过程工程咨询项目总负责人(项目总咨询师)以及各专业专项咨询负责人和专业咨询工程师。

具有良好的信用记录,包括但不限于:全过程工程咨询单位、全过程工程咨询项目负责人和主要的专业咨询工程师规定年限内无不良信用记录等。

还可以定义为:是指建设项目全过程工程咨询的提供方,其可以是独立咨询单位或(咨询总分包性质的)联合体。全过程工程咨询单位应具有国家现行法律规定的与工程规模和委托工作内容相适应的勘察、设计、监理、造价咨询(已取消)等资质。

第5题:
项目总咨询师、专业咨询负责人及专业咨询工程师岗位如何设置?

(1)项目总咨询师:指具备相应资格和能力,由全过程工程咨询服务单位委派,在授权范围内全面负责履行全过程工程咨询服务合同、主持全过程工程咨询服务工作的人员。具体是指由全过程工程咨询单位法定代表人书面授权,具有相关资格和能力履行合同、主持项目全过程工程咨询服务机构工作的负责人。全过程工程咨询项目负责人（项目总咨询师）应当取得工程建设类注册执业资格[注册建筑师、注册结构工程师及其他勘察设计注册工程师、注册造价工程师、注册监理工程师、注册建造师、注册咨询（投资）工程师等一个或多个执业资格]且具有工程类或工程经济类高级职称，并具有同类工程管理经验（业绩）。

（2）承担决策综合咨询、勘察、设计、监理、造价咨询等工作的专业咨询负责人：一般应具有法律法规规定的相应执业资格。重要的大型公共建筑项目，在条件许可情况下，鼓励试行设计牵头（建筑师负责制）的全过程工程咨询，以充分发挥设计团队的主导作用。全过程工程咨询企业、全过程工程咨询项目负责人（项目总咨询师）、专业咨询负责人及相关咨询人员，不得与本项目的施工单位、材料设备供应商之间有任何利益关系。

（3）专业咨询工程师：指具备相应资格和能力，在项目总咨询师和专业咨询负责人的组织和领导下，承担全过程工程咨询服务中的专业咨询服务工作的人员。具体是指具备相应资格和能力、在全过程工程咨询项目负责人和专业咨询负责人管理协调下，开展全过程工程咨询服务的相关专业咨询的专业人士。专业咨询工程师主要包括但不限于以下专业人士：注册建筑师、注册结构工程师及其他勘察设计注册工程师、注册造价工程师、注册监理工程师、注册建造师、咨询工程师（投资）等及相关执业和工程咨询人员。

第6题：
项目建设单位、项目法人和项目业主之间的关系和区别

项目建设单位与项目法人、项目业主多数情况下为同一组织，只是概念使用的范围有一定区别。

（1）项目建设单位：一般存在于项目建设全过程，是对项目全过程负责的组织。

（2）项目法人：按照国家工程项目"四制"（即项目法人责任制、项目监理制、项目招标投标制和项目合同管理制）的管理规定，对工程项目建设承担法定责任的法人。对于没有项目法人的国有非经营性项目，主要是指企业法人、机关法人、事业（单位）法人和社（会）团（体）法人等。

（3）项目业主：项目建设实体的所有者或投资者，属于物权方面的定义。

三者之间可以重合，也可以分离。

上述三个组织通常还有一个俗称，即项目甲方或甲方，这是因为在与项目参建各方签订工程、服务和供货等合同时，其往往作为合同的甲方，故习惯上被称为甲方。其实，对于不同的合同主体、类型和对象，甲方并不是固定的，如施工总分包合同中，总包人就是甲方，而分包人则为乙方。

在全过程工程咨询项目中，建设单位一般是与承担全过程工程咨询服务任务的社会咨询机构签订全过程工程咨询服务合同的当事人，其主要职责是按合同约定，履行提出项目规划和使用功能需求、提供建设用地和建设资金以及监督、管理各参建方等的责任和行使项目重大、重要事项决策权并参与部分业主方项目管理工作。

第7题：
什么是"1+N"模式全过程工程咨询？

"1+N"模式已经在全过程工程咨询服务项目招标和实践中被广泛认可和采用，其中"1"为全过程项目管理，"N"为其他专项咨询业务（N不小于1）；即全过程咨询服务必须包含项目管理，其为招标必选项，且为全过程咨询的核心业务。

第8题：
什么是"1+1+N"模式全过程工程咨询？

"1+1+N（N≥0），一核心+三主项之一+其他专项咨询业务"模式公式，即第一个"1"表示全过程工程咨询必须坚持以全过程项目管理为核心，不委托项目管理业务的项目不能称为全过程工程咨询项目；第二个"1"表示除项目管理外，还必须包括工程设计、工程监理和全过程造价咨询三个主要咨询业务中的至少一项；"N"表示上述核心和主要咨询业务之外的其他专项咨询业务，"N"可以为0。

第9题：
什么是"建筑师负责制"模式全过程工程咨询？

关于目前推行的建筑师负责制模式，笔者理解其应该属于全过程工程咨询服务的一种服务模式，而不是独立于全过程工程咨询之外的其他模式，类似于大家比较熟悉的"项目管理+工程监理"模式（管监一体化或称管监合一），可称为"项目管理+工程设计"模式（简称"管设一体化"或"管设合一"）。实行"建筑师负责制"模式的全过程工程咨询招标投标的项目，建设单位应要求项目管理和工程设计业务由同一家设计单位承担，项目总咨询师必须由建筑师担任且兼任工程设计负责人。其正确定义和做法应该是：在公共建筑项目中，工程设计单位利用自身强大的设计背景和技术咨询优势以及对项目使用功能、规程规范、技术标准的深刻理解，加上较为丰富的业主方项目管理经验（这一点恰是目前不少设计单位的短板），接受业主单位委托，组建以建筑师为项目负责人的咨询团队，承担项目的全过程工程设计任务以及业主方项目管理等多项咨询业务。

但应该强调的是，建筑师负责制应该是在国家规定的项目业主责任制（建设项目四制之一）大前提下的一种全过程咨询服务模式，旨在充分发挥建筑师在公共建筑项目中独特的专业技术优势（尤其是在使用功能、建筑美学、内外立面造型、装饰装修材料选用等方面），而绝不是取代项目业主对项目建设的首要责任和决策权力。以建筑师为代表的咨询团队对项目的管理权限、服务范围和责任等，均取决于咨询服务合同中项目业主方的授权和双方约定，而项目业主责任制规定的业主方项目决策权力和相关责任是不能委托和转移的。

第10题：
什么是委托型业主方项目管理（PMA）？

委托型项目管理模式（Project Management Agent，PMA）是指项目管理公司或工程咨询机构接受项目业主委托，在业主授权范围内开展业主方项目管理服务活动的一种模式，目前，国内大多数委托项目管理均采用该种模式。此种模式下，受托方一般不与管理对象签订合约，而是由业主方与其（第三方）签订合约，受托方在业主授权范围内对第三方进行管理，双方无合同关系，只有管理与被管理关系。受托方对项目建设相关事项没有决策权，只有建议权，角色相当于业主的顾问、参谋和助手。

甲乙双方按照项目管理委托合同约定履约，受托方（乙方）一般不承包项目的投资、工期和质量安全等目标。委托型项目管理模式组织架构如下图所示。

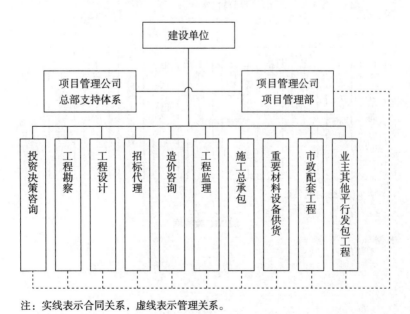

注：实线表示合同关系，虚线表示管理关系。

PMA架构图

第11题：
什么是承包型（代建制）业主方项目管理（PMC）？

承包型项目管理模式（Project Management Contracting，PMC）是指项目管理公司或工程咨询机构或代建管理公司接受项目业主委托，在业主授权范围内开展业主方项目管理服务活动的一种模式。此种模式下，受托方一般应与管理对象签订合约，可采用业主方、受托方共同作为发包人，进行工程、货物和服务发包，并与中标人签订三方合同。受托方在业主授权范围内对第三方进行管理，受托方按照委托合同约定，对项目建设相关事项享有一定决策权。

甲乙双方按照项目管理委托合同约定履约，受托方（乙方）一般对项目的投资、工期和质量安全等目标负有一定责任。此种模式下，在项目管理服务招标和中标签订合同时，中标方就被要求缴纳额度较大的履约保函或保证金等，一旦因受托方责任的原因造成项目投资、工期、质量安全、使用功能等目标未能实现，则会依据合同相关条款的约定，追究其经济责任，包括扣减项目管理费、没收履约保函、保证金偿还损失甚至罚金等。承包型项目管理模式组织架构如下图所示。

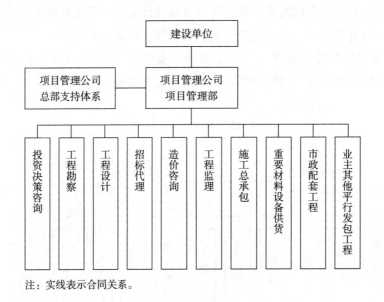

注：实线表示合同关系。

PMC架构图

二、政策法规

第12题：
国家和政府层面全过程工程咨询政策法规一览

国家和政府层面全过程工程咨询政策法规一览表

发文时间	发文单位	发文文号
国家层面		
2017年2月	国务院办公厅	《国务院办公厅关于促进建筑业持续健康发展的意见》（国办发〔2017〕19号）
2017年2月	住房和城乡建设部建筑市场监管司	《住房城乡建设部建筑市场监管司2017年工作要点》（建市综函〔2017〕12号）
2017年5月	住房和城乡建设部	《住房城乡建设部关于开展全过程工程咨询试点工作的通知》（建市〔2017〕101号）
2017年5月	住房和城乡建设部	《工程勘察设计行业发展"十三五"规划》（建市〔2017〕102号）
2017年7月	住房和城乡建设部	《关于促进工程监理行业转型升级创新发展的意见》（建市〔2017〕145号）
2017年11月	国家发展和改革委员会	《工程咨询行业管理办法》（国家发展和改革委员会第9号）
2019年3月	国家发展和改革委员会 住房和城乡建设部	《关于推进全过程工程咨询服务发展的指导意见》（发改投资规〔2019〕515号）
2020年8月	住房和城乡建设部建筑市场监管司	《住房和城乡建设部建筑市场监管司关于征求全过程工程咨询服务合同示范文本（征求意见稿）意见的函》（建司局函市〔2020〕199号）

第13题：
住房和城乡建设部10个试点省市全过程工程咨询政策法规一览

住房和城乡建设部10个试点省市全过程工程咨询政策法规一览表

发文时间	发文单位	发文文号
试点省市（8+2）个，北京、上海、江苏、浙江、福建、湖南、广东、四川、广西、陕西		
2019年6月	北京市发展和改革委员会 北京市住房和城乡建设委员会 北京市规划和自然资源委员会	《关于推进全过程工程咨询服务发展指导意见的通知》（京发改〔2019〕918号）
2020年10月	北京市建设监理协会	关于印发《全过程工程咨询合同示范文本（试行）》的通知（京监协〔2020〕10号）
2017年3月	江苏省住房和城乡建设厅	《关于推荐一批工程建设全过程项目管理咨询服务试点企业的通知》（苏建建管〔2017〕108号）

续表

发文时间	发文单位	发文文号
2017年10月	江苏省住房和城乡建设厅	关于印发《江苏省开展全过程工程咨询试点工作方案》的通知（苏建科〔2017〕526号）
2017年6月	浙江省住房和城乡建设厅	关于印发《浙江省全过程工程咨询试点工作方案》的通知（建建发〔2017〕208号）
2019年8月	浙江省发展和改革委员会 浙江省住房和城乡建设厅	《浙江省推进全过程工程咨询试点工作方案》（浙发改基综〔2019〕368号）
2020年6月	浙江省住房和城乡建设厅	《全过程工程咨询服务标准》DB33/T 1202—2020
2017年8月	福建省住房和城乡建设厅 福建省发展和改革委员会 福建省财政厅	关于印发《福建省全过程工程咨询试点工作方案》的通知（闽建科〔2017〕36号）
2020年10月	湖南省住房和城乡建设厅	《湖南省住房和城乡建设厅关于推进全过程工程咨询发展的实施意见》（湘建设〔2020〕91号）
2021年1月	湖南省住房和城乡建设厅	《湖南省房屋建筑和市政基础设施项目全过程工程咨询招标投标管理暂行办法》（湘建设〔2020〕206号）
2017年8月	广东省住房和城乡建设厅	《广东省住房和城乡建设厅关于印发〈广东省全过程工程咨询试点工作实施方案〉的通知》（粤建市〔2017〕167号）
2018年4月	广东省住房和城乡建设厅	《广东省住房和城乡建设厅关于征求〈建设项目全过程工程咨询服务指引（咨询企业版）〉（征求意见稿）和〈建设项目全过程工程咨询服务指引（投资人版）〉（征求意见稿）意见的函》
2020年12月	深圳市住房和建设局	《深圳市推进全过程工程咨询服务发展的实施意见》及配套文件《深圳市推进全过程工程咨询服务导则》；《深圳市推进全过程工程咨询招标文件》（示范文本）；《深圳市建设工程全过程工程咨询服务合同》（征求意见稿）等
2017年7月	四川省住房和城乡建设厅	关于印发《四川省全过程工程咨询试点工作方案》的通知（川建发〔2017〕11号）
2018年2月	广西壮族自治区住房和城乡建设厅	关于印发《广西全过程工程咨询试点工作方案》的通知（桂建发〔2018〕2号）
2019年12月	广西壮族自治区住房和城乡建设厅	《广西壮族自治区工程建设全过程咨询服务导则（试行）》（桂建管〔2019〕71号）
2018年10月	陕西省住房和城乡建设厅	《关于开展全过程工程咨询试点的通知》（陕建发〔2018〕388号）
2019年1月	陕西省住房和城乡建设厅	《陕西省全过程工程咨询服务导则（试行）》《陕西省全过程工程咨询服务合同示范文本（试行）》（陕建发〔2019〕1007号）
2020年9月	陕西省住房和城乡建设厅 陕西省财政厅	《陕西省住房和城乡建设厅、陕西省财政厅关于在房屋建筑和市政基础设施工程领域加快推进全过程工程咨询服务发展的实施意见》（陕建发〔2020〕1118号）

第14题:
非试点省市全过程工程咨询政策法规一览

非试点省市全过程工程咨询政策法规一览表

发文时间	发文单位	发文文号
其他省市		
2020年6月	贵州省住房和城乡建设厅	《关于加快推进我省全过程工程咨询服务发展的实施意见》(黔建建发〔2020〕1号)
2017年12月	黑龙江省住房和城乡建设厅	《关于开展全过程工程咨询试点工作的通知》(黑建函〔2017〕376号)
2020年1月	黑龙江省住房和城乡建设厅	《黑龙江省住房和城乡建设厅关于在房屋建筑和市政工程领域推进全过程工程咨询服务发展的指导意见》(黑建建〔2019〕12号)
2021年2月	黑龙江省住房和城乡建设厅	《黑龙江关于在全省房屋建筑和市政基础设施领域工程项目实行工程总承包和全过程工程咨询服务的函》
2018年7月	吉林省住房和城乡建设厅	关于印发《关于推进全过程工程咨询服务发展的指导意见》的通知(吉建办〔2018〕28号)
2020年5月	吉林省住房和城乡建设厅	《关于在房屋建筑和市政基础设施工程领域加快推行全过程工程咨询服务的通知》(吉建联发〔2020〕20号)
2021年3月	吉林省住房和城乡建设厅	关于向社会公开征求《吉林省推进房屋建筑和市政工程全过程咨询服务的实施意见(征求意见稿)》的通知
2019年10月	山东省住房和城乡建设厅 山东省发展和改革委员会	《关于在房屋建筑和市政基础设施工程领域加快推行全过程工程咨询服务的指导意见》(鲁建建管字〔2019〕19号)
2019年4月	山西省住房和城乡建设厅	《山西省住房和城乡建设厅关于加快培育我省全过程工程咨询企业的通知》(晋建市字〔2019〕73号)
2017年7月	宁夏回族自治区住房和城乡建设厅	《关于开展我区建设项目全过程工程咨询试点工作的通知》[宁建(建)发〔2017〕59号]
2018年4月	宁夏回族自治区住房和城乡建设厅	《宁夏回族自治区全过程工程咨询试点工作方案》[宁建(建)发〔2018〕31号]
2018年7月	河南省住房和城乡建设厅	关于印发《河南省全过程工程咨询试点工作方案(试行)》的通知(豫建设标〔2018〕44号)
2018年9月	安徽省住房和城乡建设厅	关于印发《安徽省开展全过程工程咨询试点工作方案》的通知(建市〔2018〕138号)
2018年11月	内蒙古自治区住房和城乡建设厅	《关于开展全过程工程咨询试点工作的通知》(内建工〔2018〕544号)
2019年8月	内蒙古自治区工程建设协会	关于印发《内蒙古自治区工程建设全过程咨询服务导则(试行)》《内蒙古自治区工程建设全过程咨询服务合同(试行)》的通知(内工建协〔2019〕9号)
2018年10月	重庆市住房和城乡建设委员会	《关于印发重庆市全过程工程咨询第一批试点企业名单的通知》
2019年3月	河北省住房和城乡建设厅	关于印发《推动工程监理企业转型升级创新发展的指导意见》的通知(冀建质安〔2019〕7号)

续表

发文时间	发文单位	发文文号
2021年6月	江西省住房和城乡建设厅	《关于加快推进我省全过程工程咨询服务发展的实施意见》(赣建建〔2021〕7号)
2021年1月	甘肃省住房和城乡建设厅 甘肃省发展和改革委员会	《关于在房屋建筑和市政基础设施工程领域推进全过程工程咨询服务发展的实施意见》(甘建建〔2021〕2号)

第15题：
各地开展全过程工程咨询服务的单位应具备哪些咨询资质条件？

全过程工程咨询服务单位资质要求

序号	政府名称	文件名称	文件内容
1	国家层面	国家发展改革委、住房城乡建设部联合印发《关于推进全过程工程咨询服务发展的指导意见》	全过程咨询单位提供勘察、设计、监理或造价咨询服务时，应当具有与工程规模及委托内容相适应的资质条件。全过程咨询服务单位应根据项目管理需要配备具有相应执业能力的专业技术人员和管理人员。设计单位在民用建筑中实施全过程咨询的，要充分发挥建筑师的主导作用
2	国家层面	《房屋建筑和市政基础设施建设项目全过程工程咨询服务技术标准（征求意见稿）》	全过程工程咨询业务应由具有相应能力和业绩的工程咨询方承担，其中涉及工程勘察、设计、监理、造价等咨询业务的，应由具有相应资质的工程咨询类单位承担
3	贵州省	《关于加快推进我省全过程工程咨询服务发展的实施意见》	承担全过程工程咨询服务的单位应符合相应专业工程咨询资信评价标准或具有工程勘察、设计、监理、造价咨询资质之一。全过程咨询单位提供勘察、设计、监理或造价咨询服务时，应当具有与工程规模及委托内容相适应的资质条件
4	黑龙江省	《黑龙江省住房和城乡建设厅关于在房屋建筑和市政工程领域推进全过程工程咨询服务发展的指导意见》	承接工程建设阶段业务的全过程工程咨询企业应当具有与工程规模和委托工作内容相适应的工程监理（专业甲级或综合资质）、工程勘察设计（专业甲级或综合资质）资质
5	陕西省	《陕西省全过程工程咨询服务导则（试行）》	一体化形式由一家咨询企业承担全过程工程咨询服务，咨询企业应具备国家法律法规要求的相应资质。联合体形式由两家或两家以上咨询企业组成联合体承担全过程工程咨询服务，联合体咨询企业应具备国家法律法规要求的相应资质
6	陕西省	《陕西省住房和城乡建设厅、陕西省财政厅关于在房屋建筑和市政基础设施工程领域加快推进全过程工程咨询服务发展的实施意见》	全过程工程咨询单位提供勘察、设计、监理或造价咨询服务时，应当具有与工程规模及委托内容相适应的资质条件

续表

序号	政府名称	文件名称	文件内容
7	广西壮族自治区	《广西壮族自治区工程建设全过程咨询服务导则(试行)》	工程建设全过程咨询服务应当由一家具有综合能力的咨询人(工程咨询单位)实施,也可由多家具有招标代理、工程设计、工程监理、造价咨询、项目管理等不同能力的咨询人(工程咨询单位)联合实施。由多家咨询人(工程咨询单位)联合实施的,应当明确牵头单位及各单位的权利、义务和责任
8	湖南省	《湖南省房屋建筑和市政基础设施项目全过程工程咨询招标投标管理暂行办法》	招标人根据招标项目类别、工程规模、委托内容、服务需求等依法合理设立投标人资质、类似工程业绩、项目负责人资格等,不得以不合理的条件限制、排斥潜在投标人。全过程工程咨询项目负责人应当由投标人单位或联合体牵头单位派出,取得工程建设类注册执业资格且具有工程类或工程经济类高级职称,同时具有类似工程经验
9	浙江省	《全过程工程咨询服务标准》	全过程工程咨询单位提供项目专项咨询服务时,应具有与工程规模及委托内容相适应的资质条件
10	吉林省	《关于在房屋建筑和市政基础设施工程领域加快推行全过程工程咨询服务的通知》	全过程工程咨询服务可由一家具有综合能力的咨询服务单位实施,也可以由多家具有投资咨询、勘察、设计、监理、造价、招标代理、项目管理等不同能力的单位联合实施。由多家单位联合实施的,应当明确牵头单位及各单位权利、义务,牵头单位应至少具有工程咨询、工程设计、工程监理中任意一项甲级资质且信用良好,并对咨询服务结果承担总体责任,其他提供咨询服务的各合作方承担相应责任
11	山西省	《山西省住房和城乡建设厅关于加快培育我省全过程工程咨询企业的通知》	全过程工程咨询服务应当由一家具有综合能力的咨询单位实施,也可由多家具有投资咨询、招标代理、勘察、设计、监理、造价、项目管理等不同能力的咨询单位联合实施。全过程咨询单位提供勘察、设计、监理或造价咨询服务时,应当具有与工程规模及委托内容相适应的资质条件,且不能与实施全过程工程咨询项目的施工企业以及建筑材料、设备供应企业之间有控股、参股、隶属或其他管理等利益关系

第16题:
各地对开展全过程工程咨询服务的项目咨询管理人员有何资格要求?

全过程工程咨询服务单位项目管理人员资格要求

序号	政府名称	文件名称	文件内容
1	国家层面	国家发展改革委、住房城乡建设部联合印发《关于推进全过程工程咨询服务发展的指导意见》	工程建设全过程咨询项目负责人应当取得工程建设类注册执业资格且具有工程类、工程经济类高级职称,并具有类似工程经验。对于工程建设全过程咨询服务中承担工程勘察、设计、监理或造价咨询业务的负责人,应具有法律法规规定的相应执业资格

续表

序号	政府名称	文件名称	文件内容
2	贵州省	《关于加快推进我省全过程工程咨询服务发展的实施意见》	投资决策综合性咨询应当充分发挥咨询工程师（投资）的作用，工程建设全过程咨询项目负责人应取得工程建设类注册执业资格及工程类、工程经济类高级职称，并具有类似工程经验。鼓励注册建筑师在建筑项目全过程工程咨询服务中发挥主导作用
3	黑龙江省	《黑龙江省住房和城乡建设厅关于在房屋建筑和市政工程领域推进全过程工程咨询服务发展的指导意见》	全过程工程咨询服务实行项目负责人负责制。承接工程建设阶段业务的全过程工程咨询企业的项目负责人，应当取得工程建设类注册执业资格并在本企业注册，同时具备工程类、工程经济类高级职称。对于承担全过程工程咨询服务中勘察、设计、造价或监理岗位的人员应具有现行法律法规规定的相应执业资格
4	吉林省	《关于在房屋建筑和市政基础设施工程领域加快推行全过程工程咨询服务的通知》	工程建设全过程咨询项目负责人应当取得工程建设类注册执业资格且具有工程类、工程经济类高级职称，并具有类似工程经验，且在该企业注册；工程建设全过程咨询项目负责人不得同时在两个或者两个以上的工程项目任职
5	山西省	《山西省住房和城乡建设厅关于加快培育我省全过程工程咨询企业的通知》	全过程工程咨询服务项目负责人应当取得工程建设类注册执业资格且具有工程类、工程经济类高级职称，并具有类似工程经验。对于全过程工程咨询服务中承担勘察、设计、监理或造价咨询业务的负责人，应具有法律法规规定的相应执业资格。全过程咨询服务单位应根据项目管理需要配备具有相应执业能力的专业技术人员和管理人员。设计单位在民用建筑中实施全过程工程咨询的，要充分发挥建筑师的主导作用，采用建筑师负责制
6	山东省	《关于在房屋建筑和市政工程领域加快推行全过程工程咨询服务的指导意见》	全过程工程咨询服务实行项目负责人负责制。投资决策综合性咨询应当充分发挥咨询工程师（投资）的作用，鼓励其作为综合性咨询项目负责人。工程建设全过程咨询项目负责人应当取得工程建设类注册执业资格且具有工程类、工程经济类高级职称，并具有类似工程经验、且在该企业注册；工程建设全过程咨询项目负责人不得同时在两个或者两个以上的工程项目任职。承担工程建设全过程咨询业务中勘察、设计、造价、监理岗位的人员应符合国家和省现行相关从业人员的规定

第17题：
各地对全过程工程咨询服务是否可以依法分包（或称转委托）有哪些规定？

全过程工程咨询服务项目依法分包规定

序号	政府名称	文件名称	文件内容
1	国家层面	国家发展改革委、住房城乡建设部联合印发《关于推进全过程工程咨询服务发展的指导意见》	全过程咨询服务单位应当自行完成自有资质证书许可范围内的业务，在保证整个工程项目完整性的前提下，按照合同约定或经建设单位同意，可将自有资质证书许可范围外的咨询业务依法依规择优委托给具有相应资质或能力的单位，全过程咨询服务单位应对被委托单位的委托业务负总责。建设单位选择具有相应工程勘察、设计、监理或造价咨询资质的单位开展全过程咨询服务的，除法律法规另有规定外，可不再另行委托勘察、设计、监理或造价咨询单位
2	贵州省	《关于加快推进我省全过程工程咨询服务发展的实施意见》	全过程咨询服务单位应当自行完成自有资质证书许可范围内的业务，在保证整个工程项目完整性的前提下，按照合同约定或经建设单位同意，可将自有资质证书许可范围外的咨询业务依法依规择优委托给具有相应资质或能力的单位
3	吉林省	《关于在房屋建筑和市政基础设施工程领域加快推行全过程工程咨询服务的通知》	全过程工程咨询服务单位应在自有资质资格许可范围内开展咨询服务，不得将应由自己完成的咨询服务业务另行委托其他单位
4	广西壮族自治区	《广西壮族自治区工程建设全过程咨询服务导则（试行）》	咨询人（工程咨询单位）应当自行完成自有资质证书许可范围内的业务，并在确保整个工程项目完整性的前提下，按照合同约定或经发包人（业主）同意，将自有资质证书许可范围外的咨询业务依法择优分包给具有相应资质或能力的企业
5	山东省	《关于在房屋建筑和市政工程领域加快推行全过程工程咨询服务的指导意见》	对于有资质要求的咨询服务业务，咨询单位自有资质范围内的业务应当自行完成，资质范围外的业务根据合同约定另行委托，并对委托的业务负总责。实施全过程工程咨询服务的企业应当自行完成自有资质证书许可范围内的业务，在保证整个工程项目完整性的前提下，按照合同约定或经建设单位同意，将约定的分项服务择优委托给具有相应资质的企业，全过程工程咨询企业对被委托企业的委托业务承担连带责任
6	山西省	《山西省住房和城乡建设厅关于加快培育我省全过程工程咨询企业的通知》	实施全过程工程咨询服务的企业应当自行完成自有资质证书许可范围内的业务，在保证整个工程项目完整性的前提下，按照合同约定或经建设单位同意，将约定的分项服务择优委托给具有相应资质的企业，全过程工程咨询企业对被委托企业的委托业务承担连带责任

第18题：
各地对全过程工程咨询服务酬金列支和计取有哪些规定？

全过程工程咨询服务酬金列支和计取规定

序号	政府名称	文件名称	文件内容
1	国家层面	国家发展改革委、住房城乡建设部联合印发《关于推进全过程工程咨询服务发展的指导意见》	完善全过程工程咨询服务酬金计取方式。全过程工程咨询服务酬金可在项目投资中列支，也可根据所包含的具体服务事项，通过项目投资中列支的投资咨询、招标代理、勘察、设计、监理、造价、项目管理等费用进行支付。全过程工程咨询服务酬金在项目投资中列支的，所对应的单项咨询服务费用不再列支。投资者或建设单位应当根据工程项目的规模和复杂程度，咨询服务的范围、内容和期限等与咨询单位确定服务酬金。全过程工程咨询服务酬金可按各专项服务酬金叠加后再增加相应统筹管理费用计取，也可按人工成本加酬金方式计取
2	贵州省	《关于加快推进我省全过程工程咨询服务发展的实施意见》	全过程工程咨询服务酬金可在项目投资列支，由委托双方根据工程项目的规模、复杂程度、服务范围、内容和期限等进行约定，可按照所委托的前期咨询、规划、勘察、设计、造价咨询、监理、招标代理等取费分别计算后叠加。全过程工程咨询服务费应列入工程概算，各专业咨询服务费可分别列支。鼓励建设单位实行基本酬金加奖励方式，根据咨询服务节约的投资额对咨询单位进行奖励，奖励比例由双方在服务合同中约定
3	黑龙江省	《黑龙江省住房和城乡建设厅关于在房屋建筑和市政工程领域推进全过程工程咨询服务发展的指导意见》	全过程工程咨询服务酬金可在项目投资中列支，也可根据所包含的具体服务事项，通过项目投资中列支的投资咨询、招标代理、勘察、设计、监理、造价、项目管理等费用进行支付；全过程工程咨询服务酬金在项目投资中列支的，所对应的单项咨询服务费用不再列支。投资者或建设单位应当根据工程项目的规模和复杂程度，咨询服务的范围、内容和期限等与咨询单位确定服务酬金。全过程工程咨询服务酬金可按各专项服务酬金叠加后再增加相应统筹管理费用计取，也可按人工成本加酬金方式计取。政府或国有投资项目的项目管理费、设计、监理服务费等应在可研报告中按照相关取费标准予以明确，建筑信息模型（BIM）管理的服务酬金可参考市场价格。鼓励自有资金投资的建设单位根据咨询服务节约的投资额对咨询单位予以奖励，奖励比例由双方在合同中约定
4	陕西省	《陕西省住房和城乡建设厅、陕西省财政厅关于在房屋建筑和市政基础设施工程领域加快推进全过程工程咨询服务发展的实施意见》	完善服务计费方式。全过程工程咨询服务酬金可在项目投资中列支，也可根据所包含的具体服务事项，通过项目投资中列支的投资咨询、招标代理、勘察、设计、监理、造价、项目管理等费用进行支付。全过程工程咨询服务酬金可按各专项服务酬金叠加后再增加相应统筹管理费用计取，也可按人工成本加酬金方式计取。鼓励投资者或建设单位根据咨询服务节约的投资额对咨询单位予以奖励，奖励比例由双方在合同中约定。禁止恶意低价竞争行为

续表

序号	政府名称	文件名称	文件内容
5	广西壮族自治区	《广西壮族自治区工程建设全过程咨询服务导则(试行)》	工程建设全过程咨询服务酬金采取"1+X"叠加计费模式,具体方法如下: "1"是指"全过程工程项目管理费",全过程工程项目管理取费可参考相关收费依据,如财政部《基本建设项目建设成本管理规定》(财建〔2016〕504号)中的项目建设管理费标准计算。 "X"是指项目全过程各专业咨询(如前期咨询、工程设计、工程监理、造价咨询、招标采购、BIM咨询等)的服务费,各专业咨询服务费率可依据现有收费标准依据或市场收费惯例执行
6	湖南省	《湖南省房屋建筑和市政基础设施项目全过程工程咨询招标投标管理暂行办法》	全过程工程咨询费用由建设单位和咨询单位根据工程项目的规模、复杂程度、服务范围、内容和期限等进行约定,可按工程概算或工程预算的一定比例计取,或按各专项服务费用叠加后再增加相应统筹管理费用计取
7	湖南省	《湖南省住房和城乡建设厅关于推进全过程工程咨询发展的实施意见》	全过程工程咨询费用由甲乙双方根据工程项目的规模、复杂程度、服务范围、内容和期限等进行约定,可按工程概算的一定比例计取,也可按各专项费用叠加后再增加相应管理费用的计取。政府投资、国有资金投资的全过程工程咨询费用应纳入项目预算,在工程总投资中列支。对按照工程咨询企业提出并落实的合理化建议所省的投资额,建设单位应提取一定比例给予奖励
8	浙江省	《浙江省推进全过程工程咨询试点工作方案》	根据全过程工程咨询服务组合模式,以按劳取酬原则为基础,设置合理的利润率,提出合理的取费建议;采用全过程工程咨询服务的,费用在项目批复时列入工程投资;试点过程中的取费可按照所委托的各专项咨询服务酬金叠加后再增加相应统筹管理费用计取,试点成熟后形成相应取费参考标准或列入相应工程费用定额
9	吉林省	《关于在房屋建筑和市政基础设施工程领域加快推行全过程工程咨询服务的通知》	全过程工程咨询服务酬金可按各专项服务酬金叠加后再增加相应统筹管理费用计取,也可按人工成本加酬金方式计取。全过程工程咨询服务酬金可在项目投资中列支,也可根据所包含的具体服务事项,通过项目投资中列支的投资咨询、招标代理、勘察、设计、监理、造价、项目管理等费用进行支付
10	山东省	《关于在房屋建筑和市政工程领域加快推行全过程工程咨询服务的指导意见》	全过程工程咨询服务酬金可按各专项服务酬金叠加后再增加相应统筹管理费用计取,也可按人工成本加酬金方式计取。全过程工程咨询服务酬金可在项目投资中列支,也可根据所包含的具体服务事项,通过项目投资中列支的投资咨询、招标代理、勘察、设计、监理、造价、项目管理等费用进行支付。鼓励建设单位根据咨询服务节约的投资额对咨询单位予以奖励,奖励比例由双方在合同中约定。咨询单位不得采用低于成本价的恶性市场竞争行为

第19题：
各地对全过程工程咨询服务招标有哪些规定？

全过程工程咨询服务项目招标规定

序号	政府名称	文件名称	文件内容
1	国家层面	《房屋建筑和市政基础设施建设项目全过程工程咨询服务技术标准（征求意见稿）》	委托方可通过招标或直接委托方式委托全过程工程咨询业务。对于依法必须招标的工程咨询项目，在项目立项后即可通过招标方式委托工程咨询方实施全过程工程咨询
2	贵州省	《关于加快推进我省全过程工程咨询服务发展的实施意见》	全过程咨询服务可由建设单位依法采用公开招标或自主决定直接委托的方式
3	黑龙江省	《黑龙江省住房和城乡建设厅关于在房屋建筑和市政工程领域推进全过程工程咨询服务发展的指导意见》	依法应当招标的项目，可通过招标方式委托全过程工程咨询服务。如委托内容不包括项目决策咨询的，可在项目立项后由项目法人通过招标方式委托全过程工程咨询服务。全过程工程咨询业务包含依法必须招标的勘察、设计、监理等内容的，应当招标。采取招标方式的，招标人应当根据项目特点以及投标人拟从事项目的服务方案、报价、企业能力和信用等因素确定评标标准和办法，禁止恶意低价竞争行为
4	陕西省	《陕西省住房和城乡建设厅、陕西省财政厅关于在房屋建筑和市政基础设施工程领域加快推进全过程工程咨询服务发展的实施意见》	完善项目委托方式。建设单位可以通过招标或者直接委托的方式选择一家咨询单位（或联合体）开展全过程工程咨询服务。 过程工程咨询业务包含依法必须招标的勘察、设计、监理等内容的，应当依法招标
5	湖南省	《湖南省房屋建筑和市政基础设施项目全过程工程咨询招标投标管理暂行办法》	全过程工程咨询服务合同估算金额达到依法必须招标规定标准的，应当通过招标方式确定全过程工程咨询服务单位
6	湖南省	《湖南省住房和城乡建设厅关于推进全过程工程咨询发展的实施意见》	全过程工程咨询所包含的各项咨询服务中有任一项属于依法必须招标的，应当采用招标方式
7	浙江省	《浙江省推进全过程工程咨询试点工作方案》	按照有利于促进全过程工程咨询服务发展的原则，创新全过程工程咨询委托方式。依法必须招标的项目，通过规范合理的招标投标实施和监管模式，为试点项目与试点企业的双向选择提供平台，探索服务采购采取评定分离的招标方式；鼓励社会投资项目直接委托实行全过程工程咨询服务管理
8	吉林省	《关于在房屋建筑和市政基础设施工程领域加快推行全过程工程咨询服务的通知》	依法应当招标的项目，建设单位在确定了拟建内容、拟建规模、建设地点、投资估算、资金筹措计划以及项目的进度等投资需求后，即可通过招标方式委托全过程工程咨询服务。建设单位委托全过程工程咨询单位后，在委托范围内的服务内容，不再另行单独委托其他咨询服务单位
9	山西省	《山西省住房和城乡建设厅关于加快培育我省全过程工程咨询企业的通知》	依法应当进行招标的全过程工程咨询服务项目可通过综合招标方式一次性发包

续表

序号	政府名称	文件名称	文件内容
10	山东省	《关于在房屋建筑和市政工程领域加快推行全过程工程咨询服务的指导意见》	建设单位可以通过招标或者直接委托的方式选择一家咨询单位（或联合体）开展全过程工程咨询服务。全过程工程咨询业务包含依法必须招标的勘察、设计、监理等内容的，应当招标。 依法应当进行招标的全过程工程咨询服务项目可通过综合招标方式一次性发包

第20题：
各地有哪些可供选择的全过程工程咨询服务招标文件和合同示范文本？

可供选择的全过程工程咨询服务招标文件和合同文本

序号	政府名称	文件内容
1	国家层面	住房和城乡建设部2020年8月发布了住房和城乡建设部建筑市场监管司关于征求全过程工程咨询服务合同示范文本（征求意见稿）意见的函，提供了《全过程工程咨询服务合同示范文本》（征求意见稿）
2	陕西省	陕西省住房和城乡建设厅2019年1月发布了关于印发《陕西省全过程工程咨询服务导则（试行）》《陕西省全过程工程咨询服务合同示范文本（试行）》的通知，提供了可供选择适用的全过程工程咨询服务合同示范文本
3	黑龙江省	2020年1月，黑龙江省住房和城乡建设厅发布的《黑龙江省住房和城乡建设厅关于在房屋建筑和市政工程领域推进全过程工程咨询服务发展的指导意见》中给出了以下招标文件和合同示范文本： (1)《黑龙江省全过程工程咨询服务招标文件（试行）》； (2)《黑龙江省建设工程咨询服务合同示范文本（试行）》
4	贵州省	贵州省住房和城乡建设厅于2020年9月发布了《贵州省建设工程全过程工程咨询招标文件示范文本》
5	福建省	2020年9月，福建省住房和城乡建设厅发布了"福建省住房和城乡建设厅征求《福建省房屋建筑和市政基础设施项目标准全过程工程咨询招标文件（2020年版征求意见稿）》意见的函"，给出了可供选择的《福建省房屋建筑和市政基础设施项目标准全过程工程咨询招标文件（2020年版征求意见稿）》
6	湖南省	2021年1月，湖南省住房和城乡建设厅印发了《湖南省房屋建筑和市政基础设施项目全过程工程咨询招标投标管理暂行办法》，通知文件同时提供了《湖南省房屋建筑和市政基础设施项目全过程工程咨询招标文件示范文本》

第21题：
哪些工程项目必须招标？

1. 中华人民共和国国家发展和改革委员会令

第16号

《必须招标的工程项目规定》已经国务院批准，现予公布，自2018年6月1日起施行。

必须招标的工程项目规定

第一条　为了确定必须招标的工程项目，规范招标投标活动，提高工作效率、降低企业成本、预防腐败，根据《中华人民共和国招标投标法》第三条的规定，制定本规定。

第二条　全部或者部分使用国有资金投资或者国家融资的项目包括：

（一）使用预算资金200万元人民币以上，并且该资金占投资额10%以上的项目；

（二）使用国有企业事业单位资金，并且该资金占控股或者主导地位的项目。

第三条　使用国际组织或者外国政府贷款、援助资金的项目包括：

（一）使用世界银行、亚洲开发银行等国际组织贷款、援助资金的项目；

（二）使用外国政府及其机构贷款、援助资金的项目。

第四条　不属于本规定第二条、第三条规定情形的大型基础设施、公用事业等关系社会公共利益、公众安全的项目，必须招标的具体范围由国务院发展改革部门会同国务院有关部门按照确有必要、严格限定的原则制订，报国务院批准。

第五条　本规定第二条至第四条规定范围内的项目，其勘察、设计、施工、监理以及与工程建设有关的重要设备、材料等的采购达到下列标准之一的，必须招标：

（一）施工单项合同估算价在400万元人民币以上；

（二）重要设备、材料等货物的采购，单项合同估算价在200万元人民币以上；

（三）勘察、设计、监理等服务的采购，单项合同估算价在100万元人民币以上。

同一项目中可以合并进行的勘察、设计、施工、监理以及与工程建设有关的重要设备、材料等的采购，合同估算价合计达到前款规定标准的，必须招标。

第六条　本规定自2018年6月1日起施行。

国务院关于《必须招标的工程项目规定》的批复函

国家发展改革委：

国务院批准《必须招标的工程项目规定》（以下简称《规定》），由你委公布，公布时注明"经国务院批准"。《规定》的施行日期由你委根据实际情况确定。《规定》施行之日，2000年4月4日国务院批准、2000年5月1日原国家发展计划委员会发布的《工程建设项目招标范围和规模标准规定》同时废止。

国务院
2018年3月8日

2. 国家发展改革委办公厅关于进一步做好《必须招标的工程项目规定》和《必须招标的基础设施和公用事业项目范围规定》实施工作的通知

发改办法规〔2020〕770号

详见第三部分 严格执行依法必须招标制度。

第22题：
工程咨询行业协会层面关于全过程工程咨询服务有何规定？

全过程工程咨询服务的相关规定

序号	发文单位	文件名称及文号	发文时间	备注
行业协会					
1	中国建筑业协会	《全过程工程咨询服务管理标准》T/CCIAT0024—2020	2020年12月	
2	中国招标投标协会	《建设项目全过程工程咨询服务招标文件示范文本》	2021年1月	
3	北京市建设监理协会	关于印发《全过程工程咨询合同示范文本（试行）》的通知（京监协〔2020〕10号）	2020年10月	
4	内蒙古自治区工程建设协会	关于印发《内蒙古自治区工程建设全过程咨询服务导则（试行）》《内蒙古自治区工程建设全过程咨询服务合同（试行）》的通知（内工建协〔2019〕9号）	2019年8月	
5	中国民用航空局	《民航局直属单位开展全过程工程咨询服务实施指南》（征求意见稿）	2021年7月	

第23题：
国家层面招标投标法律法规相关文件一览

1.《中华人民共和国招标投标法》。
2.《中华人民共和国招标投标法实施条例》。
3.《中华人民共和国政府采购法》。
4.《中华人民共和国政府采购法实施条例》。
5.《必须招标的工程项目规定》。
6.《必须招标的基础设施和公用事业项目范围规定》。

7.《招标公告和公示信息发布管理办法》。
8.《工程建设项目施工招标投标办法》。
9.《工程建设项目货物招标投标办法》。
10.《工程建设项目勘察设计招标投标办法》。
11.《评标委员会和评标方法暂行规定》。
12.《电子招标投标办法》。

三、服务取费

第24题：
国家关于全过程工程咨询服务费用列支和取费有何规定？

依据国家发展改革委 住房城乡建设部联合印发《关于推进全过程工程咨询服务发展的指导意见》(发改投资规〔2019〕515号)(以下简称"515号文")：

(1) 全过程工程咨询服务酬金可在项目投资中列支(可研报告、初步设计概算等)。

(2) 可根据全过程工程咨询服务所包含的具体服务事项，通过项目投资中列支的项目管理(项目建设管理费)、投资咨询、招标代理、工程勘察、设计、监理、造价(含全过程造价咨询)等费用进行支付。

(3) 投资者或建设单位应当根据工程项目的规模和复杂程度，咨询服务的范围、内容和期限等与咨询单位协商确定服务酬金(此条对于需公开招标等竞争方式招标的政府、国有投资项目似不适用)。

(4) 全过程工程咨询服务酬金可按各专项服务酬金叠加后再增加相应统筹管理费用计取；此条规定应是考虑对原来碎片化的咨询业务服务，进行集成化统筹管理而产生的相应费用。但是，如果全过程工程咨询服务已包含委托全过程项目管理服务，全过程工程咨询服务单位又计取了项目管理费(政府、国有投资项目一般按项目建设管理费计取)，而项目管理服务范围本身一般就包含了在业主授权范围内，对其他专项咨询业务的管理协调，那么，此种情况下，统筹管理费用还应否计取？现实情况是：绝大多数全过程工程咨询服务招标文件中均有规定，不但统筹管理费用不计取，而且还需将项目投资中分项列支的各专项咨询业务费用打折后组合相加，作为投标的最高限价。

(5) 也可按人工成本加酬金方式计取(由于目前全过程工程咨询服务招标项目一般为政府或投资的大中型复杂公建项目，而人工成本加酬金方式较适用于简单的中小型项目，故其在全过程工程咨询服务招标项目中应用较少)。

第25题：
全过程工程咨询服务相关取费政策解析

为了贯彻落实党的十八届三中全会精神，按照国务院部署，进一步简政放权，充分发挥市场在资源配置中的决定性作用，国家发展改革委分别于2014年和2015年先后发布了《国家发展改革委关于放开部分建设项目服务收费标准有关问题的通知》（发改价格〔2014〕1573号）和《国家发展改革委关于进一步放开建设项目专业服务价格的通知》（发改价格〔2015〕299号）。

对于全过程工程咨询的取费标准，根据笔者对上述两个文件及国家近几年陆续取消和放开各种咨询服务取费标准的做法，以及政府简政放权和"放管服"政策的理解和推测，在515号文颁布后，由于原有取费标准和价格指导意见等已被放开和废止，政府部门（行业协会等机构除外）应该不会再颁布新的关于全过程工程咨询具体的取费标准或价格指导意见之类文件。

那么，全过程咨询服务价格是否也会同传统碎片式专项咨询服务一样，虽国家层面均有取费标准或价格指导意见（更何况现已取消，只能作为参考、参照），但却仍然只能放任市场无序竞争甚至低价恶性竞争呢？笔者倒不如此悲观。这几年，国家虽然陆续放开了包括政府投资项目在内的咨询服务价格，如前期咨询文件编制、工程勘察、设计、监理、招标代理业务等，但在项目建议书、可行性研究报告和初步设计概算编制和审批过程中，仍以原取费标准及价格指导意见作为编制和审批依据，只不过在招标投标过程中，允许以此标准为最高限价，下浮一定幅度范围内进行价格竞争。而且国家最近已经明确发文不鼓励、甚至禁止最低价中标，而是提倡和鼓励合理低价中标的综合评估法。

因此，笔者认为：全过程咨询服务价格应依据515号文的服务取费指导性意见，将初步设计概算中的相应二类费中如项目建议书、可研编制费、勘察、设计、项目建设管理费（项目管理费）、招标代理费、造价咨询费和工程监理费以及其他专项咨询费用等，根据全过程咨询服务范围进行打包和组合，然后以此为基数按一定的组合系数或称整体服务调节系数（不大于1，而不是大于1），得出的服务价格（或费率）作为咨询总包招标的最高限价（费率），并允许投标单位在此限价（费率）以下一定幅度内良性、合理竞价。此种做法起码在目前比较具有可行性和可操作性，使建设单位和全过程工程咨询服务提供单位均能接受。若采用大于1的统筹系数等做法，则绝大多数建设单位很难认可和接受。

第26题：
"515号文"对全过程工程咨询服务列支和取费是如何规定的？

"515号文"对全过程工程咨询服务费用列支和取费分别给出了两种方式：

1）两种列支方式

一是以全过程工程咨询服务费的名义在项目可行性研究报告和初步设计概算二类费中整项列支；二是仍按原来的传统做法，各专项咨询业务（投资咨询、招标代理、勘察、设计、监理、造价咨询、项目管理等）在二类费中分别列支。

2）两种取费方式

一是全过程工程咨询服务酬金按各专项酬金叠加后再乘以一个大于1的统筹管理费用；二是按人工成本加酬金的方式计取。

笔者认为：列支方式并不十分重要。在项目策划阶段，如对全过程工程咨询的招标范围和组织模式等尚不明晰和确定的情况下，整项列支不如分项列支好，后者便于招标时根据项目具体情况进行组合和拆分。

对于取费方式，笔者认为大多数全过程工程咨询项目不宜采用人工成本加酬金的方式，因为其只适用于小型、简单的工程建设项目，而全过程工程咨询项目大都属于大中型、甚至超大规模工程建设项目。

对于按各专项酬金叠加取费的方式，笔者有如下几点看法：

（1）关于统筹管理费用问题。这笔费用类似于总承包管理费性质，由全过程咨询总包单位向各专业咨询分包收取。这笔费用如果能在可行性研究报告和初步设计概算中列支，当然是好事，不存在疑问；但如果将各专项咨询费用叠加后，再乘以一个大于1的统筹管理费用（或称咨询总包管理费、服务费），则总费用或总费率一定会大于批复的全过程工程咨询费用或费率，其可操作性值得怀疑。当然，建设单位也可从预留金或其他费用中调剂使用、支付。

（2）全过程工程咨询的优势之一就是缩短工期和节约投资。业主原来传统的招标方式是分专业、分专项分别招标，现改为一次发包全过程咨询单位，业主期待一次性整体发包，既能缩短招标工期，又能得到整体发包、多项业务给一家咨询机构的服务价格优惠折扣，但如结果却是服务价格不降反升，可能市场上的不少业主会难以接受。所以，笔者认为，在全过程工程咨询服务开展初期，取值大于1的统筹管理费用收取较难，而小于1的整体发包优惠系数（如0.8～0.95的折扣）可能更容易为业主所接受，同时可能也更有利于全过程工程咨询的开展和推进。

（3）采用"1+N"模式的全过程工程咨询服务，建设单位已向咨询总包单位（或称咨询牵头单位）支付了全过程项目管理费用，再要其支付专项咨询业务单位的统筹管理费用，会被认为是重复取费。因为专项咨询业务中可能有几项是咨询总包自己承担的，属于内部管理协调，不应再向建设单位收取费用。同理，施工总包模式中，总包单位自行发包，其只能向分包单位收取费用，而不能向建设单位收取。只有建设单位平行发包或约定分包的情形，总包才能向建设单位收取总包配合或管理费用。全过程工程咨询服务模式中，即便建设单位平行发包专项咨询业务，如工程勘察、设计、造价咨询等，现实操作中，建设单位也很少会向咨询总包支付统筹管理费用。此外，咨询总包的统筹管理工作与其项目管理的工作内容、范围和界面划分确实是一个值得进一步分析和研究的问题。

（4）目前，全过程工程咨询单位选择主要有两种方式：一种是直接委托，另一种是招标确定。由于全过程工程咨询项目规模一般较大且政府和国有投资占主导，故公开招标应该是今后占主流的选择方式。因此，由投资人或建设单位与咨询单位协商确定服务酬金的可能性很小，甚至几乎没有。此外，全过程工程咨询招标过程中应降低投标报价在评分标准中的权重（建议权重占10%～15%），并严格禁止恶意低价竞标行为。

第27题：
针对全过程项目管理取费困境有何解决办法和建议？

1. 项目管理取费困境分析

大家在从事全过程项目管理服务时，特别是2017年以来开展全过程工程咨询服务以来，可能会发现一个奇怪的现象，"1+N"模式已成为全过程工程咨询服务的主流模式，各项主要咨询业务中，其他均有取费标准或价格指导意见（虽目前大部分已被取消或放开，但是各建设项目尤其是政府和国有投资项目编制项目建议书、可行性研究报告和初步设计概算时，仍会按照或参照原来的取费标准编制项目投资决策文件），但唯独作为"1"的、具有核心重要地位的项目管理服务，没有国家及省级层面的取费标准或价格指导意见、参考取费标准等。

首先需要说明的是，在委托全过程项目管理和全过程工程咨询服务招标和合同洽谈中，项目管理取费大致分为以下几种情况：

（1）非国有投资项目：资金来源一般为自筹，建设单位会进行项目管理服务市场调研，根据调研结果和市场行情以及项目需求、服务范围、内容等，划定报价、取费最高限价或费率，通过公开招标、邀请招标、比选及合同谈判等方式确定服务提供方。

（2）政府和部分国有投资项目：严格按照财政部关于印发《基本建设项目建设成本管理规定》（财建〔2016〕504号）（以下简称"504号文"）的通知中"建设单位管理费"条目相关规定执行。

（3）部分国有投资项目：部分国有股份制银行和大型金融机构等会采取介于政府和部分国有投资项目与非国有投资项目取费方式之间的方式，即以504号文为基础，视项目具体情况向上浮动一定幅度，鼓励优质优价和考核奖励等激励条款，解决项目管理取费过低的问题。

我国的基本情况是，绝大多数重大建设项目均为政府和国有投资。在政府和国有投资项目中，初步设计概算的二类费中的"项目管理费"以前往往是以"建设单位管理费"，2016年9月1日后改为以"项目建设管理费"的名义列支。

那么504号文中项目管理取费的依据是如何确定呢？

答案是：按"项目建设管理费"计取和列支。"项目建设管理费"基本上与原来394号文中的"建设单位管理费"含义相同，只不过将管理期限、内容和费用标准进行了延长或微调。首先，其取费标准是针对建设单位自管模式，而不是针对聘请社会中介机构、咨询公司模式；其次，费用中未考虑被委托咨询机构的纳税和合理利润问题。将"项目建设管理费"作为全过程工程咨询服务中全过程项目管理的取费标准和依据，既不合理且逻辑上也讲不通。况且很多情况下，招标时项目业主还会将一部分"建设单位管理费"扣留或截留自用，使得本就入不敷出的项目管理费用更雪上加霜、难以为继，严重挫伤了工程咨询单位、项目管理单位的工作和服务积极性。

2.解决办法和取费建议

关于全过程项目管理的取费模式，如采用全过程工程咨询委托模式，建议采用如下几种测算和参考模式：

（1）由各省市、地区根据当地实际情况制订当地取费标准或价格指导意见；

（2）按"项目建设管理费"计算结果的1.5~2倍测算；

（3）按不低于同一项目的工程监理费测算；

（4）小型项目按2%~3%、大中型项目按1.5%~2%、大型或超大型项目按1%~1.5%费率进行测算；

（5）全过程项目管理的取费基数为经审批的初步设计概算额度扣除土地相关费用，而非建安工程费用；

（6）广东省出台的全过程项目管理费参考费率比较适合目前项目管理服务的实际状况，也与（1）~（4）测算和参考模式基本相符和吻合，可供建设单位、招标机构和工程咨询行业借鉴和参考。

全过程工程项目管理费参考费率表

工程总概算（单位：万元）	费率（%）	算例	
			全过程工程项目管理费
10000以下	3	10000	10000×3%=300
10001~50000	2	50000	300+(50000-10000)×2%=1100
50001~100000	1.6	100000	1100+(100000-50000)×1.6%=1900
100000以上	1	200000	1900+(200000-100000)×1%=2900

注：计算例中括号内第一个数为工程总概算分档的变动数，即某项目工程总概算为x，若x在10001~50000区间内，则全过程工程咨询服务协调费为300+(x-10000)×2%，依次类推。

第28题：
项目建议书和可行性研究报告编制取费标准参考

项目建议书、可行性研究报告、资金申请报告编制服务费参照《国家计委关于印发建设项目前期工作咨询收费暂行规定的通知》（计价格〔1999〕1283号）文件计取。

计算公式：

项目建议书、可行性研究报告编制费＝[（可行性研究报告编制费基价）×（行业调整系数）×（工程复杂程度调整系数）]×价格系数

（1）项目建议书、可行性研究报告编制费基价

项目建议书、可行性研究报告编制费基价根据估算投资额在相对应的区间内用插入法计算，如表1所示。

插入法计算（万元） 表1

咨询评估项目 \ 估算投资额	3000万～1亿元	1亿～5亿元	5亿～10亿元	10亿～50亿元	50亿元以上
一、编制项目建议书	6～14	14～37	37～55	55～100	100～125
二、编制可行性研究报告	12～28	28～75	75～110	110～200	200～250
三、评估项目建议书	4～8	8～12	12～15	15～17	17～20
四、评估可行性研究报告	5～10	10～15	15～20	20～25	25～35

注：①表中数字下限为不含，上限为包含；
②估算投资额为项目建议书或可行性研究报告中的估算投资额；
本合同可行性研究报告编制费基价为：_____万元。

（2）行业调整系数

本合同行业调整系数如表2所示取值。

行业调整系数表 表2

行业	调整系数
一、石化、化工、钢铁	1.3
二、石油、天然气、水利、水电、交通（水运）、化纤	1.2
三、有色、黄金、纺织、轻工、邮电、广播、电视、医药、煤炭、火电（含核电）、机械（含船舶、航空、航天、兵器）	1.0
四、林业、商业、粮食、建筑	0.8
五、建材、交通（公路）、铁道、市政公用工程	0.7

（3）工程复杂程度调整系数

本合同工程复杂程度调整系数为：_____。

注：工程复杂程度调整系数取值范围为0.8～1.2，具体根据与委托单位协商确定。

（4）价格系数

本合同价格系数根据下（上）浮率，确定为：____%。

注：价格系数=1 ± 下（上）浮率（%）。

（5）计算结果

特别说明：_____。

第29题：
环境影响评估报告编制取费标准参考

1.国家计委、国家环境保护总局关于规范环境影响咨询收费有关问题的通知
（计价格〔2002〕125号）

各省、自治区、直辖市及计划单列市、副省级省会城市计委、物价局、环境保护局：

为规范建设项目环境影响咨询收费行为，维护委托方和咨询机构合法权益，提高建设项目环境影响咨询工作质量，促进建设项目环境影响咨询业的健康发展，现就环境影响咨询收费有关问题通知如下：

一、环境影响咨询是建设项目前期工作中的重要环节。环境影响咨询内容包括：编制环境影响报告书（含大纲）、环境影响报告表和对环境影响报告书（含大纲）、环境影响报告表进行技术评估。

二、建设项目环境影响咨询收费属于中介服务收费，应当遵循公开、平等、自愿、有偿的原则，委托方根据国家有关规定可自主选择有资质的环境影响评价机构开展环境影响评价工作，相应的环境影响评估机构负责对评价报告进行技术评估工作。

三、建设项目环境影响咨询收费实行政府指导价，从事环境影响咨询业务的机构应根据本通知规定收取费用。具体收费标准由环境影响评价和技术评估机构与委托方以本通知附件规定基准价为基础，在上下20%的幅度内协商确定。

四、环境影响咨询收费以估算投资额为计费基数，根据建设项目不同的性质和内容，采取按估算投资额分档定额方式计费。不便于采取按估算投资额分档定额计费方式的，也可以采取按咨询服务工日计费。具体计费办法见本通知附件。

五、环境影响评价、技术评估机构从事建设项目环境影响评价、技术评估业务，必须符合国家及项目所在地的总体规划和功能区划，符合国家产业政策、环境标准和相关法律、法规规定。

六、编制环境评价大纲应符合以下服务质量标准：确定评价范围和敏感保护目标，选定评价标准，阐述工程特征和环境保护特征，识别和筛选污染因子、评价因子、设置评价专题，确定评价重点，选定监测项目、点位（断面）、频次和时段，确定预测评价模式和参数等。

编制环境影响报告书应符合以下服务质量标准：建设项目概况，周围环境现状，建设项目对环境可能造成影响的分析和预测，环境保护措施及其经济、技术论证，环境保护措施经济损益分析，对建设项目实施环境监测的建议和环境影响评价结论等。

七、评估建设项目环境影响评价大纲应符合以下服务质量标准：初步确认项目选址、选线的环境可行性是否正确，评价等级、评价范围、评价因子、评价方法和预测模式选用是否准确，敏感目标、监测布点、监测时间和频率选择是否合理，评价内容是否全面和评价重点是否突出等基本内容。

评估建设项目环境影响报告应符合以下服务质量标准：源强和物料平衡是否准确，工艺是否符合清洁生产要求，环境影响预测参数选择是否合理和预测结果是否正确，污染防治、生态保护措施是否完善可行，经济指标是否适当，总量控制指标是否符合国家和地方要求，选址、选线环境可行性结论是否明确，评价结论是否可信，是否符合国家有关环境影响评价、评估技术导则、规范等。

八、环境影响评价、技术评估机构应当按照合同约定向委托方提供符合国家相关规定的咨询服务；服务成果达不到合同约定的，应当负责完善，造成损失的，根据损失程度应将部分或全部服务费退还委托方。

九、委托方应遵守本通知规定和项目合同约定，为接受委托的环境影响评价、评估机构提供履约的工作条件和资料。因委托方原因造成咨询业务量增加或延期的，环境影响评价、评估机构可与委托方协商加收费用。建设项目环境影响咨询服务费用计入建设项目前期工作费（附件1）。

十、委托方和环境影响咨询服务机构违反本通知规定的，由价格主管部门依据《中华人民共和国价格法》及有关法规予以处罚。

附件：1. 建设项目环境影响咨询收费标准
2. 建设项目环境影响咨询收费调整系数
3. 按咨询服务人员工日计算建设项目环境影响咨询收费标准

附件1：建设项目环境影响咨询收费标准

建设项目环境影响咨询收费标准（亿元） 表1

估算投资额（亿元） 咨询服务项目	0.3亿元以下	0.3亿~2亿元	2亿~10亿元	10亿~50亿元	50亿~100亿元	100亿元以上
编制环境影响报告书（含大纲）	5~6	6~15	15~35	35~75	75~110	110
编制环境影响报告表	1~2	2~4	4~7	7以上		
评估环境影响报告书（含大纲）	0.8~1.5	1.5~3	3~7	7~9	9~13	13以上
评估环境影响报告表	0.5~0.8	0.8~1.5	1.5~2	2以上		

注：(1) 表中数字下限为不含，上限为包含。
(2) 估算投资额为项目建议书或可行性研究报告中的估算投资额。
(3) 咨询服务项目收费标准根据估算投资额在对应区间内用插入法计算。
(4) 以本表收费标准为基础，按建设项目行业特点和所在区域的环境敏感程度，乘以调整系数，确定咨询服务收费基准价。调整系数见附件2之表1和表2、附件3。
(5) 评估环境影响报告书（含大纲）的费用不含专家参加审查会议的差旅费；环境影响评价大纲的技术评估费用占环境影响报告书评估费用的40%。
(6) 本表所列编制环境影响报告表收费标准为不设评价专题的基准价，每增加一个专题加收50%。
(7) 本表中费用不包括遥感、遥测、风洞试验、污染气象观测、示踪试验、地探、物探、卫星图片解读、需要动用船、飞机等特殊监测等费用。

附件2：建设项目环境影响咨询收费调整系数

建设项目环境影响咨询收费标准调整系数

环境影响评价大纲、报告书编制收费行业调整系数　　　　　　　　　　　　表1

行业	调整系数
化工、冶金、有色、黄金、煤炭、矿产、纺织、化纤、轻工、医药、区域	1.2
石化、石油天然气、水利、水电、旅游	1.1
林业、畜牧、渔业、农业、交通、铁道、民航、管线运输、建材、市政、烟草、兵器	1.0
邮电、广播电视、航空、机械、船舶、航天、电子、勘探、社会服务、火电	0.8
粮食、建筑、信息产业、仓储	0.6

环境影响评价大纲、报告书编制收费环境敏感程度调整系数　　　　　　　　表2

环境敏感程度	调整系数
敏感	1.2
一般	0.8

附件3：按咨询服务人员工日计算建设项目环境影响咨询收费标准

按咨询服务人员工日计算建设项目环境影响咨询收费标准（元） 表4

咨询人员职级	人工日收费标准
高级咨询专家	1000~1200
高级专业技术人员	800~1000
一般专业技术人员	600~800

2.《上海市重点建设项目社会稳定风险评估咨询服务收费暂行标准》

（沪发改投〔2012〕130号）

环境影响评估咨询服务费参照《上海市重点建设项目社会稳定风险评估咨询服务收费暂行标准》（沪发改投〔2012〕130号）文件计取。

计算公式：

环境影响评估咨询服务费＝环境影响评估报告编制费基价×行业调整系数×环境敏感程度调整系数×价格系数

（1）环境影响评估报告编制费基价

环境影响评估报告编制费基价根据估算投资额在相对应的区间内用插入法计算，如表1所示。

环境影响评估报告编制费基价（万元） 表1

咨询服务费\估算投资额	0.3亿元以下	0.3亿～2亿元	2亿～10亿元	10亿～50亿元	50亿～100亿元	100亿元以上
一、编制环境影响报告书（含大纲）	5～6	6～15	15～35	35～75	75～110	110万元以上
二、编制环境影响报告表	1～2	2～4	4～7	7万元以上		

注：①表中数字下限为不含，上限为包含；
②估算投资额为项目建议书或可行性研究报告中的估算投资额；
③本表所列编制环境影响报告表收费标准为不设评价专题的基准价，每增加一个专题加收50%；
④本表中费用不包括遥感、遥测、风洞试验、污染气象观测、示踪试验、地探、物探、卫星图片解读、需要动用船、飞机等的特殊监测等费用；

本合同环境影响评估报告编制费基价为：_____万元。

（2）行业调整系数

本合同行业调整系数如表2所示取值。

行业调整系数 表2

行业类别	调整系数
化工、冶金、有色、黄金、煤炭、矿产、纺织、化纤、轻工、医药、区域	1.2
石化、石油天然气、水利、水电、旅游	1.1
林业、畜牧、渔业、农业、交通、铁道、民航、管线运输、建材、市政、烟草、兵器	1.0
邮电、广播电视、航空、机械、船舶、航天、电子、勘探、社会服务、火电	0.8
粮食、建筑、信息产业、仓储	0.6

（3）环境敏感程度调整系数

本合同环境敏感程度系数如表3所示取值。

环境敏感程度调整 表3

环境敏感程度	调整系数
一般	0.8
敏感	1.2

（4）价格系数

本合同价格系数根据下（上）浮率，确定为：_____%。

注：价格系数=1 ± 下（上）浮率（%）。

（5）计算结果

特别说明：_____。

第30题：
交通影响评价咨询报告编制取费标准参考

交通影响评价咨询服务费参照中国城市规划设计研究院《建筑物交通影响分析》收费标准（试行）文件计取。

计算公式：

交通影响评价咨询费=交通影响评价咨询费基价 × 价格系数

（1）交通影响评价咨询费基价

交通影响评价咨询费基价

序号	规模（建筑总面积：万平方米）	单价（元/平方米）	收费基数（万元）
1	≤5.0	2.0	10
2	5.0～20.0	2.0	10
3	20.0～100	1.5	40
4	100～200	1.0	150
5	>200	0.8	200

注：大型居住区、大型会议中心、体育运动中心、商业中心、大型停车场（库）等收费应乘以1.5～1.8调整系数。

（2）价格系数

本合同价格系数根据下（上）浮率，确定为：_____%。

注：价格系数=1 ± 下（上）浮率（%）。

（3）计算结果

特别说明：_____。

第31题：
社会稳定性风险评估报告编制取费标准参考

社会稳定性风险评估报告咨询服务费参照《上海市重点建设项目社会稳定风险评估咨询服务收费暂行标准》（沪发改投〔2012〕130号）文件计取。

（1）计算公式

社会稳定性风险评估报告咨询服务费＝［(社会稳定性风险评估报告编制费基价)×（行业调整系数）×（社会稳定风险敏感程度调整系数）×（区域范围调整系数）］×价格系数

各参数如表1所示取值。

参数取值　　表1

工程费用分档	本档最低编制费用基准	本档最低工程费用	费率
1亿元（含）以下	6万元	/	/
1亿～5亿元（含）	6万元	1亿元	0.025%
5亿～10亿元（含）	13万元	5亿元	0.018%
10亿～50亿元（含）	20万元	10亿元	0.00625%
10亿元以上	50万元	/	/

注：工程总投资额，即项目可行性研究报告、项目申请报告或备案申请的估算总投资额。
本合同社会稳定性风险评估报告编制费基价为：_____万元。

（2）行业调整系数

本合同行业调整系数如表2所示取值。

行业调整系数取值　　表2

重点领域建设项目分类	调整系数
一、环境设施	1.2
二、能源	1.2
三、工业	1.0
四、社会事业	1.0
五、交通运输	1.0
六、农业	1.0
七、其他	1.0

（3）社会稳定风险敏感程度调整系数

社会稳定风险敏感程度系数如表3所示取值。

社会稳定风险敏感程度调整系数	表3
重点领域建设项目分类	调整系数
一、项目规划方案或环境影响评价公示后，项目前期已发生群众集体上访等群体性事件的项目	1.2
二、项目规划方案或环境影响评价尚未公示，项目社会稳定风险尚不确定的项目	1.0
三、项目规划方案或环境影响评价已公示，未发现重大社会稳定风险隐患的项目	0.8

（4）区域范围调整系数

区域范围调整系数如表4所示取值。

区域范围调整系数取值	表4
重点领域建设项目分类	调整系数
一、项目规划方案或环境影响评价公示后，项目前期已发生群众集体上访等群体性事件的项目	1.2
二、项目规划方案或环境影响评价尚未公示，项目社会稳定风险尚不确定的项目	1.0
三、项目规划方案或环境影响评价已公示，未发现重大社会稳定风险隐患的项目	0.8

（5）价格系数

本合同价格系数根据下（上）浮率，确定为：_____%。

注：价格系数=1 ± 下（上）浮率（%）。

（6）计算结果

特别说明：_____。

第32题：
节能评估报告编制取费标准参考

节能评估报告咨询服务费参照《上海市固定资产投资项目节能评审费用和政府投资项目节能评估文件编制费用支付标准的通知》（沪发改环资〔2012〕043号）文件计取。

计算公式：

节能评估报告编制费＝节能评估报告编制费基价 × 行业调整系数 × 价格系数

（1）节能报告编制费基价

计算公式：

节能报告编制基价＝本档最低标准费用基准＋工程费用－本档最低工程费用 × 费率

各参数如表1所示取值。

（2）行业调整系数

本合同行业调整系数如表2所示取值。

节能报告编制费基价   表1

工程费用分档	本档最低编制费用基准	本档最低工程费用	费率
1亿元（含）以下	6万元	/	/
1亿～5亿元（含）	6万元	1亿元	0.0175
5亿～10亿元（含）	13万元	5亿元	0.0140
10亿元以上	20万元	/	/

注：工程费用主要包括建设安装工程费用和设备购置费等，不含土地费用。
本合同节能报告编制费基价为：_____万元。

行业调整系数取值   表2

行业	调整系数
一、钢铁、有色金属、石化、化工、化纤、医药、能源、燃气热力	1.2
二、资源综合利用、生态与环保、海洋工程、通信信息、广播电影电视	0.8
三、城市道路、公路、铁路、港口航道河道、风景园林、环境卫生、农业、林业、国土资源	0.6
四、其他行业（包括机械、电子、轻工、纺织、建材、给水排水、水利工程、城市轨道交通、民航、建筑等）	1.0

（3）价格系数

本合同价格系数根据下（上）浮率，确定为：_____%。

注：价格系数=1±下（上）浮率（%）。

（4）计算结果

特别说明：_____。

第33题：
修建性详细规划设计（总图设计）、城市设计编制等取费标准参考

（1）修建性详细规划设计（总图设计）参照：《工程勘察设计收费管理规定》（计价格〔2002〕10号）；

（2）城市设计参照：《关于发布城市规划设计计费指导意见的通知》（2010中规协秘字第022号）；

（3）设计准备及任务书编制参照：《工程勘察设计收费管理规定》（计价格〔2002〕10号）；

（4）室内精装修设计参照：《工程勘察设计收费管理规定》（计价格〔2002〕10号）；

（5）标识标牌设计参照：《工程勘察设计收费管理规定》（计价格〔2002〕10号）；

（6）文物建筑保护设计参照：《工程勘察设计收费管理规定》（计价格〔2002〕10号）；

（7）BIM设计与咨询参照：关于印发《广东省建筑信息模型（BIM）技术应用费用计价参考依据》的通知（粤建科〔2018〕136号）；

（8）绿色建筑设计参照：《绿色建筑工程消耗量定额》TY-01（02）-2017；

（9）水土保持方案编制参照：《关于开发建设项目水土保持咨询服务费用计列的指导意见》（保监〔2005〕22号）；

（10）资金申请报告编制服务费参照：《建设项目前期工作咨询收费暂行规定》（计价格〔1999〕1283号）。

第34题：
水土保持方案编制取费标准参考

水利部司局函
关于开发建设项目水保咨询服务费计列的指导意见
（保监〔2005〕22号）

各有关单位：

为规范开发建设项目水土保持方案编制、监理、监测、评估、咨询等计费工作，促进开发建设项目水土保持工作健康发展，6月17日，水利部水保司发出保监〔2005〕22号"关于开发建设项目水土保持咨询服务费用计列的指导意见"。具体计费标准如下：

一、水土保持方案编制费

根据国家计委、建设部关于发布《〈工程勘察设计收费管理规定〉的通知》（计价格〔2002〕10号）的规定，初步设计和施工图阶段的水土保持勘测设计费按该文件执行。可行性研究阶段的开发建设项目水土保持方案编制费可参考表1标准计划。

水土保持方案编制费计列标准 表1

主体工程土建投资（亿元）	0.5	1.0	2.0	3.0	4.0	5.0	6.0	7.0	8.0	9.0	10.0
水土保持方案编制费（万元）	30	52	72	82	95	104	116	119	132	156	171
主体工程土建投资（亿元）		11.0	12.0	13.0	14.0	15.0	16.0	17.0	18.0	19.0	20.0
水土保持方案编制费（万元）		185	200	220	230	245	259	270	290	320	350

二、水土保持监理费

根据《国家发展和改革委员会办公厅、建设部办公厅关于印发修订建设监理与咨询服务收费标准的工作方案的通知》（发改办价格〔2005〕632号），国家发展改革委与建设部将共同开展建设监理收费标准的制定工作，水土保持监理收费应按新标准计列。新标准未颁布前，可参考主体工程现有标准执行。

三、水土保持监测费

根据《水土保持生态环境监测网络管理办法》(水利部第12号令)和《水土保持监测技术规程》SL 277—2002要求,水土保持监测费包括监测设施费和施工期监测费。其中,水土保持监测设施费在水土保持工程措施费中计列,施工期监测费可参考表2标准计列。

水土保持施工期监测费计列标准　　　　　　　　　　　表2

主体工程土建投资(亿元)	0.5	1.0	2.0	3.0	4.0	5.0	6.0	7.0	8.0	9.0	10.0
水土保持施工期监测费(万元)	30	60	90	140	180	220	275	310	350	385	420
主体工程土建投资(亿元)		11.0	12.0	13.0	14.0	15.0	16.0	17.0	18.0	19.0	20.0
水土保持施工期监测费(万元)		460	490	525	560	600	640	680	710	735	760

注:地貌类型调整系数山区为1.2,丘陵及风沙区为1.0,平原区为0.8。

四、水土保持设施竣工验收技术评估报告编制费

根据《开发建设项目水土保持设施验收管理办法》(水利部第16号令)规定,开发建设项目竣工验收阶段,建设单位应委托水行政主管部门认定的咨询评估单位编制《水土保持设施竣工验收技术评估报告》,其费用可参考表3标准计列。

水土保持设施竣工验收技术评估报告编制费计列标准　　　　　　　　　　　表3

主体工程土建投资(亿元)	0.5	1.0	2.0	3.0	4.0	5.0	6.0	7.0	8.0	9.0	10.0
技术评估报告编制费(万元)	10	18	30	36	42	48	54	60	66	72	78
主体工程土建投资(亿元)		11.0	12.0	13.0	14.0	15.0	16.0	17.0	18.0	19.0	20.0
技术评估报告编制费(万元)		84	107	111	116	119	126	130	144	150	160

五、水土保持技术文件技术咨询服务费

根据《国家发展和改革委员会办公厅、建设部办公厅关于印发修订建设监理与咨询服务收费标准的工作方案的通知》(发改办价格〔2005〕632号)、《国家计委和国家环境保护总局关于规范环境影响咨询收费有关问题的通知》(计价格〔2002〕125号),水土保持技术文件技术咨询服务费可参考表4标准计列。

水土保持技术文件技术咨询服务费计列标准　　　　　　　　　　　表4

主体工程土建投资(亿元)	0.5	1.0	2.0	3.0	4.0	5.0	6.0	7.0	8.0	9.0	10.0
技术咨询服务费(万元)	1.0	1.5	2.0	2.5	2.9	3.2	3.5	3.8	4.0	4.8	5.2
主体工程土建投资(亿元)		11.0	12.0	13.0	14.0	15.0	16.0	17.0	18.0	19.0	20.0

									续表
技术咨询服务费（万元）		5.6	6.0	6.5	7.0	7.5	7.8	8.3	8.5	9.0	9.5

水利部水土保持司
二〇〇五年六月十七日

第35题：
工程勘察取费标准参考

国家计委、建设部关于发布《工程勘察设计收费管理规定通知》
（计价格〔2002〕10号）

工程勘察收费标准（岩土工程勘察部分节选）

（2）总　则

1.0.1　工程勘察收费是指勘察人根据发包人的委托，收集已有资料、现场踏勘、制订勘察纲要，进行测绘、勘探、取样、试验、测试、检测、监测等勘察作业，以及编制工程勘察文件和岩土工程设计文件等收取的费用。

1.0.2　工程勘察收费标准分为通用工程勘察收费标准和专业工程勘察收费标准。

1　通用工程勘察收费标准适用于工程测量、岩土工程勘察、岩土工程设计与检测监测、水文地质勘查、工程水文气象勘察、工程物探、室内试验等工程勘察的收费。

2　专业工程勘察收费标准分别适用于煤炭、水利水电、电力、长输管道、铁路、公路、通信、海洋工程等工程勘察的收费。专业工程勘察中的一些项目可以执行通用工程勘察收费标准。

1.0.3　通用工程勘察收费采取实物工作量定额计费方法计算，由实物工作收费和技术工作收费两部分组成。

专业工程勘察收费方法和标准，分别在煤炭、水利水电、电力、长输管道、铁路、公路、通信、海洋工程等章节中规定。

1.0.4　通用工程勘察收费按照下列公式计算

1　工程勘察收费＝工程勘察收费基准价×（1±浮动幅度值）

2　工程勘察收费基准价＝工程勘察实物工作收费＋工程勘察技术工作收费

3　工程勘察实物工作收费＝工程勘察实物工作收费基价×实物工作量×附加调整系数

4　工程勘察技术工作收费＝工程勘察实物工作收费×技术工作收费比例

1.0.5　工程勘察收费基准价

工程勘察收费基准价是按照本收费标准计算出的工程勘察基准收费额，发包人和勘察人可以根据实际情况在规定浮动的幅度内协商确定工程勘察收费合同额。

1.0.6　工程勘察实物工作收费基价

工程勘察实物工作收费基价是完成每单位工程勘察实物工作内容的基本价格。工程勘察实物工作收费基价在相关章节的《实物工作收费基价表》中查找确定。

1.0.7　实物工作量

实物工作量由勘察人按照工程勘察规范、规程的规定和勘察作业实际情况在勘察纲要中提出，经发包人同意后，在工程勘察合同中约定。

1.0.8　附加调整系数

附加调整系数是对工程勘察的自然条件、作业内容和复杂程度差异进行调整的系数。附加调整系数分别列于总则和各章节中。附加调整系数为两个或者两个以上的，附加调整系数不能连乘。将各附加调整系数相加，减去附加调整系数的个数，加上定值1，作为附加调整系数值。

1.0.9　在气温（以当地气象台、站的气象报告为准）≥35℃或者≤-10℃条件下进行勘察作业时，气温附加调整系数为1.2。

1.0.10　在海拔高程超过2000m地区进行工程勘察作业时，高程附加调整系数如下：

海拔高程2000～3000m为1.1。

海拔高程3001～3500m为1.2。

海拔高程3501～4000m为1.3。

海拔高程4001m以上的，高程附加调整系数由发包人与勘察人协商确定。

1.0.11　建设项目工程勘察由两个或者两个以上勘察人承担的，其中对建设项目工程勘察合理性和整体性负责的勘察人，按照该建设项目工程勘察收费基准价的5%加收主体勘察协调费。

1.0.12　工程勘察收费基准价不包括以下费用：办理工程勘察相关许可，以及购买有关资料费；拆除障碍物，开挖以及修复地下管线费；修通至作业现场道路，接通电源、水源以及平整场地费；勘察材料以及加工费；水上作业用船、排、平台以及水监费；勘察作业大型机具搬运费；青苗、树木以及水域养殖物赔偿费等。

发生以上费用的，由发包人另行支付。

1.0.13　工程勘察组日、台班收费基价如下：

工程测量、岩土工程验槽、检测监测、工程物探1000元/组日。

岩土工程勘察1360元/台班。

水文地质勘查1680元/台班。

1.0.14　勘察人提供工程勘察文件的标准份数为4份。发包人要求增加勘察文件份数的，由发包人另行支付印制勘察文件工本费。

1.0.15　本收费标准不包括本总则1.0.1以外的其他服务收费。其他服务收费，国家有收费规定的,按照规定执行;国家没有收费规定的,由发包人与勘察人协商确定。

3 岩土工程勘察

3.1 技术工作

如表3.1-1所示。

岩土工程勘察技术工作费收费比例表 表3.1-1

岩土工程勘察等级	技术工作费收费比例(%)
甲级	120
乙级	100
丙级	80

注:(1)岩土工程勘察等级见《岩土工程勘察规范》GB 50021—2001;
(2)利用已有勘察资料提出勘察报告的只收取技术工作费,技术工作费的计费基数为所利用勘察资料的实物工作收费额。

3.2 工程地质测绘

如表3.2-1、表3.2-2所示。

工程地质测绘复杂程度表 表3.2-1

类别	简单	中等	复杂
地质构造	岩层产状水平或倾斜很缓	有显著的褶皱、断层	有复杂的褶皱、断层
岩层特征	简单,露头良好	变化不稳定,露头中等,有较复杂地质现象	变化复杂,种类繁多,露头不良,有滑坡、岩溶等复杂地质现象
地形地貌	地形平坦,植被不发育,易于通行	地形起伏较大,河流、灌木较多,通行较困难	岭谷山地,林木密集,水网、稻田、沼泽,通行困难

工程地质测绘实物工作收费基价表 表3.2-2

序号	项目		计费单位	收费基价		
				简单	中等	复杂
1	工程地质测绘	成图比例 1:200	km²	16065	22950	34425
		1:500		8033	11475	17213
		1:1000		5355	7650	11475
		1:2000		3570	5100	7650
		1:5000		1071	1530	2295
		1:10000		536	765	1148
		1:25000		268	383	574
		1:50000		134	191	287
2	带状工程地质测绘		附加调整系数为1.3			
3	工程地质测绘与地质测绘同时进行		附加调整系数为1.5			

3.3 岩土工程勘探与原位测试

如表3.3-1、表3.3-2、表3.3-3、表3.3-4所示。

岩土工程勘探与原位测试复杂程度表　　　　表3.3-1

岩土类别	Ⅰ	Ⅱ	Ⅲ	Ⅳ	Ⅴ	Ⅵ
松散地层	流塑、软塑、可塑黏性土,稍密、中密粉土,含硬杂质≤10%的填土	硬塑、坚硬黏性土,密实粉土,含硬杂质≤25%的填土,湿陷性土,红黏土,膨胀土,盐渍土,残积土,污染土	砂土,砾石,混合土,多年冻土,含硬杂质>25%的填土	粒径≤50mm、含量>50%的卵(碎)石层	粒径≤100mm、含量>50%的卵(碎)石层,混凝土构件、面层	粒径>100mm、含量>50%的卵(碎)石层、漂(块)石层
岩石地层		极软岩	软岩	较软岩	较硬岩	坚硬岩

注：岩土的分类和鉴定见《岩土工程勘察规范》GB 50021—2011。

取土、水、石试样实物工作收费基价表　　　　表3.3-2

序号	项目		试样规格	计费单位	收费基价（元）	
					取样深度≤30m	取样深度>30m
1	取土	锤击法厚壁取土器	$\phi=80\sim100$mm $L=150\sim200$mm	件	40	50
		静压法厚壁取土器	$\phi=80\sim100$mm $L=150\sim200$mm		65	95
		敞口或自由活塞薄壁取土器	$\phi=75$mm $L=800$mm		310	460
		水压固定活塞薄壁取土器	$\phi=75$mm $L=800$mm		420	620
		固定活塞薄壁取土器	$\phi=75$mm $L=800$mm		360	560
		束节式取土器	$\phi=75$mm $L=200$mm		150	240
		黄土取土器	$\phi=120$mm $L=150$mm		80	120
		回转型单动、双动三重管取土器	$\phi=75$mm $L=1250$mm		310	460
		探井取土			100	150
		扰动取土			15	
2	取石	取岩芯样			25	
		人工取样			200	
3	取水				40	

原位测试实物工作收费基价表 表3.3-3

序号	项目			计费单位	收费基价(元)	
1	旁压试验	方法	深度D(m)	点	压力≤2500kPa	压力>2500kPa
		预钻式	$D≤10$		263	351
			$10<D≤20$		342	456
			$D>20$		444	593
		自钻式	$D≤10$		342	456
			$10<D≤20$		444	593
			$D>20$		577	771
2	载荷试验	螺旋板		试验点	1890	2080
		浅、深层平板面积 $0.1～1m^2$	加荷最大值(kN)		水位以上	水位以下
			≤100		2790	3060
			200		3690	4060
			300		4590	5050
			400		5490	6040
			500		6400	7040
			>500		见表4.2-1中序号1	
					试坑开挖、加荷体吊装运输费另计	
3	土体现场直剪试验	试验面积(m^2)		组	压应力≤500kPa		压应力>500kPa	
					水位以上	水位以下	水位以上	水位以下
		0.10			2775	3330	3330	3996
		0.25			3965	4758	4758	5710
		0.50			5156	6188	6188	7425
4	岩体变形试验	承压板法	法向荷重(kN)	试验点	软岩	硬岩
			≤500		6786	7488
			1000		7424	8237
			>1000每增加500		按前一档收费基价乘以1.1的附加调整系数	
		钻孔变形法			3978	4563
5	岩体强度试验	岩体结构面直剪		试验点	9945	11412
		岩体直剪			8775	9891
		混凝土与岩体直剪			7020	7605
6	岩体原位应力测试	方法		孔	原位应力测试	三轴交汇测应力
		孔径变形法/孔底应变法			29250	58500
		孔壁应变法			35100	

续表

序号	项目				计费单位	收费基价（元）
7	压水注水试验	压水	试验深度D（m）	$D \leq 20$	段次	1753
				$D > 20$		2104
		注水	钻孔注水			409
			探井注水			205

岩土工程勘探与原位测试实物工作收费附加调整系数表　　　表3.3-4

序号	项目				附加调整系数	备注
1	钻孔	跟管钻进、泥浆护壁、基岩无水干钻钻探、基岩破碎带钻进取芯			1.5	
2	钻孔	水平孔、斜孔钻探			2.0	
3	钻孔	坑道内作业			1.3	
4	勘探、取样、原位测试	线路上作业			1.3	包括工程物探
5	钻孔、取样、原位测试	水上作业	滨海		3.0	
			湖、江、河	水深D（m）$D \leq 10$	2.0	
				$10 < D \leq 20$	2.5	
				$D > 20$	3.0	
			塘、沼泽地		1.5	
			积水区（含水稻田）		1.2	
6	钻孔、取样	夜间作业			1.2	原位测试仅限于表3.3-4中序号1～6
7	勘探、取样、原位测试	岩溶、洞穴、泥石流、滑坡、沙漠、山前洪积裙等复杂场地			1.1～1.3	
8	原位测试、工程物探的勘探费用另计					
9	小型岩土工程＜3个台班，按3个台班计算收费					

第36题：
工程设计取费标准参考

国家计委、建设部关于发布《工程勘察设计收费管理规定通知》
（计价格〔2002〕10号）

工程设计收费标准（节选建筑市政工程设计部分）

国务院各有关部门，各省、自治区、直辖市计委、物价局、建设厅：

  为贯彻落实《国务院办公厅转发建设部等部门关于工程勘察设计单位体制改革若干意见的通知》（国办发〔1999〕101号），调整工程勘察设计收费标准，规范工程勘察设计收费行为，国家计委、建设部制定了《工程勘察设计收费管理规定》（以下简称《规定》），现予发布，自2002年3月1日起施行。原国家物价局、建设部颁发的《关于发布工程勘察和工程设计收费标准的通知》（〔1992〕价费字375号）及相关附件同时废止。

  本《规定》施行前，已完成建设项目工程勘察或者工程设计合同工作量50%以上的，勘察设计收费仍按原合同执行；已完成工程勘察或者工程设计合同工作量不足50%的，未完成部分的勘察设计收费由发包人与勘察人、设计人参照本《规定》协商确定。

  附件：工程勘察设计收费管理规定。

国家纪委、建设部
2002年1月7日

附件：工程勘察设计收费管理规定

  第一条 为了规范工程勘察设计收费行为，维护发包人和勘察人，设计人的合法权益，根据《中华人民共和国价格法》以及有关法律，法规，制定本规定及《工程勘察收费标准》和《工程设计收费标准》。

  第二条 本规定及《工程勘察收费标准》和《工程设计收费标准》，适用于中华人民共和国境内建设项目的工程勘察和工程设计收费。

  第三条 工程勘察设计的发包与承包应当遵循公开、公平、公正、自愿和诚实信用的原则。依据《中华人民共和国招标投标法》和《建设工程勘察设计管理条例》，发包人有权自主选择勘察人。设计人、勘察人、设计人自主决定是否接受委托。

  第四条 发包人和勘察人，设计人应当遵循国家有关价格法律，法规的规定，维护正常的价格秩序，接受政府价格主管部门的监督，管理。

  第五条 工程勘察和工程设计收费根据建设项目投资额的不同情况。分别实行政府

指导价和市场调节价建设项目总投资估算额500万元及以上的工程勘察和工程设计收费实行政府指导价；建设项目总投资估算额500万元以下的工程勘察和工程设计收费实行市场调节价。

第六条　实行政府指导价的工程勘察和工程设计收费，其基准价根据《工程勘察收费标准》或者《工程设计收费标准》计费，除本规定第七条另有规定者外，浮动幅度为上下20%。发包人和勘察人，设计人应当根据建设项目的实际情况在规定的浮动幅度内协商确定收费额实行市场调节价的工程勘察和工程设计收费，由发包人和勘察人、设计人协商确定收费额。

第七条　工程勘察费和工程设计费，应当体现优质优价的原则，工程勘察和工程设计收费实行政府指导价的，凡在工程勘察设计中采用新技术、新工艺、新设备、新材料，有利于提高建设项目经济效益、环境效益和社会效益的，发包人和勘察人、设计人可以在上浮25%的幅度内协商确定收费额。

第八条　勘察人和设计人应当按照《关于商品和服务实行明码标价的规定》，告知发包人有关服务项目、服务内容、服务质量、收费依据以及收费标准。

第九条　工程勘察费和工程设计费的金额以及支付方式，由发包人和勘察人、设计人在《工程勘察合同》或者《工程设计合同》中约定。

第十条　勘察人或者设计人提供的勘察文件或者设计文件，应当符号国家规定的工程技术质量标准，满足合同约定的内容，质量等要求。

第十一条　由于发包人原因造成工程勘察、工程设计工作量增加或者工程现场停工、窝工的，发包人应当向勘察人、设计人支付相应的工程勘察费或者工程设计费。

第十二条　工程勘察或者工程设计质量达不到本规定第十条规定的，勘察人或者设计人应当返工。由于返工增加工作量的，发包人不另外支付工程勘察费或者工程设计费。由于勘察人或者设计人工作失误给发包人造成经济损失的，应当按照合同约定承担赔偿责任。

第十三条　勘察人、设计人不得欺骗发包人或者与发包人互相串通，以增加工程勘察工作量或者提高工程设计标准等方式，多收工程勘察费或者工程设计费。

第十四条　违反本规定和国家有关价格法律、法规规定的，由政府价格主管部门依据《中华人民共和国价格法》《价格违法行为行政处罚规定》予以处罚。

第十五条　本规定及所附《工程勘察收费标准》和《工程设计收费标准》，由国家发展计划委员会负责解释。

第十六条　本规定自二零零二年三月一日起施行。

工程设计收费标准
（节选）

1　总　则

1.0.1　工程设计收费是指设计人根据发包人的委托，提供编制建设项目初步设计文件、施工图设计文件、非标准设计文件、施工图预算文件、竣工图文件等服务所收取的费用。

1.0.2 工程设计收费采取按照建设项目单项工程概算投资额分档定额计费方法计算收费。铁道工程设计收费计算方法，在交通运输工程一章中规定。

1.0.3 工程设计收费按照下列公式计算。

1 工程设计收费＝工程设计收费基准价×（1±浮动幅度值）

2 工程设计收费基准价＝基本设计收费＋其他设计收费

3 基本设计收费＝工程设计收费基价×专业调整系数×工程复杂程度调整系数×附加调整系数

1.0.4 工程设计收费基准价。工程设计收费基准价是按照本收费标准计算出的工程设计基准收费额。发包人和设计人根据实际情况，在规定的浮动幅度内协商确定工程设计收费合同额。

1.0.5 基本设计收费基本设计收费是指在工程设计中提供编制初步设计文件、施工图设计文件收取的费用，并相应提供设计技术交底、解决施工中设计技术问题、参加试车考核和竣工验收等服务。

1.0.6 其他设计收费。其他设计收费是指根据工程设计实际需要或者发包人要求提供相关服务收取费用，包括总体设计费、主体设计协调费、采用标准设计和复用设计费、非标准设备设计文件编制费、施工图预算编制费、竣工图编制费等。

1.0.7 工程设计收费计费额。工程设计收费计费额，为经过批准的建设项目初步设计概算中的建筑安装工程费、设备与工器具购置费和联合试运转费之和。

工程中有利用原有设备的，以签订工程设计合同时同类设备的当期价格作为工程设计收费的计费额；工程中有缓配设备，但按照合同要求以既配设备进行工程设计并达到设备安装和工艺条件的，以既配设备的当期价格作为工程设计收费的计费额；工程中有引进设备的，按照购进设备的离岸价折换成人民币作为工程设计收费的计费额。

1.0.8 工程设计收费调整系数工程设计收费标准的调整系数包括：专业调整系数、工程复杂调整系数和附加调整系数。

1 专业调整系数是对不同专业建设项目的工程设计复杂程度和工作量差异进行调整的系数。计算工程设计收费时，专业调整系数在《工程设计收费专业调整系数表》（附件二）中查找确定。

2 工程复杂调整系数是对同一专业不同建设项目的工程设计复杂程度和工作量差异进行调整的系数，工程复杂程度分为一般、较复杂和复杂三个等级，其调整系数分别为：一般（Ⅰ级）0.85；较复杂（Ⅱ级）1.0；复杂（Ⅲ级）1.15。计算工程收费时，工程复杂程度在相应章节的《工程复杂程度表》中查找确定。

3 附加调整系数是对专业调整系数和工程复杂程度调整系数尚不能调整的因素进行补充调整的系数。附加调整系数分别列于总则和有关章节中，附加调整系数为两个或两个以上的，附加调整系数不能连乘。将各附加调整系数相加，减去附加调整系数的个数，加上定值1，作为附加调整系数值。

1.0.9 非标准设备设计收费按照下列公式计算：

非标准设备设计费=非标准设备计税额×非标准设备设计费率；

非标准设备计税额为非标准设备的初步设计计算，非标准设备设计费率在《非标准设备设计费率表》（附表三）中查找确定。

1.0.10 单独委托工艺设计、土建以及公用工程设计、初步设计、施工图设计的，按照其占基本服务设计工作量的比例计算工程设计收费。

1.0.11 改扩建和技术改造设计项目，附加调整系数为1.1～1.4。根据工程设计复杂程度确定适当的附加调整系数，计算工程设计收费。

1.0.12 初步设计之前，根据技术标准的规定或者发包人的要求，需要编制总体设计的，按照该建设项目基本设计收费的5%加收总体设计费。

1.0.13 建设项目工程设计由两个或者两个以上设计人承担的，其中对建设项目工程设计合理性和整体性负责的设计人，要按照该建设项目基本设计收费的5%加收主体设计协调费。

1.0.14 工程设计中采用标准设计或者复用设计的，按照同类新建项目基本设计收费的30%计算收费；需要重新进行基础设计的，按照同类新建项目基本设计收费的40%计算收费；需要对原设计做局部修改的，由发包人和设计人根据设计工作量协商确定工程设计收费。

1.0.15 编制工程施工图预算的，按照该建设项目基本设计收费的10%收取施工图预算编制费；编制工程竣工图的，按照该建设项目基本设计收费的8%收取竣工图编制费。

1.0.16 工程设计中采用设计人自有专利或者专有技术的，其专利和专有技术收费由发包人与设计人协商确定。

1.0.17 工程设计中的引进技术需要境内设计人配合设计的，或者需要按照境外设计程序和技术质量要求由境内设计人进行设计的，工程设计收费由发包人与设计人根据实际发生的设计工作量，参照本标准协商确定。

1.0.18 由境外设计人提供设计文件，需要境内设计人按照国家标准规范审核并签署确认意见的，按照国际对等原则或者实际发生的工作量，协商确定审核确认费。

1.0.19 设计人提供设计文件的标准份数，初步设计、总体设计分别为10份，施工图设计、非标准设备设计、施工图预算、竣工图分别为8份。发包人要求增加设计文件份数的，由发包人另行支付印刷设计文件工本费。工程设计中需要购买设计标准图的，由发包人支付费用。

1.0.20 本收费标准不包括本总则1.0.1以外的其他收费。其他服务收费，国家有收费规定的，按照规定执行；国家没有规定的，由发包人与设计人协商确定。

7 建筑市政工程设计

7.1 建筑市政工程范围

适用于建筑、人防、市政公园、园林绿化、电信、广播电视、邮政工程。

7.2 建筑市政各阶段工作量比例

建筑市政各阶段工作量比例表   表7.2-1

工程类型	设计阶段	方案设计(%)	初步设计(%)	施工图设计(%)
建筑与室外工程	Ⅰ级	10	30	60
	Ⅱ级	15	30	55
	Ⅲ级	20	30	50
住宅小区(组团)工程		25	30	45
住宅工程		25		75
古建筑保护性建筑工程		30	20	50
智能建筑弱电系统工程			40	60
室内装修工程		50		50
园林绿化工程	Ⅰ、Ⅱ级	30		70
	Ⅲ级	30	20	50
人防工程		10	40	50
市政公用工程	Ⅰ、Ⅱ级		40	60
	Ⅲ级		50	50
广播电视、邮政工程工艺部分			40	60
电信工程			60	40
建筑工程专业	建筑	35～43		
	结构	24～30		
	设备	28～38		

注：提供两个以上建筑设计方案，且达到规定内容和深度要求的，从第二个设计方案起，每个方案按照方案设计费的50%另收方案设计费。

7.3 建筑、市政工程复杂程度

7.3.1 建筑、人防工程

建筑、人防工程复杂程度表   表7.3-1

等级	工程设计条件
Ⅰ级	1.功能单一、技术要求简单的小型公共建筑工程； 2.高度＜24m的一般公共建筑工程； 3.小型仓储建筑工程； 4.简单的设备用房及其他配套用房工程

续表

等级	工程设计条件
Ⅰ级	5.简单的建筑环境设计及室外工程； 6.相当于一星级饭店及以下标准的室内装修工程； 7.人防疏散干道、支干道及人防连接通道等人防配套工程
Ⅱ级	1.大中型公共建筑工程； 2.技术要求较复杂或有地区性意义的小型公共建筑工程； 3.高度24～50m的一般公共建筑工程； 4.20层及以下一般标准的居住建筑工程； 5.仿古建筑、一般标准的古建筑、保护性建筑以及地下建筑工程； 6.大中型仓储建筑工程； 7.一般标准的建筑环境设计和室外工程； 8.相当于二、三星级饭店标准的室内装修工程； 9.防护级别为四级及以下同时建筑面积<10000m² 的人防工程
Ⅲ级	1.高级大型公共建筑工程； 2.技术要求复杂或具有经济、文化、历史等意义的省（市）级中小型公共建筑工程； 3.高度>50m的公共建筑工程； 4.20层以上居住建筑和20层及以下高标准居住建筑工程； 5.高标准的古建筑、保护性建筑和地下建筑工程； 6.高标准的建筑环境设计和室外工程； 7.相当于四、五星级饭店标准的室内装修，特殊声学装修工程； 8.防护级别为三级以上或者建筑面积≥10000m² 的人防工程

注：1.大型建筑工程是指20001m²以上的建筑，中型是指5001～20000m²的建筑，小型是指5000m²以下的建筑；
2.古建筑、仿古建筑、保护性建筑等，根据具体情况，附加调整系数为1.3～1.6；
3.智能建筑弱电系统设计，以弱电系统的设计概算为计费额，附加调整系数为1.3；
4.室内装修设计，以室内装修的设计概算为计费额，附加调整系数为2.0；
5.特殊声学装修设计，以声学装修的设计概算为计费额，附加调整系数为2.0；
6.建筑总平面布置或者小区规划设计，根据工程的复杂程度，按照每10000～20000元/ha计算收费。

收费标准　　　　　　表7.3-2

序号	计费额	收费基价
1	200	9.0
2	500	20.9
3	1000	38.8
4	3000	103.8
5	5000	163.9
6	8000	249.6
7	10000	304.8
8	20000	566.8
9	40000	1054.0
10	60000	1515.2
11	80000	1960.1
12	100000	2393.4

续表

序号	计费额	收费基价
13	200000	4450.8
14	400000	8276.7
15	600000	11897.5
16	800000	15391.4
17	1000000	18793.8
18	2000000	34948.9

第37题：
工程监理取费标准参考

国家发展改革委 建设部关于印发
《建设工程监理与相关服务收费管理规定》的通知
（发改价格〔2007〕670号）
（节选）

建设工程监理与相关服务收费标准

1 总则

1.0.1 建设工程监理与相关服务是指监理人接受发包人的委托，提供建设工程施工阶段的质量、进度、费用控制管理和安全生产监督管理，合同、信息等方面协调管理服务，以及勘察、设计、保修等阶段的相关服务，各阶段的工作内容见《建设工程监理与相关服务的主要内容》（附表一）。

1.0.2 建设工程监理与相关服务收费包括建设工程施工阶段的工程监理（以下简称"施工监理"）服务收费和勘察，设计，保修等阶段的相关服务（以下简称"其他阶段的相关服务"）收费。

1.0.3 铁路、水运、公路水电、水库工程的施工监理服务收费按建筑安装工程费分档定额计费方式计算收费。其他工程的施工监理服务收费按照建设项目工程概算投资额分档定额计费方式计算收费。

1.0.4 其他阶段的相关服务收费一般按相关服务工作所需工日和《建设工程监理与相关服务人员人工日费用标准》（附表四）收费。

1.0.5 施工监理服务收费按照下列公式计算：
（1）施工监理服务收费＝施工监理服务收费基准价×（1+浮动幅度值）
（2）施工监理服务收费基准价＝施工监理服务收费基价×专业调整系数×工程复杂

程度调整系数×高程调整系数

1.0.6 施工监理服务收费基价

施工监理服务收费基价是完成国家法律法规，规范规定的施工阶段监理基本服务内容的价格。施工监理服务收费基价按《施工监理服务收费基价表》(附表二)确定，计费额处于两个数值区间的，采用直线内插法确定施工监理服务收费基价。

1.0.7 施工监理服务收费基准价

施工监理服务收费基准价是按照本收费标准规定的基价和1.0.5(2)计算出的施工监理服务基准收费额，发包人与监理人根据项目的实际情况，在规定的浮动幅度范围内协商确定施工监理服务收费合同额。

1.0.8 施工监理服务收费的计费额

施工监理服务收费以建设项目工程概算投资额分档定额计费方式收费的，其计费额为工程概算中的建筑安装工程费，设备购置费和联合试运转费之和，即工程概算投资额。对设备购置费和联合试运转费占工程概算投资额40%以上的工程项目，其建筑安装工程费全部计入计费额，设备购置费和联合试运转费按40%的比例计入计费额。但其计费额不应小于建筑安装工程费与其相同且设备购置费和联合试运转费等于工程概算投资额40%的工程项目的计费额；工程中有利用原有设备并进行安装调试服务的，以签订工程监理合同时同类设备的当期价格作为施工监理服务收费的计费额；工程中有缓配设备的，应扣除签订工程监理合同时同类设备的当期价格作为施工监理服务收费的计费额；工程中有引进设备的，按照购进设备的离岸价格折换成人民币作为施工监理服务收费的计费额。施工监理服务收费以建筑安装工程费分档定额计费方式收费的，其计费额为工程概算中的建筑安装工程费。

作为施工监理服务收费计费额的建设项目工程概算投资额或建筑安装工程费均指每个监理合同中约定的工程项目范围的投资额。

1.0.9 施工监理服务收费调整系数

施工监理服务收费调整系数包括：专业调整系数，工程复杂程度调整系数和高程调整系数。

(1)专业调整系数是对不同专业建设工程的施工监理工作复杂程度和工作量差异进行调整的系数。计算施工监理服务收费时，专业调整系数在《施工监理服务收费专业调整系数表》(附表三)中查找确定。

(2)工程复杂程度调整系数是对同一专业建设工程的施工监理复杂程度和工作量差异进行调整的系数。工程复杂程度分为一般、较复杂和复杂三个等级，其调整系数分别为：一般(Ⅰ级)0.85；较复杂(Ⅱ级)1.0；复杂(Ⅲ级)1.15。计算施工监理服务收费时，工程复杂程度在相应章节的《工程复杂程度表》中查找确定。

(3)高程调整系数如下：

海拔高程2001m以下的为1；

海拔高程2001~3000m为1.1；

海拔高程3001~3500m为1.2；

海拔高程3501~4000m为1.3；

海拔高程4001m以上的，高程调整系数由发包人和监理人协商确定。

1.0.10 发包人将施工监理服务中的某一部分工作单独发包给监理人，按照其占施工监理服务工作量的比例计算施工监理服务收费，其中质量控制和安全生产监督管理服务收费不宜低于施工监理服务收费总额的70%。

1.0.11 建设工程项目施工监理服务由两个或者两个以上监理人承担的，各监理人按照其占用施工监理服务工作量的比例计算施工监理服务收费。发包人委托其中一个监理人对建设工程项目施工监理服务总负责的，该监理人按照各监理人合计监理服务收费的4%~6%向发包人加收取总体协调费。

1.0.12 本收费标准不包括本总则1.0.1以外的其他服务收费。其他服务收费，国家有规定的，从其规定；国家没有规定的，由发包人与监理人协商确定。

附表一：建设工程监理与相关服务的主要工作内容

服务阶段	主要工作内容	备注
勘察阶段	协助发包人编制勘察要求、选择勘察单位，核查勘察方案并监督实施和进行相应的控制，参与验收勘察成果	建设工程勘察、设计、施工、保修等阶段监理与相关服务的具体工作内容执行国家、行业有关规范、规定
设计阶段	协助发包人编制设计要求、选择设计单位，组织评选设计方案，对各设计单位进行协调管理，监督合同履行，审查设计进度计划并监督实施，核查设计大纲和设计深度、使用技术规范合理性，提出设计评估报告（包括各阶段设计的核查意见和优化建议），协助审查设计概算	
施工阶段	施工过程中的质量、进度、费用控制，安全生产监督管理、合同、信息等方面的协调管理	
保修阶段	检查和记录工程质量缺陷，对缺陷原因进行调查分析并确定责任归属，审核修复方案，监督修复过程并验收，审核修复费用	

附表二：施工监理服务收费基价表

单位：万元

序号	计费额	收费基价
1	500	16.5
2	1000	30.1
3	3000	78.1
4	5000	120.8
5	8000	181.0
6	10000	218.6
7	20000	393.4
8	40000	708.2
9	60000	991.4

续表

序号	计费额	收费基价
10	80000	1255.8
11	100000	1507.0
12	200000	2712.5
13	400000	4882.6
14	600000	6835.6
15	800000	8658.4
16	1000000	10390.1

注：计费额大于1000000万元的，以计费额乘以1.039%的收费率计算收费基价。其他未包含的其收费由双方协商议定。

第38题：
造价咨询取费标准参考

北京市建设工程造价管理协会

（京价协〔2015〕011号）

根据《住房城乡建设部关于推进建筑业发展和改革的若干意见》（建市〔2014〕92号）（简称《若干意见》）、《北京市工程造价咨询行业自律公约》（简称《自律公约》）的规定。北京市建设工程造价管理协会（简称"京价协"）于2011年发布的《关于公布北京市建设工程造价咨询参考费用及费用指数的说明》（简称"参考费用及指数"）至今已五年了，经过工程造价咨询市场对"参考费用及指数"的运用，参考费用获得了参与工程造价咨询各方主体的认可，有效地遏制了不合理的竞争行为。近年来北京市的物价均有上涨，特别是人工工资上涨幅度较大。因此，京价协经研究决定调整"参考费用及指数"。

一、调整"参考费用及指数"的依据

本次调整是在2011年"参考费用及指数"的基础上，根据本市工程造价咨询市场变化的情况，京价协跟踪了北京市工程造价咨询单位会员实际完成的各种类型的造价咨询服务所需要的人工费、软件使用费、办公场所费用、管理费、利润、税金等项目数据，结合北京市公布的社会平均工资，以及参考相关省市公布的工程造价咨询服务费用标准，京价协采用科学的方法综合测算后调整了"参考费用及指数"。本次测算的数据均来源于工程造价咨询单位会员。

二、调整后的"参考费用及指数"使用的解释

《北京市建设工程造价咨询参考费用》（见附件一）计算方法：

（一）采用差额定率分档累进方法计算工程造价咨询费用

例如：

某工程建筑安装工程造价为6000万元，计算工程量清单编制费用如下：

200万元×3.2‰=0.64万元

（500-200）×2.7‰=0.81万元

（2000-500）×2.4‰=3.6万元

（6000-2000）×2.1‰=8.4万元

合计费用=0.64+0.81+3.6+8.4=13.45万元

（二）对于小型咨询项目或专项工程造价咨询服务项目，采用上述办法不便计算的，可以参照《工程造价咨询日参考费用》（附件二）由委托方与被委托方约定；

（三）对于工程结算审核的效益费用，建议谁受益，谁付费，费用由委托方负责将受益的第三方费用收取后与本方的费用一并支付给被委托方；

（四）通过对北京市建设工程造价咨询市场的跟踪测算，对《北京市建设工程造价咨询费用指数》（附件三）做了相应调整，费用指数反映北京市建设工程造价咨询费用的变动及变动幅度。

三、注意事项

（一）被委托方应遵守国家法规和行业行为准则，按照《建设工程造价咨询合同（示范文本）》与委托方签订咨询服务合同，明确服务内容、支付方式，并按照业务规程提供质量合格的服务；

（二）委托方应按合同约定及时向工程造价咨询企业提供开展咨询业务所必备的工作条件和资料；

（三）被委托方提交的工程造价咨询成果文件达不到合同规定工作内容、目的和要求的，应负责修改完善，委托方不另支付咨询费用；

（四）工程造价咨询合同履行过程中，由委托方或被委托方自身失误造成对方损失的，应按合同相应条款予以赔偿；

（五）涉外工程造价咨询业务，如有特殊要求的，被委托方可与委托方参照国外有关收费办法或按本次调整后"参考费用及指数"与委托方协商确定服务费用。

四、本"参考费用及指数"实行行业自律管理

住房和城乡建设部下发的"若干意见"第五条二十三款规定"鼓励行业协会研究制定非政府投资工程咨询服务类收费行业参考价，抵制恶意低价、不合理低价竞争行为，维护行业发展利益"；以及京价协组织签订的"自律公约"第十条"签约企业应当按照国家或行业制定的工程造价咨询收费标准收取咨询服务费用，工程造价咨询服务费价格应当在《建设工程造价咨询合同》中约定。不得恶意压低服务费价格进行不正当竞争。不损害其他企业和咨询行业的合法权益"的规定。按照"若干意见"要求和"自律公约"规定，本次修改的"参考费用及指数"实行行业自律管理。

（一）京价协对北京市工程造价咨询服务收费市场的跟踪调研时，发现工程造价咨询服务成本随市场的变化在不断的变动。因此，京价协决定每年5月份之前，各工程造价咨询单位会员应向京价协报送经测算的《北京市建设工程造价专业人员人工成本参数》（附件四）、《北京市建设工程造价咨询企业经营管理成本参数》（附件五），京价协将所报的数据作为跟踪市场调整"参考费用及指数"的重要依据。要求数据真实可靠，并对所填报的数据负责；

（二）北京市工程造价咨询单位会员在承揽造价咨询业务时，需结合工程造价咨询服务范围及质量要求，依据"参考费用及指数"，合理报价，不得低于工程项目服务成本价；

不管采取任何方式收取费用，均不得低于工程项目服务成本价竞争。

（三）工程造价咨询企业非京价协单位会员的，不得使用或参考"参考费用及指数"收取工程造价咨询服务费用，且不接收所报的"人工和经营成本"数据；

（四）京价协将建立举报机制，工程造价咨询单位会员在承揽咨询业务时恶意压价、低于工程项目服务成本价竞标，扰乱工程造价咨询市场。任何单位和个人均有义务举报，京价协接到举报后将组织专家进行核实，经核实举报的事实成立、属实，按"自律公约"第四章惩戒与奖励 第二十二条、第二十三条、第二十四条规定进行惩戒。并记入企业信用档案。

调整后的"参考费用"于2015年7月15日（包括15日）执行。

附件一

北京市建设工程造价咨询参考费用

序号	咨询项目名称	工作内容	费用基数	划分差额定率分档累进方法						测算时未包括的内容
				≤200万元	200万~500万元	500万~2000万元	2000万~10000万元	10000万~50000万元	≥50000万元	
1	工程概算编制	依据初步设计文件计算工程量，套用概算定额，编制工程概算	建设项目总投资	2.5‰	2‰	1.8‰	1.5‰	1.3‰	1.2‰	
2	工程量清单编制	依据施工图设计，工程量清单计算规范计算工程量，按清单计价范编制工程量清单，包括工程量和特征描述	建筑安装工程造价	3.2‰	2.7‰	2.4‰	2.1‰	1.9‰	1.6‰	
3	清单预算编制	依据发布的工程量清单编制清单预算	建筑安装工程造价	2.7‰	2.1‰	1.9‰	1.7‰	1.4‰	1.3‰	不含清单编制
4	定额预算编制	依据施工图设计计算工程量，套用预算定额，编制工程预算	建筑安装工程造价	4‰	3.5‰	3‰	2.5‰	2‰	1.5‰	
5.1	工程结算审查 (1)基本费用	依据发承包合同，进行工程价款调整，确定工程结算金额	建筑安装工程造价	4.5‰	4‰	3.5‰	3‰	2.5‰	2‰	
	(2)效益费用		|核减额|+核增额	5%~10%						
5.2	工程结算审查		建筑安装工程造价	8‰	7‰	6‰	5‰	4‰	3‰	
6	工程实施阶段全过程造价控制	编制工程量清单、清单预算编制、施工过程造价管理、进行工程结算审查	建筑安装工程造价	18‰	15‰	13‰	11‰	9.5‰	8‰	

续表

序号	咨询项目名称	工作内容	费用基数	划分差额定率分档累进方法						测算时未包括的内容
				≤200万元	200万~500万元	500万~2000万元	2000万~10000万元	10000万~50000万元	≥50000万元	
7	工程造价纠纷鉴证	对纠纷项目的工程造价及由此延伸而引起的经济问题,进行鉴别和判断并提供鉴定意见	鉴证标的额	12.8‰	10.7‰	8.6‰	6.4‰	5.4‰	4.3‰	
8	竣工决算编制	依据工程结算成果文件和财务资料编制竣工决算	建设项目总投资	2‰	1.8‰	1.5‰	1.3‰	1.2‰	1.0‰	不含财务决算

说明:(1) 工程主材工程设备无论是否计入工程造价,均应计入取费基数;

(2) 工程结算审查项目 5.1、5.2 两种计费方式,由甲乙双方自行选择;其中 5.1 的计费方式按(1)+(2)计算,效益费用应由受益人支付;

(3) 工程实施阶段全过程造价控制,不包括中标价审核、图纸改版导致重新计量等工作,发生时咨询费用由甲乙双方协商确定;其他咨询项目若发生此类情况,参照执行;

(4) 单独委托的装饰工程、安装工程和修缮工程应在上述费用基础上乘以 1.2 的系数;

(5) 工程概算、工程量清单、定额预算、竣工决算的审核费用应在上述费用的基础上乘以 0.9 的系数;

(6) 每单咨询项目按上述费用不足 3000 元时,按 3000~3500 元计取咨询费用;

(7) 凡要求计算钢筋精细计量的,按钢筋含量以 14~16 元/吨,另计费用;

(8) 建设项目前期工作的咨询费用,包括建设项目建议书或者可行性研究报告,以及其他与建设项目前期工作有关的咨询服务费用参考市场行情由甲乙双方协商确定;

(9) 工程设计阶段的前期造价控制,如配合设计方案比选、优化设计、限额设计等工作,根据咨询工作内容和工作量,咨询费用由甲乙双方协商确定;

(10) 此表格费率上下浮动幅度为 20%。

附件二

工程造价咨询日参考费用

序号	项目名称	金额（元/工日）
1	有高级职称或注册造价工程师的咨询人员	2000～3000
2	有中级职称和工程造价员的咨询人员	1280～1920
3	造价员	800～1200
4	其他人员	640～960

第39题：
PPP项目咨询服务取费标准参考

PPP项目咨询服务费参照《关于印发PPP项目咨询服务收费参考（试行）的通知》（粤咨协〔2016〕28号）文件计取。

计算公式：

PPP项目咨询服务费=（初步实施方案编制费+物有所值评估报告编制费+财政承受能力论证报告编制费+实施方案编制费+PPP项目合同咨询费+中期评估报告编制费）× 专业领域调整系数 × 价格系数

（1）初步实施方案编制费等6项咨询服务费

初步实施方案编制费、物有所值评估报告编制费、财政承受能力论证报告编制费、实施方案编制费、PPP项目合同咨询费、中期评估报告编制费按项目估算投资额分档计费，具体根据项目估算投资额在相对应的区间内用插入法计算，如表1所示。

初步实施方案的6项咨询服务费（万元） 表1

投资区间	初步实施方案编制费	物有所值评估报告编制费	财政承受能力论证报告编制费	实施方案编制费	PPP项目合同咨询费	中期评估报告编制费
1亿元以下	11	17	14	28	24	14
1亿～5亿元（含）	11～24	17～22	14～18.5	28～60	24～36	14～30
5亿～10亿元（含）	24～35	22～33	18.5～27.5	60～80	36～48	30～44
10亿～50亿元	35～64	33～60	27.5～50	88～160	48～72	44～80
50亿元以上	64～80	60～75	50～62.5	160～200	72～108	80～100

注：①表中数字下限为不含，上限为包含；
②估算投资额为项目建议书或可行性研究报告中的估算投资额：

本合同初步实施方案编制费为：_____万元。
本合同物有所值评估报告编制费为：_____万元。
本合同财政承受能力论证报告编制费：_____万元。
本合同实施方案编制费为：_____万元。
本合同PPP项目合同咨询费：_____万元。
本合同中期评估报告编制费为：_____万元。

（2）专业领域调整系数

本合同专业领域调整系数按项目涉及专业领域数量确定为如表2所示。

专业领域调整系数　　　　　　　　　　　　　　　　表2

专业领域数量	调整系数
1	1
2	1.4
3	1.6
4	1.8
5个及以上	2
市县两级联动项目	每增加一个区县，系数在以上数值的基础上加0.2（单一专业领域项目初始调整系数为1.4）

附：PPP项目行业划分标准（表3）。

PPP项目行业划分标准　　　　　　　　　　　　　　表3

1. 能源	10. 保障性安居工程
2. 交通运输	11. 旅游
3. 水利建设	12. 养老
4. 生态建设和环境保护	13. 教育
5. 市政工程	14. 文化
6. 城镇综合开发	15. 体育
7. 农业	16. 政府基础设施
8. 林业	17. 其他
9. 科技	

（3）价格系数

本合同价格系数根据下（上）浮率，确定为：_____%。

注：价格系数=1 ± 下（上）浮率（%）。

（4）计算结果

特别说明：_____。

第40题：
招标代理取费标准参考

招标采购咨询服务费参照《招标代理服务收费管理暂行办法》（计价格〔2002〕1980号）文件计取。

计算公式：

招标采购咨询服务费=服务费基价 × 价格系数

（1）服务费基价

服务费基价

服务类型 费率 中标金额（万元）	货物招标	服务招标	工程招标
100以下	1.50%	1.50%	1.00%
100～500	1.10%	0.80%	0.70%
500～1000	0.80%	0.45%	0.55%
1000～5000	0.50%	0.25%	0.35%
5000～10000	0.25%	0.10%	0.20%
10000～100000	0.05%	0.05%	0.05%
1000000以上	0.01%	0.01%	0.01%

注：(1) 按本表费率计算的收费为招标代理服务全过程的收费基准价格，单独提供编制招标文件（有标底的含标底）服务的，可按规定标准的30%计收。

(2) 招标代理服务收费按差额定率累进法计算。例如：某工程招标代理业务中标金额为6000万元，计算招标代理服务收费额如下：

100万元×1.0%=1（万元）；
(500-100)万元×0.7%=2.8（万元）；
(1000-500)万元×0.55%=2.75（万元）；
(5000-1000)万元×0.35%=14（万元）；
(6000-5000)万元×0.2%=2（万元）；
合计收费=1+2.8+2.75+14+2=22.55（万元）。

（2）价格系数

本合同价格系数根据下（上）浮率，确定为：_____%。

注：价格系数=1±下（上）浮率（%）。

第41题：
BIM咨询取费参考标准

广东省住房和城乡建设厅关于印发
《广东省建筑信息模型（BIM）技术应用费用计价参考依据》的通知
（粤建科〔2018〕136号）

各地级以上市住房城乡建设、规划、城管、市政、园林、环卫、水务主管部门，佛山市交通局，各有关单位：

为贯彻落实《国务院办公厅关于促进建筑业持续健康发展的意见》（国办发〔2017〕19号）、《住房城乡建设部关于印发推进建筑信息模型应用指导意见的通知》（建质函〔2015〕

159号）和《广东省住房和城乡建设厅关于开展建筑信息模型BIM技术推广应用工作的通知》（粤建科函〔2014〕1652号）等有关规定，推动我省建筑信息模型（BIM）技术在工程建设项目设计、施工和运维阶段的应用，我厅制定了《广东省建筑信息模型（BIM）技术应用费用计价参考依据》，现印发给你们，并提出以下意见，请你们结合实际认真贯彻执行。

一、各地级以上市业务主管部门要研究制订支持建筑信息模型（BIM）技术应用的政策措施，建立完善建筑信息模型（BIM）技术推广应用机制，引导和规范工程建设项目参建单位的建筑信息模型（BIM）技术应用工作。

二、各地级以上市业务主管部门要加大宣传和推广建筑信息模型（BIM）技术的力度，营造发展建筑信息模型（BIM）技术的良好工作氛围，提高工程建设项目信息化管理水平。

执行中遇到的问题，请及时反馈至广东省建设工程标准定额站（地址：广州市越秀区解放北路801号桂冠大厦13楼）。

广东省住房和城乡建设厅
2018年7月24日

广东省建筑信息模型（BIM）技术应用费用计价参考依据

为进一步推进我省建筑信息模型（BIM）技术应用发展，根据《国务院办公厅关于促进建筑业持续健康发展的意见》（国办发〔2017〕19号）、《住房城乡建设部关于印发推进建筑信息模型应用指导意见的通知》（建质函〔2015〕159号）和《广东省住房和城乡建设厅关于开展建筑信息模型BIM技术推广应用工作的通知》（粤建科函〔2014〕1652号）等有关规定，制定我省建筑信息模型（BIM）技术应用费用计价参考依据。

一、费用名称

建筑信息模型（BIM）技术应用费用。

二、适用范围

适用于新建工业与民用建筑工程、市政道路工程、轨道交通工程、地下综合管廊工程、园林景观工程。

其余类型工程和改扩建项目可酌情参考此计价依据。

三、应用要求

（一）建筑信息模型（BIM）技术应用的模型细度、应用阶段、模型交付要求应符合国家和广东省发布的有关建筑信息模型应用规范与标准；局部应用或者未能符合以及超过国家和广东省发布的有关建筑信息模型应用规范与标准时，费用由双方商定。

（二）建筑信息模型（BIM）技术应用费用在工程建设其他费用中单独计列。

四、费用计价说明

（一）建筑信息模型（BIM）技术应用费用＝计价基础×单价或费率。

（二）工业与民用建筑工程，当建筑面积少于2万平方米时，按2万平方米作为计价基础计算建筑信息模型（BIM）技术应用费用；市政道路工程、轨道交通工程、地下综合管廊工程的造价少于1亿元时，按1亿元作为计价基础计算建筑信息模型（BIM）技术应用费用；园林景观工程的造价少于1000万元时，按1000万元作为计价基础计算建筑信息模型（BIM）技术应用费用。

（三）建筑信息模型（BIM）技术应用费用不含聘请建筑信息模型（BIM）技术应用的咨询顾问；如需聘请，则可增加10%作为建筑信息模型（BIM）技术应用的咨询顾问费用。

（四）因工程复杂程度、规模差异和材料设备标准高低造成应用难易程度不同，建筑信息模型（BIM）技术应用费用可上下浮动20%。

五、费用基价表

（一）工业与民用建筑用基价表

如表1所示。

工业与民用建筑用基价表　　　　　　　　　表1

计价编号	内容	计价基础	计价单价（元/平方米）			
			单项工程应用	单独的土建工程应用	单独的机电安装工程应用	单独的室内装饰装修工程应用
			A	B	C	D
1-1	设计施工运维三阶段应用	建筑面积	35.00	17.50	24.50	21.00
1-2	单阶段应用					
1-2-1	设计阶段应用	建筑面积	17.50	8.75	12.25	10.50
1-2-2	施工阶段应用	建筑面积	19.25	9.63	13.48	11.55
1-2-3	运维阶段应用	建筑面积	15.75	7.88	11.03	9.45
1-3	两阶段联合应用					
1-3-1	设计与施工联合应用	建筑面积	31.24	15.62	21.87	18.74
1-3-2	施工与运维联合应用	建筑面积	29.75	14.88	20.83	17.85

（二）市政道路工程费用基价表

如表2所示。

市政道路工程费用基价表　　　　　　　　　表2

计价编号	内容	计价基础	计价费率（%）					
			单项工程应用	单独的路基路面工程应用	单独的桥涵工程应用	单独的隧道工程应用	单独的管线或机电安装工程应用	单独的交通设施工程应用
			A	B	C	D	E	F
2-1	设计施工运维三阶段应用	建安造价	0.450%	0.225%	0.608%	0.495%	1.125%	0.495%
2-2	单阶段应用							
2-2-1	设计应用	建安造价	0.400%	0.320%	1.000%	0.400%	0.320%	1.000%

续表

计价编号	内容	计价基础	计价费率（%）					
			单项工程应用	单独的路基路面工程应用	单独的桥涵工程应用	单独的隧道工程应用	单独的管线或机电安装工程应用	单独的交通设施工程应用
			A	B	C	D	E	F
2-2-2	施工应用	建安造价	0.440%	0.352%	1.100%	0.440%	0.352%	1.100%
2-2-3	运维应用	建安造价	0.360%	0.288%	0.900%	0.360%	0.288%	0.900%
2-3	两阶段联合应用							
2-3-1	设计与施工联合应用	建安造价	0.714%	0.571%	1.785%	0.714%	0.571%	1.785%
2-3-2	施工与运维联合应用	建安造价	0.680%	0.544%	1.700%	0.680%	0.544%	1.700%

（三）轨道交通工程费用基价表

如表3所示。

轨道交通工程费用基价表　　表3

计价编号	内容	计价基础	计价费率（%）					
			单项工程应用	单独的区间土建工程应用	单独的车辆段工程应用	单独的地铁站（含附属）土建工程应用	单独的轨道工程应用	单独的机电安装或装修工程应用
			A	B	C	D	E	F
3-1	设计施工运维三阶段应用	建安造价	0.350%	0.105%	0.438%	0.630%	0.105%	0.875%
3-2	单阶段应用							
3-2-1	设计应用	建安造价	0.175%	0.053%	0.219%	0.315%	0.053%	0.438%
3-2-2	施工应用	建安造价	0.193%	0.058%	0.241%	0.347%	0.058%	0.481%
3-2-3	运维应用	建安造价	0.158%	0.047%	0.197%	0.284%	0.047%	0.394%
3-3	两阶段联合应用							
3-3-1	设计与施工联合应用	建安造价	0.312%	0.094%	0.391%	0.562%	0.094%	0.781%
3-3-2	施工与运维联合应用	建安造价	0.298%	0.089%	0.372%	0.536%	0.089%	0.744%

（四）综合管廊工程费用基价表

如表4所示。

综合管廊工程费用基价表　　　　　表4

计价编号	内容	计价基础	计价费率（%）		
			单项工程应用	单独的土建工程应用	单独的机电安装工程应用
			A	B	C
4-1	设计施工运维三阶段应用	建安造价	0.400%	0.080%	0.720%
4-2	单阶段应用				
4-2-1	设计应用	建安造价	0.200%	0.040%	0.360%
4-2-2	施工应用	建安造价	0.220%	0.044%	0.396%
4-2-3	运维应用	建安造价	0.180%	0.036%	0.324%
4-3	两阶段联合应用				
4-3-1	设计与施工联合应用	建安造价	0.357%	0.071%	0.643%
4-3-2	施工与运维联合应用	建安造价	0.340%	0.068%	0.612%

（五）广东省BIM建议收费标准

如表5所示。

广东省BIM建议收费标准（元/m^2）（按建筑面积计取）　　　　　表5

应用等级	阶段	所含专业	模型深度	服务内容（应用选项）	费用
一级	设计阶段	建筑、结构、场地	应用于设计阶段，模型细度达到LOD300	建模、性能分析、仿真漫游、面积及构件统计	2
	施工阶段	建筑、结构、场地	设计模型应用于施工阶段，细度同上	施工模拟及仿真漫游	1
	运维阶段	建筑、结构、场地	设计模型应用于运维阶段，细度同上	楼层巡视	1
二级	设计阶段	建筑、结构、机电	应用于设计阶段，模型细度达到LOD300	建模、性能分析、面积统计、冲突检测、辅助施工图设计、仿真漫游、工程量统计	8
		地质勘查	应用于设计阶段，可包括粗勘、详勘。根据钻孔资料建立三维地质模型	拟合地层曲面及地表建筑物、构筑物	按勘测费15%计取，不少于5000元/项目
	施工阶段	建筑、结构、机电	在设计模型基础上进行深化，建立施工模型，模型细度达到LOD400	施工深化、冲突检测、施工模拟、仿真漫游、施工工程量统计	8
	运维阶段	建筑、结构、机电	根据竣工资料和现场实测调整施工模型成果，获得与现场安装实际一致的运维模型，模型细度不小于LOD400	运维仿真漫游	3

续表

应用等级	阶段	所含专业	模型深度	服务内容（应用选项）	费用
三级	设计阶段	建筑、结构、机电、景观、室内、幕墙、岩土	应用于设计阶段，模型细度达到LOD300	建模、性能分析、面积统计、冲突检测、辅助施工图设计、仿真漫游、工程量统计	18
		地质勘查	应用于设计阶段，可包括粗勘、详勘。根据钻孔资料建立三维地质模型	拟合地层曲面及地表建筑物、构筑物	按勘测费15%计取，不少于5000元/项目
	施工阶段	建筑、结构、机电、景观、室内、幕墙、岩土	在设计模型基础上进行深化，建立施工模型，模型细度达到LOD400	施工深化、冲突检测、施工模拟、仿真漫游、施工工程量统计	18
	运维阶段	建筑、结构、机电、景观、室内、幕墙、岩土	根据竣工资料和现场实测调整施工模型成果，获得与现场安装实际一致的运维模型，模型细度不小于LOD400	运维仿真漫游、3D数据采集和集成、设备设施管理	15

第42题：
全过程造价咨询服务有取费参考依据吗？

工程造价咨询服务没有全国统一的取费标准和价格指导意见，由各地方政府造价管理部门或造价行业协会等根据各地实际情况制订当地的造价咨询服务取费标准或价格指导意见。国家推行全过程工程咨询服务后，很多项目的造价咨询服务已由传统的招标工程量清单和招标控制价编制发展升级为全过程造价咨询服务。全过程造价咨询服务是指对工程建设项目前期研究、投资决策阶段以及项目实施阶段开展的全过程经济、技术、投资成本等进行编制、分析、论证、监管等咨询服务，其工作包括但不限于：

（1）建设项目可行性研究报告投资估算的编制、审核及项目经济评价；

（2）建设工程概算、预算、结算、竣工结算的编制、审核；

（3）建设工程招标标底、工程量清单、招标控制价等的编制、审核；

（4）工程洽商、变更及合同争议的鉴定与索赔；

（5）编制工程造价计价依据及对工程造价进行监控和提供有关工程造价信息资料等。

以北京地区为例，造价咨询服务取费执行北京市建设工程造价咨询管理协会编制的《北京市建设工程造价咨询服务参考费用及费用指数》（京价协〔2015〕011号）。

对于工程实施阶段全过程造价控制，按《北京市建设工程造价咨询服务参考费用及费用指数》（京价协〔2015〕011号）附件一《北京建设工程造价咨询参考费用》中第6栏计取，其工作内容包括：编制工程量清单、清单预算编制、施工过程造价管理、进行工程结算。

《北京市建设工程造价咨询服务参考费用及费用指数》(京价协〔2015〕011号)说明第9条：工程设计阶段的前期造价控制，如配合设计方案比选、优化设计、限额设计等，根据咨询工作内容和工作量，咨询费用由甲乙双方协商确定。

将《北京市建设工程造价咨询服务参考费用及费用指数》(京价协〔2015〕011号)工程实施阶段全过程造价控制工作内容与上述全过程工程咨询服务内容相比，首先，前者的所谓"全过程"，实际上仅包括工程实施阶段，而后者比前者多了投资决策阶段（含工程设计阶段）的各项造价咨询工作；其次，即便是工程实施阶段，后者的工作内容和范围也比前者的多。

因此，应该说，目前尚无全过程造价咨询服务取费标准和价格指导文件。实际工程项目中，可在实施阶段全过程造价控制取费标准的基础上，加上前期投资决策阶段工作量及委托合同约定的其他工作事项，由甲乙双方协商确定全过程造价咨询服务全部费用。

第43题：
全过程工程咨询招标代理（采购）服务有取费参考依据吗？

招标采购咨询服务费参照《招标代理服务收费管理暂行办法》(计价格〔2002〕1980号)文件计取。招标采购服务分为货物、服务和工程三种类型。

全过程工程咨询服务中的招标代理（采购）服务取费按照建设单位的委托服务内容，如货物类、服务类和工程类，按上述《招标代理服务收费管理暂行办法》(计价格〔2002〕1980号)文件计取即可。

对于全过程工程咨询服务单位招标的招标代理（采购）服务取费，首先判别其属于服务类招标，然后根据全过程工程咨询服务所包含的专项咨询业务服务种类（一般包括项目管理、项目建议书编制、可行性研究报告编制、各项咨询评价报告编制、工程勘察、工程设计、工程监理、全过程造价咨询、招标工程量清单及控制价编制、招标代理、BIM咨询、绿色建筑咨询、项目后评价、运营运维咨询及其他专业咨询等）组合，按项目取费基数逐项在服务类栏目中查找，最后逐项相加，即为全过程工程咨询服务单位招标的招标代理（采购）服务费用。

第44题：
北京市BIM收费参考标准

高标准项目针对项目标准定制每个环节并进行全过程管理，基于BIM对项目进行全过程进度把控及质量管控；基于BIM三维正向设计、出图。通过BIM深化后施工，控制变更及洽商，减少现场拆改，降低后期施工成本。

根据北京市目前发展现状，建议相关收费标准如表1所示。

北京市BIM收费参考标准 表1

应用等级	阶段	所含专业	模型深度服务内容（应用选项）	住宅项目费用（公建等其他建筑在此基础上取1.5～3.0的系数）
全阶段正向设计	设计阶段	建筑、结构、机电、小市政、精装（二次机电）	BIM全专业三维协同设计，出施工图和工程量清单，模型精度达到LOD300	15～20元/平方米
	施工阶段	建筑、结构、机电、精装（含末端）、小市政、景观、幕墙	BIM先深化后施工，LOD400为深化阶段，LOD500为竣工模型	10～15元/平方米
	运维阶段	建筑、结构、机电、精装（含末端）、小市政、景观、幕墙	根据运维需求进行数据、模型梳理及二次校正植入	8～10元/平方米

第45题：
后评价咨询取费标准参考

项目后评价咨询服务费参照《中央政府投资项目后评价管理办法》（发改投资〔2014〕2129号）、《国家计委关于印发建设项目前期工作咨询收费暂行规定的通知》（计价格〔1999〕1283号）、《关于印发PPP项目咨询服务收费参考（试行）的通知》（粤咨协〔2016〕28号）文件计取。

计算公式：

项目后评价咨询服务费=服务费基价×行业调整系数×工程复杂程度调整系数×项目类型系数×价格系数

（1）项目后评价咨询服务费基价

服务费基价根据估算投资额在相对应的区间内用插入法计算，如表1所示。

项目后评价咨询服务费基价（万元） 表1

估算投资额	3000万～1亿元	1亿～5亿元	5亿～10亿元	10亿～50亿元	50亿元以上
服务费基价	6～14	14～37	37～55	55～100	100～125

注：①表中数字下限为不含，上限为包含；
②估算投资额为项目建议书或可行性研究报告中的估算投资额；
③本合同项目后评价咨询服务费基价为：_____万元。

（2）行业调整系数

本合同行业调整系数如表2所示取值。

行业调整系数 表2

行业	调整系数
一、石化、化工、钢铁	1.3
二、石油、天然气、水利、水电、交通（水运）、化纤	1.2
三、有色、黄金、纺织、轻工、邮电、广播、电视、医药、煤炭、火电（含核电）、机械（含船舶、航空、航天、兵器）	1.0
四、林业、商业、粮食、建筑	0.8
五、建材、交通（公路）、铁道、市政公用工程	0.7

（3）工程复杂程度调整系数

本合同工程复杂程度调整系数取值为：_____。

注：工程复杂程度调整系数取值范围：0.8～1.2。

（4）项目类型系数

项目类型系数如表3所示取值。

项目类型系数 表3

项目类型	项目类型系数
中央政府投资项目	1.0
非中央政府投资项目	0.8

（5）价格系数

本合同价格系数根据下（上）浮率，确定为：_____%。

注：价格系数=1±下（上）浮率。

（6）计算结果

特别说明：_____。

第46题：
绿色建筑咨询取费标准参考

广东省建筑节能协会
关于发布《绿色建筑工程咨询、设计及施工图审查收费标准（试行）》的通知
（粤建节协〔2013〕09号）

为进一步规范我省绿色建筑工程设计与咨询服务收费行为，促进绿色建筑工程设计与咨询行业健康规范发展，根据《中华人民共和国价格法》《工程造价咨询企业管理办法》的有关规定，结合我省近年来各设计、咨询服务单位实际开展咨询工作的具体情况，经征求省物价部门和相关专家论证意见，我会制定了绿色建筑工程咨询、设计及施工图审查收费标准的指导意见，供我省项目建设单位、物业管理单位、设计、咨询单位及施工图审查机构，在绿色建筑项目立项、概预决算、招标投标活动中参照执行。

一、绿色建筑工程咨询、设计单位做出的咨询服务、设计内容的各项工作应达到相应的技术深度，确保工程咨询、设计工作质量。

二、为确保咨询、设计工作成果的质量，项目建设单位或物业管理单位在进行招标活动中，应参照本指导价确定招标文件的价格权重，价格上浮最高不得超过本指导价格的5%，价格下浮最低不得超过本指导价格的10%。

三、绿色建筑项目申请单位应参照本收费标准与咨询、设计、施工图审查单位签署服务合同，不得擅自抬高价格，避免工程造价不合理增加，不得擅自压低价格，以确保绿色建筑工程服务质量。在绿色建筑咨询、设计活动中如对咨询、设计服务质量产生争议，或发生不正当竞争行为时，可向我会提出申诉，我会将组织专家取证评议，结果将在协会网站上公布（表1、表2）。

绿色建筑工程咨询服务收费标准 表1

咨询项目	咨询服务内容（占总费用比例）	收费标准[2万平方米（含）以下按单栋，2万平方米以上按单栋＋面积增量]				服务对象
		单栋		建筑群 按面积增量收费（元/m^2）		
		星级	技术咨询收费	星级	面积增量收费（元/m^2）	
绿色建筑星级评价设计认证	一、初步设计方案咨询服务（20%） (1)分析项目适用的技术措施与实现策略； (2)完成初步方案、投资估算、星级评估 二、方案优化设计阶段咨询服务（40%） (1)确定项目技术措施要求； (2)完成设计各专业的提案，落实技术要点、相关产品； (3)指导施工图设计； (4)完成认证所需要的各项模拟分析 三、设计评价标识申报（40%） (1)完成相关各项方案分析报告和计算书； (2)制作绿色建筑设计标识全部材料； (3)完成申报材料的内部审核； (4)进行专家评审会汇报及现场答辩； (5)取得设计标识	一星	20	一星	在单栋收费标准的基础上每增加一平方米加收1元	建设单位
		二星	30	二星	在单栋收费标准的基础上每增加一平方米加收1.2元	
		三星	40	三星	在单栋收费标准的基础上每增加一平方米加收1.5元	
绿色建筑评价标识运行星级认证	一、对评价标识项目材料整理、审核（20%） (1)项目竣工图纸及资料审核； (2)审核和验证物业管理部门提供的资料，完善相关报告 二、运营管理咨询服务（20%） (1)对物流管理公司和操作人员进行专业知识培训； (2)定期进行运营管理取证，定期审查运行记录； (3)提出整改方案，指导物业管理公司制定管理制度	按单栋计（单位：万元）				物业管理单位
		星级	单栋（2万平方米以下）技术咨询费	建筑群（2万平方米以上）技术咨询费		
		一星	30		在单栋收费标准的基础上每增加一平方米加收1元	

续表

咨询项目	咨询服务内容（占总费用比例）	收费标准[2万平方米（含）以下按单栋，2万平方米以上按单栋＋面积增量]		服务对象
绿色建筑评价标识运行星级认证	三、项目检测咨询服务（20%） （1）提供所有现场检测所需资料清单； （2）完成项目申报材料的内部审核； （3）编制检测计划，确定检测项目、检测指标； （4）根据现场情况进行预评估； （5）进行相关现场检测资料的审核和验证 四、评价标识认证资料汇总及申报服务（占40%） （1）整理汇总所有资料报告； （2）专家评审会现场汇报和答辩； （3）对评审意见的反馈及解释； （4）取得运行标识	二星	40	在单栋收费标准的基础上每增加一平方米加收1.2元	物业管理单位
		三星	50	在单栋收费标准的基础上每增加一平方米加收1.5元	

绿色建筑设计及施工图审查收费标准　　　　表2

绿色建筑星级	设计收费标准	施工图审查收费标准
一星	以原设计收费为基准价收5%	以原审图收费为基准价收5%
二星	以原设计收费为基准价收10%	以原审图收费为基准价收10%
三星	以原设计收费为基准价收20%	以原审图收费为基准价收20%

各专业分配比例

类型	建筑	暖通	给水排水	电气	结构	预算
设计费	25%	25%	15%	15%	8%	12%
审图费	30%	25%	15%	15%	15%	—

注：报省人大环资委、省政协环资委、省住房和城乡建设厅、省物价局。

第47题：
全过程工程咨询建筑师负责制模式建筑师服务取费参考依据

建筑师负责制工程建设项目建筑师服务收费指导意见

根据《北京市建筑师负责制试点指导意见》第（十）条："试点项目应结合项目规模、服务内容和复杂程度，按照责权利对等、优质优价的原则，合理确定建筑师服务收费。建筑师的全程服务收费应在项目投资中列支。各专项服务（投资咨询、招标代理、工程勘察、工程设计、工程监理、造价咨询等）应采用工程造价比率法计费，总服务收费按各个专项服务分别计费，累加后再加上建设项目管理费计算；附加服务、零星服务或变更等，推荐按照人工时法计费。建筑师的设计服务收费以目前国内通用的收费标准为依据，并根据服务质量合理适度上浮，上浮比例应根据项目验收及评估结果，在委托合同中明确约定"，实施建筑师负责制的工程建设项目收费标准建议如下：

一、收费原则

借鉴国际通行经验和优质优价原则，建筑师的服务收费总额主要由服务范围、计费方式、总投资、建筑类型、复杂程度、调整系数等方面因素决定。建设单位应根据设计企业和建筑师承担的服务内容和周期，结合项目规模和复杂程度等要素，合理确定服务收费和工期。与服务范围对应，其收费可以是全过程服务全过程收费，也可以是分段服务分段收费。

建筑师负责制计费方式有建安（工程）造价比率法、人工时法两种。建筑师负责制的全程服务收费、各专项服务、附加服务应采用工程造价比率法收费，零星服务或变更等推荐采用人工时法计费，推荐按照人工时法计费。

建筑师的全程服务收费应在项目投资中列支。应在可行性研究的工程总投资中明确列出建筑师负责制费用条目并在财政中列支，按照本政策规定的收费标准测算，保障足够的服务取费额度。

建筑师负责制项目不进行服务价格竞争，建议按照本政策规定的收费标准执行。应在合同中约定按照设计服务的形象进度、工程进度等多步付款或按月分步付款，保证设计咨询投入的稳定和持续。鼓励建设单位按照节约投资额的一定比例对建筑师负责制团队提出的合理化建议给予奖励，奖励比例由双方在合同中约定，从节约投资额中列支。建筑师负责制项目完成后由行业咨询委员会组织验收评估，评估结果为优秀的，给予设计服务收费20%的上浮奖励，在项目预备费中支出。

二、收费方法

（一）工程造价比率法

根据建筑师团队的具体服务内容，通过项目投资中列支的投资咨询、招标代理、勘察、设计、监理、造价、项目建设管理等费用进行支付。各个专项服务收费以国家发展计划委员会、建设部《工程勘察设计收费标准（2002版）》所规定的各项服务内容、收费标准及《基本建设项目建设成本管理规定》所规定的项目建设管理费为基础，应采用工程造价比率法计费。总服务收费按各个专项服务分别计费，累加后再加上统筹协调费（10%~20%）或项目建设管理费（相当于统筹协调费）计算。

联合体或建设方单独委托的专项服务收费由建设方分别支付的，牵头方应收取联合体其他方的统筹协调费（10%~20%）。

专业调整系数、建筑市政工程复杂程度和其他调整系数，均与《工程勘察设计收费标准（2002版）》版中所列保持一致。

建筑师负责制服务内容与对应收费标准参考

服务阶段	服务内容	收费标准参考
基本服务收费		
工程设计		计价格〔2002〕10号
招标采购	招标采购代理服务	计价格〔2002〕1980号、发改办价格〔2003〕857号、发改价格〔2011〕534号
工程监理		发改价格〔2007〕670号
造价咨询	全过程造价咨询	京价协〔2015〕011号
项目建设管理	建筑师统筹协调管理	财建〔2016〕504号
附加服务收费		
规划设计		计价格〔2002〕10号、2010中规协秘字第022号
策划咨询	项目建议书 可行性研究报告	计价格〔1999〕1283号
运营维护	后评估报告	参考可行性研究报告进行收费
其他服务	工程勘察	计价格〔2002〕10号
	水土保持方案编制	保监〔2005〕22号
	建设项目环境影响咨询	计价格〔2002〕125号、发改价格〔2011〕534号
	地震安全性评价	发改价格〔2010〕2320号
	室内精装设计	计价格〔2002〕10号
	标识标牌设计	计价格〔2002〕10号
	文物建筑保护设计	计价格〔2002〕10号
	BIM设计与咨询	粤建科〔2018〕136号
	绿色建筑设计	《绿色建筑工程消耗量定额》TY01-01（02）-2017
	其他	可依据国家、地方相关收费政策文件，相关行业协会发布的服务参考收费文件及市场价格

建筑师分阶段服务内容与取费依据

序号	服务阶段	建筑师服务（■必选项，□根据实际要求勾选）	工作内容	收费标准参考
A01	一、规划设计	□	*修建性详细规划设计（总图设计）	计价格〔2002〕10号、2010中规协秘字022号
A02		□	*城市设计	
B01	二、投资咨询	□	*项目建议书	计价格〔1999〕1283号
B02		□	*可行性研究报告	
B03		□	*建筑策划	
B04		□	*专项评估与行政审批	计价格〔1999〕1283号

续表

序号	服务阶段	建筑师服务（■必选项，□根据实际要求勾选）	工作内容	收费标准参考
C01	三、工程设计	□	工程勘察、测量	计价格〔2002〕10号
C02		■	设计准备及任务书制作	计价格〔2002〕10号
C03		■	方案设计（含估算）	
C04		■	初步设计（含概算）	
C05		■	施工图设计（含预算）	
C06		■	整合协调专项设计，设计总包	
C07		■ □	协助报批报建 *代理建设方完成行政审批	
D01	四、招标采购	■	编制招标采购文件	计价格〔2002〕1980号、发改办价格〔2003〕857号、发改价格〔2011〕534号
D02		■	组织招标采购发起与答疑	
D14		■	组织招标采购评议，澄清标底并确认，推荐中标方	
D15		■	协助建设方合同谈判并签署合同	
E01	五、合同管理	□	*办理开工行政许可	参考监理收费标准：发改价格〔2007〕670号；参考项目管理收费标准：财建〔2016〕504号；参考造价咨询收费标准：京价协〔2015〕011号；参考设计收费标准：计价格〔2002〕10号
E02		■	监施工准备，制定监管计划	
E03		■	统筹、协调施工总体计划	
E04		■	设计管控，设计变更管理	
E05		■	审核施工详图、施工深化设计、加工图、样品、样墙	
E06		■	统筹协调施工质量、进度、成本	
E09		■	协助工程验收及竣工交付	
E10		■	审批并协助归档竣工文件	
E11		□	*编制竣工图和使用手册	
E12		■	竣工结算	
F01	六、运营维护	■	缺陷评估及保修期检查	
F02		■	监督工程修补整改	
F03		■	工程总结及质保金审核	
F04		□	*项目使用后评估服务	参考可行性研究报告标准：计价格〔1999〕1283号
F05		□	*维修计划	
F06		□	*既有建筑结构检测与评估	
F07		□	*既有建筑价值评估与更新策划	
F08		□	*既有建筑更新改造和扩建设计	计价格〔2002〕10号

续表

序号	服务阶段	建筑师服务（■必选项，□根据实际要求勾选）	工作内容	收费标准参考
七、其他附加服务		□	*室内精装设计	计价格〔2002〕10号
		□	*夜景照明设计	《照明工程设计收费标准》T/CIES 002—2016
		□	*景观园林设计	计价格〔2002〕10号
		□	*标识标牌设计	计价格〔2002〕10号
		□	*文物建筑保护设计	计价格〔2002〕10号
		□	*公共事业及配套部门征询（初步设计、施工图设计）	
		□	*建筑幕墙设计	《建筑幕墙工程咨询导则》RISN-TG029-2017
		□	*建筑智能化设计	
		□	*消防设施工程设计	
		■	BIM设计与咨询	详见附件1
		■	*绿色建筑设计及其调试与认证	《绿色建筑工程消耗量定额》TY01-01(02)-2017
		■	*被动式节能建筑设计	设计基本服务计费×（0.3~0.5）
		■	*预制装配式建筑设计（工业化）	设计基本服务计费×（0.3~0.5）
		■	*无障碍及适老化设计	按项目实际投入人工时计算
		■	造价咨询（估算、预算、概算和工程清单的编制，变更管理，工程决算）	京价协〔2015〕011号
		□	*项目管理	财建〔2016〕504号

建筑师服务收费按工程造价测算的比率

工程造价收费比率（未包含工程勘察费）	5000万元（其中：750万元精装，200万元弱电）	2亿元（其中：3000万元精装，1000万元弱电）	3.4亿元（其中：5000万元精装，1500万元弱电）	5亿元（其中：7500万元精装，2500万元弱电）	10亿元（其中：1500万元精装，5000万元弱电）
收费方案 发展改革委2002标准的工程设计、造价咨询、招标代理、工程监理的四项之和加上统筹协调费（相当于项目建设管理费）	10.00%	8.20%	7.64%	7.34%	6.64%

（二）人工时法

人工时计费方式根据建筑师投入的设计咨询工时数量和双方事先确定的人工时单价计算收费。该计费方式主要适用于一些事先难以界定的建筑师服务并且该项服务用时周期较短，例如，无法明确定义的服务、设计前服务、附加服务、方案设计、工程项目中独特部分、作为专家提供服务、翻修项目、专项服务、零星服务等。

人工时收费标准取决于建筑师及相关技术人员的等级及经验。建筑师及其他技术人员的人工时收费标准应事先由双方协商确定。此外，建设单位及建筑师可基于通货膨胀及其他因素而定期调整该收费标准。

参考《关于建筑设计服务成本要素信息统计分析情况的通报》（中设协字〔2016〕89号）中所列"建筑设计服务直接人工成本与人工日法综合成本系数信息表"，反映当前建筑设计市场不同等级的工程技术人员的成本信息。这次调研，是中国勘察设计协会建筑设计分会组织开展的建筑设计服务成本要素信息统计分析工作，对全国百余家建筑设计单位2013年至2015年三个年度建筑设计服务成本要素信息进行了调查、统计、测算和分析，得出相关结论和数据。

人工时收费参考表

技术人员等级	人工日综合收费参考（元/人工日）
教授（研究员）高级工程（建筑）师	7367
高级工程（建筑）师	5103
工程（建筑）师	2795
初级技术人员	2352

三、收费标准

（一）按工程造价比例计费

按工程造价的比例计费方法详细规定如下：

建筑师服务收费＝基本服务收费＋附加服务收费

基本服务收费＝基本服务收费基价 × 专业调整系数 × 工程复杂程度调整系数 × 附加调整系数

基本服务收费基价＝工程造价 × 对应的基本服务费率

其中：

1）基本服务收费是指建筑师提供基本服务（全程服务）收取的费用。

2）基本服务收费基价是指完成建筑师基本服务的价格，基本服务费率依据下表取定，计费基数（工程造价）处在两个数值区间的，采用直线内插法确定费用。

3）工程造价是指建筑安装工程费，建筑师负责制项目建议采用批复的概算。

4）基本服务收费的调整系数包括：专业调整系数、工程复杂程度调整系数和附加调整系数。

专业调整系数是不同专业建设项目按照工作复杂程度和工作量差异进行调整的系数。

工程复杂程度调整系数是对同一专业不同建设项目的建筑师工作复杂程度和工作量差异进行调整的系数。分为一般、较复杂和复杂三个等级，其调整系数分别为：一般（Ⅰ级）0.85；较复杂（Ⅱ级）1.0；复杂（Ⅲ级）1.15。

附加调整系数是对专业调整系数和工程复杂程度调整系数尚不能调整的因素进行补充调整的系数。两个或两个以上的，附加调整系数不能连乘，应将各调整系数相加，减去个数，加上定值1，作为附加调整系数值。

附加调整因素和附加调整系数

附加调整因素	附加调整系数
改扩建或技术改造建设项目	1.1~1.4
仿古建筑、古建筑、保护性建筑等	1.3~1.6
室内装修设计（以室内装修的造价为计费基数）	1.5
弱电智能化系统设计（以弱电系统的造价为计费基数）	1.3
特殊声学装修设计（以声学装修的造价为计费基数）	2.0

5）附加服务收费可以参照其他相关专项咨询收费标准另行计算，也可由建设单位与建筑师依据双方认可的其他计费方式进行收费。

基本服务费率表（按2002年收费标准）

计费基数	收费基价
200	17.3
500	40.2
1000	74.6
3000	199.6
5000	315.2
8000	480.0
10000	586.2
20000	1090.0
40000	2026.9
60000	2913.9
80000	3769.4
100000	4602.7
200000	8559.2
400000	15916.7
600000	22879.8
800000	29598.9

续表

计费基数	收费基价
1000000	36141.9
2000000	67209.4

注：计费基数＞2000000万元的，以计费基数乘以3.1%的收费率计算收费基价。施工图预算编制，按照该建设项目基本服务收费的5%收取施工图预算编制费。

建筑师收费专业调整系数表

工程类型	专业调整系数
邮政工艺工程	0.8
建筑、市政、电信工程	1.0
人防、园林绿化、广电工艺工程	1.1

建筑市政工程复杂程度

等级	工程设计条件	工程复杂程度调整系数
Ⅰ级	功能单一、技术要求简单的小型公共建筑工程； 高度＜24m的一般公共建筑工程； 小型仓储建筑工程； 简单的设备用房及其他配套用房工程； 简单的建筑环境设计及室外工程； 相当于一星级饭店及以下标准的室内装修工程； 人防疏散干道、支干道及人防连接通道等人防配套工程	0.85
Ⅱ级	大中型公共建筑工程； 技术要求较复杂或有地区性意义的小型公共建筑工程； 高度24～50m的一般公共工程； 20层以下一般标准的居住建筑工程； 仿古建筑、一般标准的古建筑、保护性建筑及地下建筑工程； 大中型仓储建筑工程； 一般标准的建筑环境设计和室外工程； 相当于二星级、三星级饭店标准的室内装修工程； 防护级别为四级及以下同时建筑面积＜10000m²的人防工程	1.0
Ⅲ级	高级大型公共建筑工程； 技术要求复杂或具有经济、文化、历史等意义的省（市）级中小型公共建筑工程； 高度＞50m的一般公共工程； 20层以上居住建筑和20层及以下高标准居住建筑工程； 高标准的古建筑、保护性建筑及地下建筑工程； 高标准的建筑环境设计和室外工程； 相当于四、五星级饭店标准的室内装修工程，特殊声学装修工程； 防护级别为三级以上或者建筑面积≥10000m²的人防工程	1.15

注：大型建筑工程一般为20001m²以上的建筑，中型一般为5001～20000m²的建筑，小型一般为5000m²以下的建筑。

附件1 BIM收费标准

高标准项目针对项目标准定制每个环节并进行全过程管理,基于BIM对项目进行全过程进度把控及质量管控;基于BIM三维正向设计、出图。通过BIM深化后施工,控制变更及洽商,减少现场拆改,降低后期施工成本。

根据北京市目前发展现状,建议相关收费标准如下:

收费标准表

应用等级	阶段	所含专业	模型深度服务内容(应用选项)	住宅项目费用(公建等其他建筑在此基础上取1.5~3.0的系数)
全阶段正向设计	设计阶段	建筑、结构、机电、小市政、精装(二次机电)	BIM全专业三维协同设计,出施工图和工程量清单,模型精度达到LOD300	15~20元/平方米
	施工阶段	建筑、结构、机电、精装(含末端)、小市政、景观、幕墙	BIM先深化后施工,LOD400为深化阶段,LOD500为竣工模型	10~15元/平方米
	运维阶段	建筑、结构、机电、精装(含末端)、小市政、景观、幕墙	根据运维需求进行数据、模型梳理及二次校正植入	8~10元/平方米

附件2 案例收费测算——发展改革委2002标准各费用汇总加统筹协调费

某中学学校建设工程,总建筑面积6.4万平方米,总建安造价约3.4亿元(其中室内装修造价5000万元,弱电智能化系统造价1500万元),专业调整系数、工程复杂程度调整系数均取1.0,室内装修附加调整系数取1.5,弱电智能化系统附加调整系数取1.3。

根据收费方案,本工程建筑师负责制收费计算如下:

费用汇总表

序号	服务内容	计算过程	收费依据
1	工程设计	(1)建筑设计:566.8+(1054-566.8)/(40000-20000)×(34000-5000-1500-20000)=749.50万元 (2)室内精装修设计:163.9×1.5=245.85万元 (3)弱电智能化设计:38.8+(103.8-38.8)/(3000-1000)×(1500-1000)×1.3=71.57万元 (4)施工图预算:(749.50+245.85+71.57)×10%=106.69万元 (5)工程设计收费=1173.61万元	计价格〔2002〕10号
2	招标采购	招标代理收费:100×1.0%+(500-100)×0.7%+(1000-500)×0.55%+(5000-1000)×0.35%+(10000-5000)×0.2%+(34000-10000)×0.05%=42.55万元	计价格〔2002〕1980号; 发改办价格〔2003〕857号; 发改价格〔2011〕534号
3	工程监理	工程监理:393.4+(708.2-393.4)×(34000-20000)/(40000-20000)=613.76万元	发改价格〔2007〕670号
4	造价咨询	造价咨询(工程量清单、清单预算、施工过程造价、工程结算、竣工决算):200×(18‰+2‰)+(500-200)×(15‰+1.8‰)+(2000-500)×(13‰+1.5‰)+(10000-2000)×(11‰+1.3‰)+(34000-10000)×(9.5‰+1.2‰)=385.99万元	京价协〔2015〕011号
5	项目建设管理	140+(34000-10000)×1.0%=380.00万元	财建〔2016〕504号
	总计	(1+2+3+4+5)=1173.61+42.55+613.76+385.99+380.00=2595.91万元	占总建安费比例7.64%

第48题：
对于全过程工程咨询服务取费有哪些意见和建议？

关于全过程工程咨询服务取费，笔者提出如下建议：

《关于推进全过程工程咨询服务发展的指导意见》（发改投资规〔2019〕515号）（以下简称"515号文"）文认为全过程咨询服务酬金可按各专项服务酬金叠加后再增加相应统筹管理费用的说法，可以理解为此项费用有点类似于施工总承包制中的总包管理费和总包配合费，只不过515号文等文件将全过程工程咨询服务总包（全过程工程咨询总包单位）仍称为全过程工程咨询服务单位（只有组成联合体时才称为全过程咨询服务牵头单位），增加的统筹管理费用其实就是全过程咨询服务总包管理费性质。

笔者认为：如果全过程咨询各专项业务由一家或主要由一家咨询单位承担，业主单位不但不会支付增加的统筹管理费用，相反，如将几项单项业务打包发包时还很可能会要求咨询单位进行整体打折优惠，即将各项服务酬金叠加后乘以小于"1"的整体服务优惠系数，或采用先按专项咨询业务单项分别打折优惠再组价的方法。只有业主将专项咨询业务平行发包（或约定分包）的情况下，全过程工程咨询服务总包单位理论上才可能收取咨询总包服务管理费（即使如此，一般情况下，项目业主也会认为委托项目管理费用中已包括，而不会另行支付）。故此，指望建设单位在单项咨询业务打包发包时采用大于"1"统筹管理系数收取费用的想法，一般情况下难以实现。

此外，由于全过程工程咨询项目一般具有投资规模大、功能复杂、建设工期长、全过程咨询单位和专项咨询业务众多等特点，所以，笔者不赞成服务取费采用人工工日和人工成本加酬金（尽管其可能是国外工程咨询行业的通行做法）的计取方式，而应该采取各专项咨询业务服务酬金叠加的计费方式（即"1+N"叠加计费模式，"1"为全过程项目管理，"N"为各专项咨询业务）。因为各专项咨询业务取费标准已实行多年，虽然现在已放开，但仍然得到广大业主和咨询单位的广泛熟知和普遍认可，并已得到咨询市场的充分检验。

四、要点解析

第49题：
全过程工程咨询发展现状解析

全过程工程咨询以2017年2月《国务院办公厅关于促进建筑业持续健康发展的意见》（国办发〔2017〕19号）为肇始，其后陆续有《住房城乡建设部关于开展全过程工程咨询试点工作的通知》（建市〔2017〕101号）和《关于推进全过程工程咨询服务发展的指导意见》（发改投资规〔2019〕515号）发布，至今已逾五载。其间全过程工程咨询经历了概念提出、全国试点地区和企业名录发布、各地宣贯和试点项目落地，515号文正式发布，全国范围内陆续推广、项目落地实施等不同阶段。

时至今日，全过程工程咨询已结束了为期两年（2017年5月～2019年5月）的试点期，进入全面总结经验得失、建立健全相关配套法律法规、政策引领、示范地区和项目样板引路阶段，全过程工程咨询模式发展较好的东南沿海省份和地区少数政府投资项目已竣工，进入全过程工程咨询项目总结、反思、提高和进一步探索改革创新招标委托模式、项目建设管理模式和相关配套法规保障的深水区。

1.全过程工程咨询项目招标统计及分析

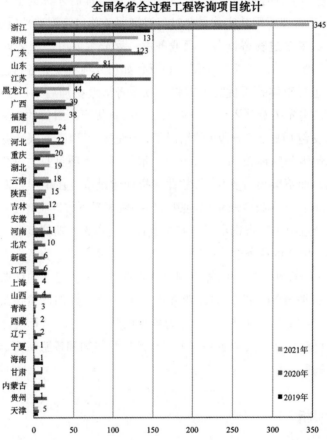

图1　2019年、2020年、2021年全国全过程工程咨询服务项目招标情况统计图

整体上看，全过程工程咨询发展和项目落地实施情况可以归纳为：各地冷热不均、南热北冷、东热西冷，即南方省份和地区比北方省份和地区发展的好，东部比西部好，尤其是东南沿海地区表现最好，与我国整体经济发展状况和地理气候条件特征恰好相符，其中又以浙江、江苏、广东、山东和湖南发展最好、势头最猛；山东虽地处北方且非全过程工程咨询试点地区，但其同时又属东部沿海省份和GDP大省，全过程工程咨询发展可谓后来居上；广西是后增试点地区，由于地处两广、受广东影响等缘故，加之政府重视，咨询企业踊跃参加，发展后劲较足。

例外的分别是上海和海南等地，虽地处东部和沿海地区，全过程工程咨询发展却未见有大的动作。尤为可贵的是，不少非试点省份和地区（如内蒙古等地）以及咨询企业也积极投身全过程工程咨询项目实践；2020年，西部省份西藏和宁夏实现了全过程工程咨询项目零的突破（图1）。

2.全过程工程咨询业务分布统计及分析

关于全过程工程咨询招标和项目实施中所含各项咨询业务分布情况，如图2所示。

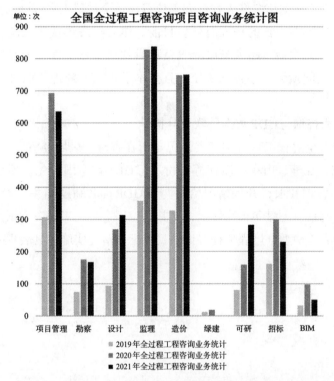

图2　2019年、2020年、2021年度全国全过程工程咨询项目咨询业务统计图

从图2可见，诸项咨询业务中，监理、造价、项目管理三项咨询业务出现频次最高，除此之外，依次为招标和设计（二者较接近）。这可能说明如下五个方面的问题：

一是，大多数项目业主比较倾向于全过程项目管理+工程监理+全过程造价咨询或三项业务两两组合模式。

二是，一部分项目业主采用将工程勘察设计与上述三项业务组合模式；与全过程工程咨询的建筑师负责制模式相近。

三是，上述数据统计验证了笔者提出并一直坚持的"1+1+N（N≥0），一核心+三主项之一+其他专项咨询业务"公式适用于全过程工程咨询项目实践，即第一个1表示全过程工程咨询必须坚持以全过程项目管理为核心，不委托项目管理业务的不能称为全过程工程咨询；除项目管理外，第二个1表示还必须包括工程设计、工程监理和全过程造价咨询三个主要咨询业务中的至少一项；N为上述核心和主要咨询业务之外的其他专项咨询业务，N可以为零。

四是，因项目业主委托工程监理和造价咨询业务数量高于项目管理数量，可以判断出部分全过程工程咨询招标项目未委托全过程项目管理，而只采用"监理+造价咨询"组合或与其他专项咨询业务相组合，项目管理采用"业主自管"模式；据悉，江苏和江西等省采用此种模式较多；

五是，在各项咨询业务中，监理业务名列前茅，说明在全过程工程咨询服务市场中，具有工程监理资质的综合性工程咨询单位目前是全过程工程咨询服务的主力军，这种现象今后将会持续相当长的一段时期。目前，作为经济热点的大湾区代表和改革开放象征的深圳市，其大型、超大型政府投资项目的全过程工程咨询服务市场，云集了全国具有监理资质的顶级工程咨询单位，且基本上占据垄断地位的现象充分支持了上述观点。

3.全过程工程咨询与GDP数据关联及分析

由统计可知，全过程工程咨询开展情况与所在省份、区域经济发展状况（GDP）密切相关，如广东、江苏、山东、浙江等省份不但GDP在全国领先，而且，十分巧合的是，全过程工程咨询和项目开展情况恰好与其GDP排名高度相关，也名列全国前四。关联性较差的是北京、上海和天津等地，尤其是位于全过程工程咨询试点地区前列的北京和上海，很少有大中型全过程工程咨询项目招标和落地实施，其表现令人意外和费解（图3）。

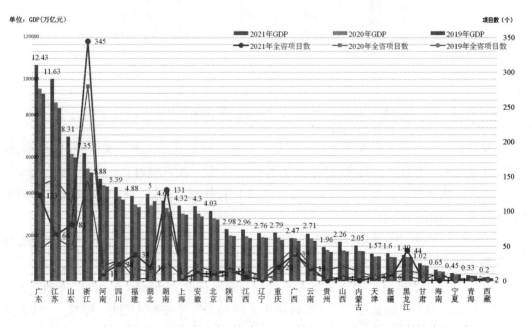

图3 2019年、2020年、2021年度全国各省市GDP与全过程工程咨询项目数量统计图表

第50题：
全过程工程咨询服务可以采用咨询总分包模式吗？

关于工程咨询服务可否承包，在咨询行业一直颇具争议。正方认为，工程咨询服务可以像施工总承包、工程总承包、工程设计总承包等一样采用项目咨询总承包招标和管理模式，并实行总包单位和项目总咨询师负责制；反方则认为，工程勘察、设计属于建设工程合同性质，合同双方为发包人和承包人关系，当然可以采用承发包模式；而前期投资咨询、项目管理、工程监理、造价咨询等咨询服务合同属于委托服务合同性质，合同双方为委托人和受托人（咨询人）关系，不是发包人和承包人关系，因此，工程咨询服务总分包的概念和提法是错误的。

《关于推进全过程工程咨询服务发展的指导意见》（发改投资规〔2019〕515号文）（以下简称"515号文"）提出，投资决策综合性咨询服务可由工程咨询单位采取市场合作、委托专业服务（类似咨询分包）等方式牵头提供，或由其会同具备相应资格的服务机构联合提供。牵头提供投资决策综合性咨询服务的机构，根据与委托方合同约定对服务成果承担总体责任（类似咨询总包）。

全过程工程咨询服务单位应当自行完成自有资质证书许可范围内的业务，在保证整个工程项目完整性的前提下，按照合同约定或经建设单位同意，可将自有资质证书许可范围外的咨询业务依法依规择优委托给具有相应资质或能力的单位（类似咨询分包），全过程工程咨询服务单位应对被委托单位的委托业务负总责（类似咨询总包）。

项目业主委托全过程工程咨询服务过程中，众多的参建咨询单位和业务，客观上需要一家具有综合咨询和管理能力的咨询单位进行统筹协调管理，其不但受业主委托承担项目管理工作，在授权范围内代表业主对包括参建专项咨询单位在内的各参建单位进行管理协调外，按照515号文精神，还应承担工程设计、监理、全过程造价咨询等主要咨询业务中的一项或多项，这样才能逐步由传统的业主自管、碎片化管理模式向全过程咨询服务集成化管理模式过渡转变，并向与国际接轨方向迈进。此外，为了改变项目管理单位与被管理单位只是简单的管理与被管理而非合同关系的被动局面，除了联合体外，咨询总分包模式就成为自然选择。

全过程咨询服务中，实行咨询总分包模式既是项目招标和合同管理的客观需求，同时也具备可实施性及可操作性。其实，不必过分纠结是否称之为全过程咨询总负责单位还是全过程咨询总包单位，或者全过程咨询单位；也不必纠结委托人、被委托人（咨询人）、分包人（转委托）或发包人、承包人等称呼是否准确，最重要的是咨询总分包概念本身和市场客观需求。实践是检验真理的唯一标准，笔者相信，只要对全过程工程咨询推动和发展有利的模式，一定能够经受时间和项目实践的考验。

第51题：
全过程工程咨询服务"1+N"模式解析

"1+N"模式已经在全过程工程咨询服务项目招标和实践中被广泛认可和采用，其中"1"为全过程项目管理，"N"为其他专项咨询业务（N≥1），即全过程咨询服务必须包含项目管理，其为招标必选项，且为全过程咨询的核心业务。

业主方项目管理在全过程工程咨询服务中的开展方式主要有三种模式：一是业主自管；二是业主委托国有投资建设平台公司；三是业主通过公开招标等公平竞争方式选择。

由于项目业主的投资方地位以及国家的项目法人（建设单位）责任制规定和要求，使得项目业主在建设项目中具有重大事项的决策权和首要责任，这些权力和责任往往是不能转移和委托的，只有一般事项在国家法律法规框架范围内才可以授权委托。因此，业主方项目管理在全过程工程咨询服务中的核心领导地位应是无可争议的。

所以，"1+N"模式中的"1"是业主方项目管理也是毫无疑问的，问题的关键在于谁来进行项目管理？业主自管模式没有前景，国家推行全过程工程咨询服务的主要目的之一就是要用委托集成化专业项目管理服务的方式来取代业主自管模式的碎片化项目管理方式。

业主直接委托国有投资建设平台公司模式，虽然在不少大中型建设项目管理中取得了很好甚至辉煌的成绩和效果，但从发展趋势看，由于其在某种程度上与社会主义市场经济的公平竞争原则相悖，不利于全过程咨询的健康发展，故应该不是全过程工程咨询的发展主流和方向。

业主通过公开招标等公平竞争方式，采用"1+N"模式，选择具有综合实力和相应咨询资质的咨询机构（含联合体、咨询总分包），承担以业主方项目管理为核心和基本内容，以及其他N项咨询业务（N≥1）组合的全过程工程咨询服务工作，才是全过程工程咨询服务发展的正确方向和必然趋势。

《深圳市推进全过程工程咨询服务发展的实施意见》中规定：建设单位应充分认识项目管理服务对建设项目的统筹和协调作用，积极采用"以项目管理服务为基础，其他各专业咨询服务内容相组合"的全过程工程咨询模式。项目管理服务内容包括项目策划管理、报批管理、勘察管理、设计管理、合同管理、招标采购管理、投资管理、进度管理、质量管理、安全管理、信息管理、风险管理、组织协调管理、收尾管理和运营维护管理等。其他各专业咨询服务内容包括投资决策综合性咨询、勘察、设计、招标采购、造价咨询、监理、运营维护咨询、绿色建筑咨询、后评价以及BIM咨询等专业咨询。

第52题：
全过程工程咨询招标委托模式有哪些？

全过程工程咨询招标委托方式，如果当地政府已出台关于全过程工程咨询的实施方案或相关配套政策法规，可依据这些政策法规，通过一次性全过程工程咨询招标，将项目管理、设计、监理和造价咨询等业务内容全部或部分涵盖，以节约招标费用和时间成本；如勘察、设计、监理等仍必须单独招标，则可以采用勘察设计招标含工程咨询或工程监理招标含工程咨询等方式进行，只不过须将监理招标时间从常规的取得建设工程规划许可证（前置条件）前移至设计方案阶段，甚至更早。

第53题：
为何推荐《清单革命》一书？

业主在实施以"深圳市新时代十大文化设施"为代表的政府投资项目过程中，向全体参建单位，尤其是全过程工程咨询服务单位提出了"学习《清单革命》，加强项目精细化管理服务"的号召。目前，在业主所属项目中已掀起了认真学习并积极落实到项目实践的热潮，《清单革命》书籍几乎人手一册。各项目管理部、项目全过程工程咨询部不但组织学习讨论《清单革命》，还结合项目实际，编写与实施进度、质量、投资、安全管理的执行、检查和沟通等清单，这种革命性的精细化管理措施在项目全过程工程咨询和项目管理服务过程中凸显出立竿见影和持续改进的明显效果。

1.清单管理的含义和作用

首先，清单管理是一种项目管理手段和科学的思维方法，能通过清单编制、执行、检查和完善创新的方法，帮助我们持续不断地做正确、安全的事；它能不断总结经验，对过往的经验和教训进行系统的总结与提炼，从而持续改善；同时，它还是一种高效、精准施策的管理工具，用简单、便捷的方法帮助目标实现，并根据不同问题与情况制定相应的清单与方案。

2.清单管理四大原则解读

四大原则分别为：权力下放、简单至上、人为根本、持续改善。

1) 一般管理者愿意把权力、决策权等聚集在自己手里。这种做法对于简单项目尚可，但对于复杂和不确定事件、高风险项目却危害很大。高层需要做的不是直接进行决策，而是尽可能把权力下放给一线人员，督促大家参与讨论，并制定岗位职责和分工以及管理审批流程，实行分级管理，让每个人担负起自己的责任，做到人人有事做，事事有人做。

2) 对于简单项目，可只使用执行清单。清单虽不算高科技，但非常有必要，并非多此一举，要求是简单、可测和高效；由于现代科学的复杂性和运用知识的难度越来越高，对于复杂项目还必须有核查清单；而对于极端复杂的项目，除了核查清单外，还必须建立沟通清单，确保管理者充分沟通、互相协调。

3）清单很重要，优秀的清单往往非常精确、高效，但真正解决问题的主角是人，而不是清单。清单是印在人心里的，而不只是写在纸面上的。清单应该根据问题导向、结果导向不断持续改善，保持自我进化能力。

4）学习清单管理，应与全过程工程咨询服务项目实践相结合。实际上，项目管理中的周、月、季和年度计划、进度、投资总控计划、履约评价表、安全质量检查表等均可理解为某种形式的清单，但需要不断根据项目实际进行归纳、提炼和总结。业主要求的6S体系实际上也可以理解为一种清单管理，应将清单手段进一步融入体系之中。

第54题：
什么是政府投资项目集中管理？

所谓政府投资项目集中建设管理模式，即由政府设立专门的工程建设管理部门和机构，对政府投资项目进行集中的、专业化的建设管理模式。如2008年北京奥运会场馆和相关设施建设时期，北京市人民政府成立的2008工程建设指挥部办公室（简称"08办"）、深圳市人民政府设立的建筑工务署以及宁波、青岛、长沙、合肥、广州等政府部门设立的事业单位性质的代建机构等政府建设管理机构。而各级政府投资或建设行政主管部门（市发展和改革委、市住房和城乡建设委员会等）为统筹管理代建业务增设的代建处、代建办等行政管理性质的科处室等则不属于集中建设管理模式范畴。

在国内最早的政府投资项目集中，建设管理模式起源于2004年兴起的政府投资项目代建制模式。

第55题：
全过程工程咨询发展创新趋势解析

一、发展趋势展望

1."1+N"模式将成为必然趋势

关于全过程工程咨询未来的发展趋势，笔者持乐观态度。总的趋势应是由试点省份和单位向非试点省份和单位蔓延扩展；由经济发达、先试先行的东南沿海和南方地区逐步向北方和西部地区渗透、发展。当然，发展的过程不会一帆风顺，其间会经历怀疑、徘徊、观望、争论、否定等，但笔者相信，全过程工程咨询一定会在全国范围内循序渐进、由浅入深地逐步进入健康发展轨道，从而使我国工程咨询行业和企业不断做大做强，与国际接轨并参与国际竞争。

在全过程工程咨询的发展过程中，无论是政府部门的政策引导，还是配套实施意见、服务导则、示范文本的编制出台，都十分重要，往往决定全过程工程咨询的发展方向和进程。全过程工程咨询是一个系统工程，有许多问题亟待探讨，但限于篇幅有限，笔者认为，当前最急迫、最重要的任务是确立全过程工程咨询服务的"1+N"模式（其中"1"为全过程项目管理，"N"为其他咨询业务）的地位和作用，并应大力宣传和推广；"1+N"模式的核心思想是全过程工程咨询服务必须以委托全过程项目管理"1"为核心业务和招标必选项，加上其他"N"项专项咨询业务（工程勘察设计、监理、全过程造价咨询等）才构成真正意义上的全过程工程咨询服务。

在全过程工程咨询招标时，如采用"业主自管"模式而不委托项目管理，只委托其他专项咨询业务及组合，则不属于全过程工程咨询服务招标，这是关乎全过程工程咨询发展方向的核心问题，但却没有得到政府有关部门及工程咨询行业本身的足够重视和充分研讨论证。

自2020年起，住房和城乡建设部相关部门陆续组织起草和颁布了房屋建筑和市政基础设施项目《全过程工程咨询服务技术标准》（征求意见稿）和《全过程工程咨询服务合同示范文本标准》（征求意见稿）等文件，其他配套文件也在起草和制订过程中。上述征求意见稿大多未认可和强调全过程项目管理在全过程工程咨询服务中的核心地位和作用，与国家提倡全过程工程咨询初心和当前全过程工程咨询服务项目实际做法和成果经验似不相符，且未呼应和吸收工程咨询行业和大多数项目业主广泛认可的"1+N"模式。

全过程工程咨询本质上是将"项目业主自管"变为"委托项目管理"（这实际上是在为若干年来项目管理未得到正常发育和发展买单和补课），其次是让中标的咨询单位（咨询总包）在其资质范围内尽可能承担更多的专项咨询业务，既是为了减少业主方的管理协调界面和使项目信息链保持连续，更重要的目的还是使咨询单位不但掌握业主方项目管理和咨询总包技能，同时也要精通专项咨询技术和业务，及早做大做强，具备综合咨询能力和国际竞争性。

2. 浙粤先行，树立样板

令人欣慰的是，以全过程工程咨询试点地区浙江和广东深圳为代表的全过程工程咨询先驱者，以敢为天下先的勇气，先试先行，在总结大量全过程工程咨询项目实践经验的基础上，浙江省住房和城乡建设厅于2020年6月发布浙江省工程建设标准《全过程工程咨询服务标准》；2020年12月10日，深圳市住房和建设局发布《深圳市推进全过程工程咨询服务发展的实施意见》及配套文件《深圳市推进全过程工程咨询服务导则》《深圳市推进全过程工程咨询招标文件》（示范文本）、《深圳市建设工程全过程工程咨询服务合同》等（征求意见稿）；中国建筑业协会也于2020年10月发布了团体标准《全过程工程咨询服务管理标准》。

浙江省《全过程工程咨询服务标准》规定：全过程工程咨询服务由项目建设管理（即委托全过程项目管理）和一项或多项项目专项咨询组成的咨询服务，包括项目建设管理和项目专项咨询两部分内容。《深圳市推进全过程工程咨询服务发展的实施意见》规定：建设单位应充分认识项目管理服务对建设项目的统筹和协调作用，积极采用"以项目管理服务为基础，其他各专业咨询服务内容相组合"的全过程工程咨询模式。在其配套文件中明确规定：全过程工程咨询采用"1+N"模式，"1"指全过程项目管理，为必选项。中国建筑业协会《全过程工程咨询服务管理标准》中规定：全过程工程咨询服务模式宜采用"1+N+X"模式，"1"指全过程项目管理。此外，其他试点省份如广西、陕西、湖南等全过程工程咨询实施文件中也有类似的规定和描述，不再列举。

二、创新模式分析

1.创新模式论据分析

从本问答题前述的分析和统计，可总结归纳如下几点：

（1）全过程项目管理为全过程工程咨询服务的基本内容和必选项；

（2）工程监理是近几年全过程工程咨询项目各项咨询业务组合中出现频次最高的咨询业务；

（3）以社会主义先行示范区深圳市为代表和标志的大湾区以及东南沿海地区，全过程工程咨询服务项目招标和实践大量采用"全过程项目管理+工程监理"（简称"管+监"）委托模式。

2.创新模式提出及论证

基于上述分析和总结，笔者提出今后全过程工程咨询服务的创新模式，即原"1+N"模式的内涵发生变化，"1"不再仅指全过程项目管理，而是扩充内涵，表示"全过程项目管理+工程监理"，"1+N"模式也可升级表述为"管+监+"或"管监+"模式，后面的"+"号与原模式中的"N"意义相仿，表示除项目管理和工程监理以外的其他咨询业务。"管监+"模式之所以可以成为未来创新模式，除上述因素外，还有如下根据和原因：

（1）工程监理属国家强制推行的工程项目建设管理制度，大多数的全过程工程咨询项目为政府投资的大中型项目，按照相关规定，项目必须委托监理。

（2）工程监理和业主方项目管理具有天然联系。当初国家引进监理制度的初衷之一就是将国外先进的项目管理模式引入国内。首先，从业主方项目建设管理和委托合同的角度说，监理工作其实也是施工阶段项目管理工作的一部分。二者都具有代表业主方全天候在施工现场进行管理协调（三控二管一协调一履行）的共同特征，只不过侧重点不同、职责分工不同（项目管理侧重投资、进度控制，监理侧重安全文明施工管理、质量控制），项目管理的服务范围、工作内容更广而已。

（3）采用"管监+"模式可以部分解决项目管理服务取费过低问题。目前，全过程工程咨询服务中项目管理的取费依据仍然按《基本建设项目建设成本规定》（财建〔2016〕504号），该取费标准多年来已被大量项目实践证明取费过低，满足不了全过程项目管理服务的成本费用支出，同时也严重挫伤了工程咨询行业参与项目管理和全过程工程咨询服务，包括工程设计单位参与建筑师负责制项目的积极性。

为解决此问题，广东、陕西省市先后出台了《全过程项目管理服务取费指导意见》，将最高取费费率提高至3%。但由于种种原因，新取费标准并未得到实际执行。

因此，现实情况下采用创新的"管监+"模式，项目管理按照《基本建设项目建设成本规定》，监理参照《建设工程监理与相关服务收费管理规定》取费，可用本就不高的监理费用补贴亏损的项目管理支出，不失为一种权宜之计，实属无奈之举。

（4）鉴于具有监理资质的咨询单位已成为目前全过程工程咨询服务的主力军，全过程工程咨询之"项目管理+工程监理"模式也已成为主要服务模式，因此，采用"管监+"创新模式后，既顺应了当前全过程工程咨询发展的大趋势，又会大大提高这类企业的积极性，对全过程工程咨询发展具有积极意义，也是对市场选择的回应和尊重。

综上，全过程项目管理是全过程工程咨询的基础和灵魂，在项目建设中具有不可替代的统筹和协调作用，任何不包含项目管理的咨询业务组合均不是全过程工程咨询。

通过前述现状分析和对未来发展趋势、创新模式展望，笔者坚信，尽管前路崎岖、曲折，但是山重水复疑无路，柳暗花明又一村，全过程工程咨询一定会沿着健康轨道，向着光明的未来快速发展和推进！

第56题：
什么是总包服务费、总包管理费、总包配合费？

讨论总包服务费、总包管理费、总包配合费问题，首先要关注其发生的两大前提条件和关键问题：

第一，即上述费用的适用对象是谁、谁向谁支付、适用情况是什么？应该说主要可能涉及四方：发包人（建设单位）、施工总承包人、承包人（平行发包模式下）、分包人（指定分包模式下）；主要有两种情况，一种是建设单位向总承包人支付；另一种情况是承包人或分包人向总承包人支付。

第二，专业工程项目的发包人是谁？

如果是施工总承包单位发包，进行专业分包工程招标，总包单位本来就应该向分包单位收取总包管理费和总包配合费，当然也会在其签订的总分包合同中约定总包与分包、分包与其他分包之间的工作界面和职责分工。上述费用与建设单位无关，故全过程工程咨询服务单位无须过度关注；此种情况同样适用于施工总承包招标中，总承包合同中约定的各种施工分包和劳务分包等。

如果是建设单位平行发包，则由其向总包单位支付总包配合费；当然，如果建设单位委托总包单位对中标的承包单位进行安全、质量、工期进度和资料等方面的管理，则不但要支付总包配合费，还应支付总包管理费。建设单位也可将总包配合费（管理费）在平行发包时计入专业工程承包总价中，由承包单位向总包单位支付。

如果是建设单位指定分包，即建设单位自己寻找、商洽分包单位和分包价格，但为了规避肢解发包风险和便于总包施工现场管理，采用由总包单位单独发包或总包与建设单位共同发包的方式进行指定分包招标，指定分包与总包单位签订双方合同或加上建设单位签订三方合同。应该指出，有些建设单位虽然参与招标，但不参与合同签订，合同双方仍是总包和分包单位。此种情况，大多由指定分包按合同约定直接向总包支付总包服务费（总包管理费+总包配合费）。

一般来讲，只有在指定分包模式下才会发生总包管理费。如果是总包单位自行分包，其一定会按总分包合同收取总包管理费和配合费，但与建设单位无关，不在讨论之列。

但是，如果建设单位委托总包单位对平行发包模式中标的承包单位进行安全、质量、工期进度和资料等方面的管理，则不但要支付总包配合费，还应支付总包管理费。

1. 总包服务费（或称"总包管理服务费"）

总包服务费是指在工程建设施工阶段实行施工总承包时，当招标人（一般为建设单位）在法律法规允许的范围内，对工程进行平行发包（指定分包）和自行采购供应部分设备、材料时，要求总承包人提供相关服务（如承包人、分包人使用总承包人的脚手架、水电接驳、道路、垂直运输设备等）和施工现场管理等所需的费用。

总包服务费包括总包管理费和总包配合费两种费用。

2. 总包管理费

所谓总包管理费，根据《中华人民共和国建筑法》第二十九条规定："建筑工程总承包单位可以将承包过程中的部分工程发包给具有相应资质条件的分包单位；但是，除总承包合同中约定的分包外，必须经建设单位认可"。分包单位应当按照分包合同的约定对其完成的工作成果与总承包人一起向发包人承担连带责任。由于总承包单位需对分包单位进行管理和服务并对建设单位承担连带责任，故进行专业分包工程招标时，总包单位应该向分包单位收取总包管理费和总包配合费。

3. 总包配合费

所谓总包配合费，根据《中华人民共和国合同法》第二百八十三条规定："发包人除具有按时足额支付工程价款的法定义务外，还应承担向承包人提供符合要求的施工条件的义务"。因此，当发包人（建设单位）采用"总承包+平行发包"模式时，即一般所说的由发包人直接发包的专业工程项目，其施工条件往往需要总承包人配合才能满足，此时，发包人会与总承包人签订就总承包人提供的配合工作（例如，施工场区内脚手架、水电接驳、道路、垂直运输设备等）而约定双方的权利和义务。总承包人在切实提供了上述配合工作后，向发包人（或建设单位平行发包的专业工程承包人）收取的相关费用，称为总包配合费，费率标准一般可按专业承包总造价（不含设备费）的2%以内。

4.总包管理费和总包配合费的区别

（1）当总承包人具有发包权时，其就必须对分包工程负有管理义务，此时其所收取的费用即为总包管理费，总包管理费收取的对象应该是分包人而非发包人。总承包人只要收取了总包管理费，就必须与分包工程的分包人共同就分包工程的质量、安全、工期进度、工程资料等对建设单位承担连带责任。

（2）当总承包人不具有发包权时，即建设单位平行发包专业工程时，总承包人就无须对该专业工程承包人负有管理义务和责任，此时其所收取的费用就是总包配合费，收取对象应该是发包人而非专业工程承包人。总承包人如果只收取总包配合费就无须与承包人共同就工程质量、安全、工期进度、工程资料等对建设单位承担连带责任，仅对履行配合义务的瑕疵承担责任。

第57题：
基坑工程EPC承包模式解析

工程承发包主要有三种模式：一种是传统的施工总承包（DDB）模式；另一种是工程总承包（EPC、DB等）模式；第三种是施工总承包+专项工程EPC模式。

施工总承包（DDB）模式，即按照设计→招标→施工（建造）的顺序进行。

根据项目实际情况并经政府相关建设行政主管部门批准，其又可以分为工程一体化发包和基坑工程与主体工程分步发包两种模式。其中基坑工程一般包括土护降（止）（土方、边坡支护、基坑降水、止水帷幕等）+地基处理，有些地区还包括桩基工程施工等内容。

基坑工程与主体工程分步发包模式最大的优点，就是当涉及基坑工程的勘察设计、主体结构形式、平面定位尺寸、基础形式、埋深、持力层等条件确定后，经政府相关建设行政主管部门批准，建设单位（业主方）即可先行启动基坑工程的发包和招标，充分利用完成（起码是部分）施工图设计、施工图审查（或第三方精细化审查）、清单、控制价编制、施工总承包招标的时间和过程（其中仅施工总包招标就需近两个月时间），同时并联（而非传统的先设计、后招标、再施工的串联方式）进行基坑工程施工。待施工总承包招标完成，基坑工程也已提前或接近完成，可节约几个月甚至更长时间的工期。该模式对工期紧迫的"急、难、险、重"项目和对工期有特殊要求的政府投资重大建设项目尤为适用。

在施工总承包+专项工程EPC模式中，也可以分为工程一体化发包和基坑工程等与主体工程分步发包两种模式。此处的工程一体化招标指的是施工图设计完成后，建设单位先进行施工总包招标，然后再按照项目建设模式设计和计划安排，进行各专项工程EPC模式的发包和招标（业主方平行发包），如机电一体化、室内精装修、室外工程等。此处的基坑工程等与主体工程分步发包模式指的是主体工程招标前，先进行采用EPC

模式的基坑工程等专项工程的发包和招标（业主方平行发包）。与前文同理，与工程一体化发包相比，分步EPC模式发包可以有效节约、缩短建设工期。

基坑工程EPC承发包模式和传统的基坑工程与主体工程分步承发包模式的区别：

（1）前者属于EPC承发包模式，而后者属于传统的DDB模式。

（2）后者的基坑工程设计，建设单位既可委托专业的勘察设计单位完成后，编制工程量清单和控制价，采用清单控制价方式进行基坑工程施工招标，也可由各施工承包投标单位自行（或联合体）完成基坑工程设计和施工，不以清单控制价方式招标；二者的主要区别是：一个是依据同一个设计文件进行报价和施工，另一个是依据各投标单位的设计进行报价，依据中标单位的设计文件施工。

前者则是采用设计、采购、施工一体化的方式参加投标。

（3）前者要求投标单位必须具有相应的工程勘察设计资质，而后者则不一定有此要求。

住房和城乡建设部《关于基坑工程单独发包问题的复函》（建市施函〔2017〕35号）：基坑工程（桩基、土方等）属于地基与基础分部工程的分项工程。鉴于基坑工程属于建筑工程单位工程的分项工程，建设单位将非单独立项的基坑工程单独发包属于肢解发包行为。

因此，建设单位如采用基坑工程与主体工程分步发包模式（包括基坑工程EPC承发包模式）应慎重考虑并经政府相关建设行政主管部门批准。

第58题：
什么是模拟工程量清单招标？

1.模拟工程量清单招标释义

模拟工程量清单是一种特殊的工程量清单，是招标人利用方案设计图、初步设计图或不完备的施工图纸以及与项目相似工程的施工图纸编制工程量清单进行招标投标，以维持设计和施工的连续性，从而达到缩短建设工期和快速回收资金目的的一种招标方法和手段。由于其具备上述优势，从而得到许多大型房地产开发企业和对项目工期有紧迫和特殊要求业主的青睐。

2.模拟工程量清单招标的问题和风险

模拟工程量清单招标最大的问题是存在工程量难以准确计量和控制的弊端。模拟工程量清单编制的依据是项目的方案设计、初步设计、不完备的施工图或利用与项目相似工程的施工图纸，其必然与实际施工图纸不符，造成投标单位部分报价不能使用、新增项目需要重新核定清单单价、部分价格风险转移给建设单位的现象。

由于模拟清单工程量与实际工程量一定会产生差异，所以投标单位往往会通过不平衡报价，采用对于预计工程量减少的项目报低价、预计工程量不发生的项目报低价、预计工程量增加的项目报高价等手段，以低价中标、重新计量获得更高合同总价的方法，从而取得更高的企业利润。

3. 招标人应对策略

（1）招标人在招标文件中应明确，项目施工图编制完成后，由招标人委托造价咨询单位依据施工图纸重新编制工程量清单和控制价。中标的投标人应按照招标文件条款对投标清单报价进行相应调整。

（2）模拟工程量清单项目的设置应坚持实用与适用原则，避免追求大而全，否则会给投标人创造不平衡报价的条件。对于未包含在工程量清单内的项目一定要约定组价原则，如采用的定额、取费的标准、市场价的确定，以及约定的下浮比例等。

（3）评标办法不应单纯采用低价中标法，而应采用纠正不平衡报价后的综合评标价法。

（4）模拟工程量清单控制价的编制应与招标文件相结合，在招标文件内明确施工范围。并针对超出模拟清单以外的项目约定计价办法和优惠比例。

（5）选做模拟工程量清单模板的工程项目要与本工程相似度高、建造年代相近，这样清单才具有代表性。同时要结合项目定位、客户需求以及最新的法律法规和规范，使模拟工程量清单与实际施工图纸更贴近、更相似，减少清单工程量的错误和缺漏。

第59题：
如何界定建设单位肢解发包工程？

1. 什么是肢解发包

肢解发包是以单位工程为分界点的，以单位工程为单位发包的，不属于肢解发包。发包非独立立项的分部分项工程，属于肢解发包行为。依据为：《建筑工程施工转包违法分包等违法行为认定查处管理办法（试行）》和住房和城乡建设部《关于基坑工程单独发包问题的复函》。

《中华人民共和国合同法》《中华人民共和国建筑法》解释："不得将应当由一个承包单位完成的建筑工程肢解成若干部分发包给几个承包单位"；《建设工程质量管理条例》解释："肢解发包是指建设单位将应当由一个承包单位完成的建设工程分解成若干部分发包给不同的承包单位的行为"。

2. 平行发包与分包的区别

一般来讲，肢解发包行为均指建设单位，工程总承包或施工总承包单位只能称为转包和违法分包。那么，建设单位能否直接分包呢？答案是否定的，可以这样理解：有"总"才有"分"，一般建设单位连总承包资质都没有，何来由其分包呢。

由上述答案可能又引出新的问题，既然甲方不能分包，那么，甲方指定分包或约定分包又是什么意思呢？甲方指定分包或约定分包实际上是指，某专项或专业承包工程由建设单位指定或与总包方约定由某专业承包单位（专业分包）承担，专业分包单位与总包单位签订总分包合同，或再加上建设单位一起签订三方合同。不过，随着国家工程建设和招标投标管理制度的逐步完善，这种情况会越来越少。

建设单位独立发包选择专项或专业工程承包单位的行为属于平行发包，而不属于总分包发包。所谓建设单位平行发包，指的是此次发包与其之前进行的总包发包是"平行"和"并列"关系，或称"并联"关系，而不是按照总包招标→各分包招标这样的"串联"关系和顺序，因此称为平行发包。

3.什么是"应当由一个承包单位完成的建设工程"

对于这个关键问题，无论是建设工程领域还是司法领域，均无清晰明确的定义和确切的答案。

原因主要是国家有关政策法规性文件规定和阐述不够明确，甚至有相互矛盾之处，容易导致误解和产生歧义。如《建筑业企业资质管理规定》《中华人民共和国招标投标法实施条例》《中华人民共和国建筑法》等的相关规定。如《中华人民共和国建筑法》第二十四条规定：提倡对建筑工程实行总承包，禁止将建筑工程肢解发包。据此，建设单位就可以自行决定全部或部分实行总承包，而将工程直接发包给若干个具有相关资质的专业承包单位并不违法。提倡实行总承包和禁止肢解发包是并列关系，不实行总承包模式并不意味着就是肢解发包。

加之建筑工程分部与专业承包序列并非一一对应关系（建筑工程有10个分部工程，而专业承包有36个资质类别）等因素，更加剧了判断是否肢解发包的难度，同时也导致了工程实践中各种以平行发包的名义、实则疑似肢解发包的情况发生。

4.发展趋势预判

近年来国家陆续发布文件，如《住房城乡建设部关于2015年工程质量治理两年行动违法违规典型案例的通报》（四）、《建设工程施工转包违法分包等违法行为认定查处管理办法（试行）》《住房城乡建设部关于进一步加强建筑市场监管工作的意见》和《国务院办公厅关于促进建筑业持续健康发展的意见》。从这些文件可判断，从《中华人民共和国建筑法》的"提倡"总承包，到现在事实上的"半强制"总承包，虽然实践中仍将存在大量的平行发包（或肢解发包），但随着各项管控措施的加强，建筑工程施工必将更加有序发展，逐步形成以施工总承包甚至工程总承包为主要形式的承包模式。

第60题：
单项工程和单位工程有何区别？

工程建设项目一般可由单项工程、单位工程组成；单项工程包括单位工程；单位工程是单项工程的组成部分，其又由分部、分项工程组成。

1.单项工程

构成建设项目的基本单位，一个建设项目，可以是一个单项工程，也可以包括多个单项工程。所谓单项工程是具有独立的设计文件、独立概算，竣工后能独立发挥设计规定的生产能力和效益的工程。一个单项工程一般由几个单位工程组成，也可只有一个单位工程。

2. 单位工程

指具备独立施工条件并能形成独立使用功能的建筑物或构筑物；对于规模较大的单位工程，可将其能形成独立使用功能的部分划分为一个子单位工程。

3. 单项工程和单位工程的区别

前者竣工后能独立地形成和发挥工程项目的整体效益或生产能力，后者则不一定。只有当单项工程只包含一个单位工程时，后者才能和前者一样。

对于民用建筑而言，通常一个单栋建筑即为一个单位工程，而坐落于同一基础底盘（地下室）的多栋建筑亦为同一单位工程。

第61题：
什么是费率招标？其有何优缺点？

1. 概念

费率招标是指在建设工程招标投标活动中，招标人在招标文件中明确要求投标人在投标报价时，以费率（指施工管理费和利润等间接费用占工程直接费用的百分比）的高低代替工程总造价的多少进行竞标，经评标委员会以各投标人所报的费率为主，结合所报工期和质量承诺、施工组织设计及企业施工业绩等其他相关指标进行综合评审，最终确定中标人的一种招标方式。

2. 适用范围

（1）工程设计没有完全完成，需要边设计边施工。

（2）建设单位对工期进度有特殊要求、需要赶工期的建设项目。

3. 费率招标的优点

（1）省去最为繁杂的计算工程造价（标底价和投标报价等）的过程和时间，使投标人的投标计价工作均变得非常简单，并可有效防止标底泄露、人为操作等情况。

（2）评标程序和过程比较简单、公平，有效减少暗箱操作。

（3）由于大多数工程项目在施工过程中均会发生设计变更，因此可以使用工程定额基价部分，根据签证和图纸变更一次性计算完成，然后乘以承诺的投标费率即得出该工程造价。

（4）招标人可有效控制工程项目投资成本。招标人可以根据市场的平均价格水平、资金情况、施工环境、市场风险、工程质量、工期等因素，控制该工程取费合理下浮的百分率。

4. 费率招标的风险

（1）招标人的风险：费率招标的主要弊病是忽视了工程造价的事前控制，这种做法必然给工程建设期间的工程造价管理工作带来困难，从而可能造成投资"三超"（概算超估算、预算超概算、结算超预算）。仅对占工程总造价比例较小的间接费进行控制，并不能有效控制工程投资。总之，费率招标对招标人的工程管理水平要求很高，管理不善很容易造成投资失控。

（2）投标人的风险：费率招标方式对投标人的风险相对较小。中标人投标时所报的费率将通过施工合同的形式被确定，一般不得随意改变。该费率与招标时工程所在地工程造价管理部门规定的费率之差，即为所谓的"让利"部分，其将成为投标人承担的风险因素。对于除施工管理费和利润等几项间接费以外的其他所有费用，基本上不存在风险。无论是直接费中的实物消耗量及其所对应的价格，还是施工技术措施费，或是因设计变更所增加的部分，均可以在工程施工合同中约定"据实结算"。

第62题：
工程量清单招标和施工图预算招标的区别和差别？

建设工程工程量清单招标是目前国际上的通行做法，国外一些发达国家和地区，如英国、美国、中国香港地区基本上采用这种方法。在国内的世界银行等国外金融机构、政府机构贷款项目招标中也均采用工程量清单招标。但长期以来，国内采用的却是施工图预算招标。施工图预算招标是招标单位根据施工图纸、工程预算定额编制标底，投标人根据施工图纸、工程预算定额编制投标报价。预算定额中的消耗量和有关施工措施性费用是按社会平均水平编制的，以此形成的工程造价基本上也属于社会平均价格，这种平均价格可作为市场竞争的参考价格，但不能反映参与竞争企业的实际消耗和技术管理水平，在一定程度上限制了企业公平竞争。这种施工图预算招标难以满足招标投标竞争定价和经评审的合理低价中标的要求。

工程量清单招标和施工图预算招标的区别和差别主要体现在以下六个方面：

1. 编制工程量的单位不同

施工图预算招标中的工程量由招标单位和各投标单位分别按图编制，没有统一的工程量。而工程量清单招标中的工程量则由招标单位统一计算或委托招标代理机构、造价咨询单位统一计算，工程量是统一的。工程量清单是招标文件的重要组成部分，各投标单位必须根据招标人提供的工程量清单，根据自身技术装备、施工经验、企业成本、企业定额和管理水平填写报价单。

2. 标价的组成不同

施工图预算招标中的标价由直接费、现场经费、间接费、利润、税金组成。工程量清单招标中的标价包括分部分项工程费、措施项目费、其他项目费、规费、税金，包括完成每项工程包含的全部工程内容的费用；包括完成每项工程内容所需的费用（规费、税金除外），包括工程量清单中没有体现的、施工中又必须发生的工程内容所需的费用，包括风险因素增大的费用。

3. 编制投标报价的依据不同

施工图预算招标中的投标报价主要依据国家、省市的工程预算定额。工程量清单招标中的投标报价主要依据企业内部定额。企业内部定额是施工企业根据自身的管理水平、施工方法、施工措施和人工、材料、机械的消耗量、税费等编制的定额。工程量清单招标中的投标报价由施工企业自定，为投标单位提供了自主报价空间。

4. 对投标报价的评审方式不同

评审施工图预算招标中的报价，主要评审工程量计算是否有误、套用定额是否准确、有无丢项漏项，一般不再分析综合基价。评审工程量清单招标中的报价，主要评审分析综合单价是否合理，采用合理低报价中标原则对总价进行评分。

5. 招标文件中规定的合同价款调整方式不同

施工图预算招标的合同价款调整方式有：变更签证、定额解释、政策性调整；工程量清单招标的合同价款调整方式主要是索赔，按承包商实际完成工程量乘以清单中相应单价计算，减少了调整活口。做出施工图预算招标的结算过程非常麻烦，建设单位和施工单位的分歧也较大，因此要花费短则几个月，长则一年甚至几年的时间；而工程量清单招标的结算只需建设单位和施工单位把实际发生工程量统一认可后乘以中标综合单价即可。显而易见，后者使竣工结算简单化，大大提高了工作效率。

6. 标底的作用不同

采用施工图预算招标时，有些投标单位不认真编制投标预算，而是把精力花在想方设法探摸标底上；有些工程招标单位与投标单位串通一气，透露标底，使招标过程成为个别建设单位违法行为的保护伞。与施工图预算招标相比，在工程量清单招标中标底的作用明显淡化，标底只作为一个控制最高限价的控制线，各投标单位的报价不能超过这个控制线。两者相比较，工程量清单招标更具合理性、公开性，有利于防止招标工程中弄虚作假、暗箱操作等不规范行为，并在充分竞争的基础上降低造价，提高了投资效益，而且便于操作和推行。

第63题：
什么是暂估价、暂估项招标？

1. 暂估价的定义

按《建设工程工程量清单计价规范》GB 50500—2013定义："招标人在工程量清单中提供的用于支付必然发生但暂时不能确定价格的材料、工程设备的单价以及专业工程的金额"。

2. 对暂估价的理解

从定义上看，暂估价至少包括三个方面的内容：材料暂估价、工程设备暂估价和专业工程暂估价，而且会必然发生。

2005年，国家发展改革委等七部委发布的27号令《工程建设项目货物招标投标办法》中首次出现"暂估价"这一名词。

3.规范对暂估价的相关规定

（1）建设单位在招标工程量清单中给定暂估价的材料、工程设备属于依法必须招标的，应由建设单位和施工总包双方以招标的方式选择供应商，确定价格，并应以此为依据取代暂估价，调整合同价款。

（2）建设单位在招标工程量清单中给定暂估价的材料、工程设备不属于依法必须招标的，应由施工总包方按照合同约定采购，经建设单位确认单价后取代暂估价，调整合同价款。

（3）建设单位在招标工程量清单中给定暂估价的专业工程不属于依法必须招标的，应按照《建设工程工程量清单计价规范》GB 50500—2013第9.3节相应条款的规定确定专业工程价款，并应以此为依据取代专业工程暂估价，调整合同价款。

（4）建设单位在招标工程量清单中给定暂估价的专业工程属于依法必须招标的，应由建设单位和施工总包双方依法组织招标选择专业分包人，接受有管辖权的建设工程招标投标管理机构的监督，还应符合下列要求：

1）除合同另有约定外，施工总包方不参与投标的专业工程发包招标的，应由施工总包方作为招标人，但拟定的招标文件、评标工作、评标结果应报送建设单位批准。与组织招标工作有关的费用应当被认为已经包括在施工总包方的签约合同价（投标总报价）中。

2）施工总包方参加投标的专业工程发包招标，应由建设单位作为招标人，与组织招标工作有关的费用由建设单位承担。同等条件下，应优先选择施工总包方中标。

3）应以专业工程发包中标价为依据取代专业工程暂估价，调整合同价款。

4.暂估项目的招标

工程建设项目招标人对项目实行施工总承包招标时，以暂估价包括在总承包范围内的货物、专业工程、服务达到国家规定规模标准的，应当由总承包中标人和工程建设项目招标人（建设单位）共同依法组织招标；优先采取由总承包人单方组织招标，如果总承包人亦参加暂估价项目的投标，则由建设单位组织招标。

（1）总承包人单方招标的，招标文件、评标办法、评比结果均需建设单位批准。

（2）建设单位有权参与评标。

（3）由总承包人单方招标的，招标费用由总承包人承担（包括在总承包费中）。

（4）招标由建设单位组织的，招标费用由建设单位承担。

（5）总承包人应当根据施工进度计划，在招标工作启动前14天将招标方案通过监理人报送建设单位审批，建设单位应当在收到招标方案后7天完成审批或提出修改意见。总承包人应当按照经过建设单位批准的招标方案开展招标工作。

（6）总承包人应当根据施工进度计划，提前14天将招标文件通过监理人报送建设单位审批，建设单位应当在收到相关文件后7天完成审批或提出修改意见；建设单位有权确定招标控制价并按照法律规定参加评标。

（7）总承包人与供应商、分包人在签订暂估价合同前，应当提前7天将确定的中标候选供应商或招标候选分包人的资料报送建设单位，建设单位应当在收到资料后3天与总承包人共同确定中标人；总承包人应当在签订合同后7天，将暂估价合同副本报送建设单位留存。

第64题：
工程总承包模式与施工总承包模式的区别是什么？

两种模式最大的区别是工程范围不同，工程总承包模式是工程企业对工程项目的设计、采购、施工、试运行等进行全过程的承包。而施工总承包模式，是指工程施工企业仅对施工阶段的施工任务进行阶段性承包。

1. 施工总承包模式

施工总承包模式来源于DBB模式，即设计—招标—建造模式（Design-Bid-Build，DBB），它是一种在国际上比较通用且应用最早的工程项目发包模式之一。指由业主委托建筑师或咨询工程师进行前期的各项工作（如进行机会研究、可行性研究等），待项目评估立项后再进行设计。在设计阶段编制初步设计概算、办理项目各种前期手续、编制施工招标文件等，随后通过招标选择总承包商；而有关专业工程的分包和设备、材料的采购一般都由总承包商与分包商和供应商单独订立合同并组织实施，或依照相关规定由业主采用平行发包的方式选定。在工程项目实施阶段，可由咨询工程师为业主提供施工管理服务。

这种模式最突出的特点是强调工程项目的实施必须按照D（设计）→B（招标）→B（建造施工）的顺序进行，只有一个阶段全部结束，另一个阶段才能开始实施。实际上，我国现在大多数工程建设项目还是按照DBB这一传统模式实施的。

2. DBB模式的优、缺点

（1）DBB模式的优点

1）管理方法比较成熟，参建各方对有关程序都很熟悉，业主可自由选择设计单位和人员，对设计要求可控制；可自由选择咨询、管理和监理工程师；

2）可采用各方均熟悉的标准合同文本，有利于合同管理、风险管理和减少投资。

（2）DBB模式的缺点

1）项目周期较长，业主和设计、施工分别签约，自行管理项目，管理费用较多；

2）设计的可施工性差，业主控制项目目标能力不强；

3）不利于工程事故的责任划分，由于图纸问题产生的争端多、索赔多等。

该管理模式在国际上最为通用,以世行、亚行贷款项目和国际咨询工程师联合会(FIDIC)的合同条件为依据的项目多采用这种模式。中国目前普遍采用的"项目法人责任制""招标投标制""建设监理制"和"合同管理制"基本上参照世行、亚行和FIDIC这种传统模式。

综上,虽然DBB模式具有以上三项缺点,但其优点也很突出,所以这种传统管理模式在国际、国内依然很有市场,很受欢迎。

3.工程总承包模式

国内建设工程管理模式较为单一,基本均采用传统管理DBB模式,只是近年来才逐渐引进和采用工程总承包模式。而在国外,尤其是发达国家,多种工程管理模式均得到广泛应用,采用最多的是工程总承包模式。

随着现代工程建设项目的发展,建设工程规模越来越大,复杂度越来越高,管理界面越来越复杂,业主对工程项目的要求也越来越高,即低费用、短工期和高质量。传统的DBB管理模式不再具备优越性,而工程总承包模式逐渐为业主接受和青睐。

EPC模式(Engineering Procurement Construction),又称设计、采购、施工一体化模式。

含义是指工程企业受项目业主委托,按照合同约定,对工程建设项目的设计、采购、施工、试运行等实行全过程或若干阶段的承包。通常工程企业在总价合同条件下,对其所承包工程的质量、安全、费用和进度以及使用功能等负责。

EPC是一种国际通用的工程总承包模式。自20世纪80年代起在国际工程承包市场上逐渐兴起,主要运用于石油、化工、加工制造、供水、交通运输、电力等技术复杂、投资巨大、设备采购量众多、管理难度奇大的领域。推行EPC模式的初衷,最重要的一点就是,提供全过程的集成管理,实现工程建设整体效益的最大化。

(1)E与D的不同

首先,需要解释和强调的是EPC中:"设计"为何是Engineering而不是我们通常认为的Design;"采购"为何是Procurement而不是Purchasing?

先解释Procurement和Purchasing的区别:Procurement的释义为获得、取得、采购;Purchasing为购买、采购。在业务上,Procurement在形式上会包含更多程序,如寻找材料源等,此外,在规模上比Purchasing要大一些。实际应用中,很多行业和场合,两者是通用的。设计用Engineering而不用Design,其意义相比Procurement和Purchasing就要复杂和深远多了。

关于EPC中的E,指的是工程化,是指将设计成果工程化,用于指导施工作业。我们经常听到很多人把EPC解释为工程总承包,这实际上如上节所述,是不准确的。应该说,工程总承包模式不只包括EPC,还包括DB、DBO等模式。此外,虽将EPC中的E翻译成设计,但其与传统的平行发包模式下的工程设计(Design)相比较,E实际有更高、更深的要求。归纳起来,E与传统模式的D比较,其内涵起码有三点不同:

1）可施工性设计。

EPC设计要结合现场的地形、地质条件，考虑现场的施工方案，保证设计的可施工性。

2）限额设计。

在满足工程项目使用功能、质量、安全的前提下，EPC设计人员与经济管理人员密切配合，统筹进行技术、经济分析，进行多方案比较，以控制工程造价。

3）优化设计。

EPC设计人员转变传统模式下的设计观念，对项目的设计、采购、施工等进行全面细致的分析比较，树立成本意识，全阶段考虑成本的最佳平衡点，以优化设计方案为龙头和重点，对设计、采购、施工安装、调试方案等进行优化，以创造更大效益。

业主为何愿意采用EPC模式？因为在EPC模式下，业主可以按照合同通用条件的风险分配机制，把较多的风险不平衡地分配给承包商。

EPC模式的特点：① $E \neq D$；
② $EPC \neq E+P+C$；
③ EPC的重点是E。

E应广义地理解为PMBOK项目管理与五大过程组中的规划。即明确项目范围、优化目标、为实现目标制定行为方案的一组过程。

在EPC模式中，E（Engineering）虽然翻译为设计，但它不止于设计，它相比传统的平行发包设计有更高、更深的要求；同时，E不仅包括具体的设计工作，而且还可能包括整个建设工程内容的总体策划以及整个建设实施组织管理的策划和具体工作。

所以，在EPC模式中，要实现从D（Design）→E（Engineering）观念上的改变和转变。

4. EPC模式的主要优、缺点

（1）优点

1）业主把工程设计、采购、施工和开工服务工作全部托付给EPC工程总承包负责组织实施；业主只负责整体的、原则的、目标的管理和控制；总承包更能发挥主观能动性，能运用其先进的管理经验为业主和承包商自身创造更多的效益；提高了工作效率，减少了协调的工作量；

2）设计变更少，工期较短；

3）由于采用的是总价合同，基本上不用再支付索赔和追加项目费用；项目的最终价格和要求的工期具有更大程度的确定性。

（2）缺点

1）业主方主要通过EPC合同对EPC承包商进行监管，对工程实施过程参与程度低，控制力度较低；

2）业主方将项目建设风险转移给EPC承包商，因此对承包商的选择至关重要，一旦承包商的管理或财务出现重大问题，项目也将面临巨大风险；

3）EPC承包商责任大、风险高，因此承包商在承接总承包工程时会考虑管理投入成本、利润和风险等因素，所以EPC总包合同的工程造价水平一般偏高；

4）与传统的建设模式区别较大，传统行业的业主比较难以理解和难以配合承包商的工作。

第65题：
建设单位委托全过程工程咨询服务有哪些主要工作内容？

委托全过程工程咨询服务的工作内容可包括：

1. 全过程工程项目管理

主要包括项目策划管理、报建报批、合同管理、进度管理、勘察管理、设计管理、投资管理、招标采购管理、组织协调管理、质量管理、安全生产管理、信息管理（含BIM管理及信息化应用管理）、风险管理、竣工验收收尾管理、后评价等工作，并可在未来适当时间延伸至运营维护管理。其中，全过程工程项目管理为全过程工程咨询必选服务。

2. 工程监理

工程监理一般为全过程工程咨询必选服务（按国家相关规定），监理工作需符合现行监理规范规程要求。

3. 全过程造价咨询服务

4. 招标采购（代理）服务

5. 各专业咨询服务

（1）决策综合性咨询：包括项目建议书编制、可行性研究报告、资金申请报告编制、规划咨询、设计任务书编制、环境影响评估、节能评估、交通评估、地震安全性评估、地质灾害评估、水土保持评估、防洪评估、社会风险评估、安全评价等项目前期需要进行的各项咨询和评估工作，可以选择单项或多项服务。

（2）工程设计：包括方案设计、初步设计（含设计概算）、施工图设计等工程设计，可以选择单项或多项服务。

（3）其他专项咨询服务：包括BIM咨询、绿建咨询、特殊工艺咨询、水土保持方案设计、海绵城市咨询、施工图精细化审查、工程检测等。

第66题：
政府推行全过程工程咨询服务的主要目的和任务是什么？

在项目决策和建设实施两个阶段，重点培育发展投资决策综合性咨询和工程建设全过程咨询。

1. 投资决策综合性咨询

应结合相关规划、产业政策、技术标准及审批要求进行分析研究和论证，对国家法律法规和产业政策、行政审批中要求的专项评价评估等一并纳入可行性研究统筹论证，单独开展的各专项评价评估结论应当与可行性研究报告相关内容保持一致，减少分散专项评价评估，为投资者提供整体决策依据和建议，避免可行性研究论证碎片化。

2. 工程建设全过程咨询

鼓励建设单位委托咨询单位提供项目管理、勘察、设计、监理、造价、招标代理等全过程咨询服务，满足建设单位一体化服务需求，增强工程建设过程的协同性。

除投资决策综合性咨询和工程建设全过程咨询外，咨询单位可根据市场需求，从投资决策、工程建设、运营等项目全生命周期角度，开展跨阶段咨询服务组合或同一阶段内不同类型咨询服务组合。鼓励和支持咨询单位创新全过程工程咨询服务模式，为投资者或建设单位提供多样化的服务。

第67题：
为什么必须强调项目管理在全过程工程咨询服务中的核心地位？

美国项目管理协会的《项目管理知识体系指南（PMBOK®指南）》是得到普遍认可的项目管理通行理论，该指南定义了十大项目管理任务：

①项目整合管理，包含项目管理制度确定、项目管理策划及执行、项目变更控制、项目过程监控及项目收尾；

②项目范围管理，包括项目范围的识别、结构分解及项目范围变更管理；

③项目时间管理，包括项目时间计划、进度制定及进度控制；

④项目成本管理，包括成本估算、预算及过程成本控制；

⑤项目质量管理，包括质量目标规划及质量控制；

⑥项目人力资源管理，包括人力资源规划、团队组建、团队建设及团队管理；

⑦项目沟通管理；

⑧项目风险管理，包括风险识别、风险分析和风险控制；

⑨项目采购管理，包括采购规划、采购实施及合同管理；

⑩项目干系人管理，包括干系人识别、管理和控制。

我国政府主管部门也颁布了工程项目管理的推荐规范，即《建设工程项目管理规范》GB/T 50326—2017，该标准中对工程项目管理的范围描述包括：项目范围管理、项目进度管理、项目质量管理、项目合同管理、项目采购管理、项目成本管理、项目职业健康安全管理、项目环境管理、项目资源管理、项目信息管理、项目风险管理、项目沟通管理等方面。

从上述国际、国内通行的规范和标准文件看，项目管理工作的范围和内容涉及项目建设的全部过程和全部方面，对项目的质量、进度、投资、安全及功能目标的全面、完整实现起到决定性作用，也是进行项目建设的关键环节，这些均决定了项目管理工作在整个项目建设工作中的核心地位。

项目管理服务的范围及内容：住房和城乡建设部《关于培育发展工程总承包和工程项目管理企业的指导意见》(建市〔2003〕30号)将项目管理服务内容描述为：在工程项目决策阶段，为业主编制可行性研究报告，进行可行性分析和项目策划；在工程项目实施阶段，为业主提供招标代理、设计管理、采购管理、施工管理和试运行(竣工验收)等服务，代表业主对工程项目进行质量、安全、进度、费用、合同、信息等管理和控制。从笔者所在单位20年从事各类项目全过程项目管理的经验看，通常项目管理服务的内容包括如下几个方面：

(1) 编制项目管理规划，报经建设单位批准后实施，根据项目各个阶段的不同情况进行动态调整，并将调整情况及时报建设单位确认。项目管理规划中应包括但不限于：项目的合同架构图、投资总控制计划、进度总控制计划等文件。

(2) 协助建设单位进行项目前期策划，经济分析、专项评估与投资确定。

(3) 协助建设单位办理项目立项、工程规划许可、工程报建等建设手续。

(4) 组织工程勘察设计招标、协助建设单位提出工程设计要求、组织评审工程设计方案、编制并协助建设单位商谈签订工程勘察设计合同并监督实施，协助建设单位进行工程设计优化、技术经济方案比选等设计管理工作。

(5) 负责工程监理、施工、设备材料采购招标组织工作，协助建设单位与监理单位、工程项目总承包企业或施工企业及建筑材料、设备、构配件供应等企业签订合同并监督实施。

(6) 提供项目合同管理服务，包括项目合约规划、合同交底、各项合同的起草、商谈及协助签订工作，做好合同履约管理及合同变更、风险控制及争议纠纷处理工作。

(7) 做好工程施工管理工作。明确总承包商与分包商及材料、设备供应商的工作界面和职责范围，明确总承包商对于分包商的管理责任和权利；协助委托方选择符合项目要求的各承包商与供应商参与到项目建设中，通过综合协调管理，使各参建单位高质量完成各自承包合同及设计、规范的要求，监督并督促承包商/材料设备供货商按照施工合同承诺的质量效果、进度、安全、环境目标履行合同；协调好建安工程施工与市政工程施工之间的关系和实施安排，及时协调解决生产施工中的工程技术、管理问题；检查与监督监理工程师的工作，并通过监理工程师实施对施工单位的现场管理，充分和有效地发挥监理单位的作用。

(8) 协助建设单位进行工程投资控制，做好工程投资控制计划工作和过程动态控制工作，提出工程实施用款计划，处理工程索赔，处理洽商、变更、现场签证，协助进行工程竣工结算，实现工程投资控制目标。

(9) 为建设单位提供生产试运行、工程验收及工程保修期间的必要的配合、协助服务。

（10）项目运营期的监督管理工作，如协助进行项目运营期绩效考核、协助进行项目运营中期评价、项目审计配合及项目完成后评价等。

从项目管理服务的范围和内容看，项目管理服务内容本身就是建设单位进行项目管理的主要部分，甚至是全部管理内容，管理范围无论从纵向时间轴为导向的项目全生命周期，还是从横向以工作成果为导向对项目要素进行分解的WBS分解角度，项目管理服务与建设单位自行管理在管理周期、管理范围和内容方面均是高度一致或契合的。建设单位进行全过程咨询服务委托时，将项目管理服务作为全过程咨询的核心内容和首要内容，能够实现项目在最早阶段、最长过程、最大范围和最全内容上得到最贴近建设单位自身立场的专业咨询服务，保证项目管理工作的整体性、连贯性、稳定性、专业性和全面性。

第68题：
为什么说不包含项目管理的咨询服务不是全过程工程咨询服务？

要回答这个问题，首先应了解什么是咨询。

通过查询百度或汉语词典可知，咨询是指通过某些人头脑中所储备的知识经验和通过对各种信息资料的综合加工而进行的综合性研究开发过程。咨询产生智力劳动的综合效益，起着为决策者充当顾问、参谋和外脑的作用。

在中国古代，"咨"和"询"原是两个词，"咨"是商量，"询"是询问，后来逐渐形成一个复合词，具有以供询问、谋划、商量、磋商等意思。

咨询的英文为Consultation，即顾问、参谋的意思。

综上，无论古今中外，咨询均有一个共同特点，即向别人询问、请教，同别人商量、请专家谋划、当参谋和顾问，而不是自行其是，更不是独断专行、闭门造车。

回到本题目问题，答案不答自明。业主自管，不委托项目管理服务，不向别人咨询，当然不是工程咨询，更不是全过程工程咨询。那么，有人肯定不认可这个答案，认为业主只是未委托项目管理，但却分别委托了勘察、设计、监理、造价、招采等咨询或将这些专项咨询服务进行组合、打包后再委托，为何说就不是全过程工程咨询服务呢？下面以"1+N"模式为基础进行分析：

（1）"1+N"模式为何能够成为全过程工程咨询服务的主流模式，主要是因为项目业主在工程项目建设管理中的核心主导地位。当其不具备项目管理能力时，委托专业咨询机构代表业主从事项目管理（业主保留重大重要事项决策权为前提），咨询机构在业主授权下的项目管理行为，仍然具备在工程项目建设管理中的核心主导地位。这一点是任何其他专项咨询业务所不能比的。

（2）项目管理机构对业主而言，属于咨询服务性质，而对于整个项目和其他专项咨询业务及项目各参建方而言，则更多的不是服务，而是代表业主（授权范围内）采用计划、组织、指挥和协调等方法和手段对工程项目进行全过程、全方位的项目管理和协调。

（3）项目管理从另一个角度而言，其是包括各项咨询业务在内所有项目参加单位和建设内容的组织管理者，起着上传下达、沟通、协调的强力胶粘剂的作用，这是其他任何项目参建单位所不具备的工作性质。

（4）业主方自身具备项目管理能力，不委托项目管理而是采用业主自管模式，为何说不属于全过程工程咨询服务？如果业主放弃"1+N"模式，采用自管，再分别委托勘察、设计、监理、造价、招采等咨询业务，这种模式与国家推行全过程工程咨询前的碎片化建设项目管理模式无异，没有讨论的必要；实际上，争议的焦点恐怕集中在第二种模式，即同样是业主自管，业主将勘察、设计、监理、造价和招采等咨询业务两两组合或者更多相互组合打包，以全过程工程咨询的名义发包。

第二种模式可能有两种情形：一种是业主自认为管理能力很强，没必要委托项目管理，但国家又提倡和推行全过程工程咨询，所以，将监理和造价或再加上招标代理等打包进行招标；另一种是业主虽管理能力不强，但不愿意放权，认为委托项目管理就削弱了业主对项目的控制权，所以还是自管比较踏实，此种心态往往伴随着对项目管理的误解、轻视，甚至敌意，个别情况可能还有不可言明的小私心，当然也包括对项目管理机构管理能力的质疑和不信任等。

（5）基于上述分析，笔者认为，目前，尚未有官方对全过程工程咨询概念进行准确定义，故严格意义上，不能说不委托项目管理就不是全过程工程咨询。实际上，争论这个问题意义不大，着眼点应放在国家推行全过程工程咨询的初心和真正目的是什么，绝大多数项目业主的真正需求是什么。国家的初心和真正目的是通过开展全过程工程咨询，使咨询企业做大做强，与国际接轨，参与国际竞争和"一带一路"建设，而不是不管采用何种模式，只要完成建设任务就行，更不是鼓励业主做大做强。"1+N"模式得到项目业主的广泛认可，并成为全过程工程咨询的主流模式，已充分反映和印证了项目业主对项目管理服务的真实和迫切需求。

（6）在全过程工程咨询发展初期，一些项目业主出于各方面考虑不委托项目管理，只将其他专项咨询业务相互组合，从长远发展的角度和眼光看，可以看作全过程工程咨询发展进程中的过渡性做法，因为其毕竟是在原来完全碎片化管理的基础上朝着集成化方向又向前推进了一步。

（7）虽然目前尚有不少项目采用业主自管或直接委托投资建设平台（公司）管理，但存在并不一定就是合理的，或只能说明这种模式的存在有其现实性和理由，同时很可能正是下一步改革发展和模式创新的对象。

（8）因此，认为不包含项目管理的咨询服务不是全过程工程咨询服务的观点，是从全过程工程咨询发展的全局而言，旨在引导和鼓励各级政府和项目业主积极响应和正确理解国家推行全过程工程咨询的号召和政策。项目业主自管不是国家提倡的工程建设管理模式和发展方向，没有发展前途。专业的人做专业的事，委托专业机构做其擅长的专业化管理才是正确的做法和发展方向。

第69题：
如何说服项目业主同意采用"管监一体化（管监合一）"模式？

有些项目业主不但不接受全过程工程咨询服务模式，即便对"管监一体化（管监合一）"模式也持怀疑甚至否定态度，这些业主可能出于如下顾虑和观点：

（1）认为项目管理和工程监理业务是"互斥"的，即同一项目不能委托同一家单位进行管理和监理，项目管理单位是负责管理监理单位的。

（2）一家咨询单位如先中标进行项目管理，再参加同一项目的监理投标，由于其已提前获取了本项目工程信息，故会造成信息不对称，对于其他投标单位不公平，属于不公平竞争。

（3）如果采用"管监一体化（管监合一）"模式，一旦项目监理人员工作出现失误、违反廉洁自律、职业操守或发生安全质量责任事故等，同一单位的项目管理人员可能会掩饰、包庇、隐瞒不报。

（4）分别委托各项咨询业务（包括但不限于项目管理和工程监理），各家服务单位相互监督、相互掣肘和制约，项目业主能掌握项目整体情况，及时得到各种信息，便于各个击破、分而治之。

（5）担心大权旁落，对项目管理和监理单位和业务失去控制。

基于项目业主方的上述顾虑和认识，可从以下几个方面进行宣传和引导：

（1）加强向业主方宣传和讲解，普及国家推行全过程工程咨询服务的政策、意义和现状及发展趋势。

（2）全过程工程咨询服务为多项咨询（包括管监一体化）业务进行打包组合，是国家大力推行的服务模式，"管监一体化"只是其中两项业务组合，业主方上述关于不公平竞争、相互包庇等担心和顾虑是没有必要的。

（3）全过程工程咨询和项目管理、工程监理等均为咨询服务，没有项目重大事项的决策权，也没有采购服务、工程和货物等的决定权，只有在业主方委托授权范围内从事工程咨询和管理工作的权利。故业主方不必担心对咨询服务单位失去控制权的问题，更不必担心大权旁落。

（4）由于项目管理业务中确实存在对其他咨询业务和参建单位的管理协调问题，为了解除业主方的担心和疑虑，应引入定期（如每季度）进行履约评价考核机制，方式可采用服务单位自评、业主现场机构评价、业主总部机构以及第三方检测、评测机构评价等相结合，力求客观公正地反映咨询服务单位的整体和各项业务工作质量和履约情况。

第70题：
评价优秀全过程工程咨询服务和项目管理机构的标准和准则是什么？

一位学者型业主方领导曾经提出他心目中优秀项目管理公司的评价标准，笔者归纳后可用"忠诚廉洁、敬业精业、预控高效、沟通包容"十六字准则和标准来概括。

（1）忠诚廉洁，指的是作为提供咨询管理服务的咨询机构，首先要讲政治，对国家和服务的业主方忠诚，不能三心二意，更不能为一己私利与第三方勾连，损害国家和业主方利益；廉洁是每一个行业从业者，特别是具有一定权限的管理者和机构必备的职业操守和道德底线。

（2）敬业精业，则指既热爱、敬畏所从事的咨询管理工作（热爱是做好工作的前提条件，是工作态度），同时又要精通相关专业知识和技能，造诣深厚。

（3）预控高效，是要求项目咨询管理机构计划先行，进行事前、事中控制，不要"事后诸葛亮"，推卸责任，总结所谓"教训"；预控是工作方法和手段，高效是要求和结果，是体现专业项目管理能力和价值的基本要素。

（4）沟通包容，沟通是方法，是《项目管理知识体系指南》（PMBOK®指南）定义的十大项目管理任务的第7项，是十分重要且必须掌握的能力、手段和技巧；包容则是一种胸怀、心态和品质。由于工程建设项目，特别是大中型项目涉及的参建单位众多，此外还有很多与项目相关的近外层和远外层关系要涉及和处理，项目咨询管理机构的管理、协调、沟通和联系的单位、机构数量很多、工作量巨大，所以要求咨询管理机构必须具有公平、正直和包容、宽容的品质和心态，秉承坚持原则、兼容并蓄、合作共赢、与人为善的理念和气度。

五、项目实操

第71题：
全过程工程咨询服务有招标文件参考文本吗？

（篇幅所限，只提供目录和投标须知部分，文件全文可官网下载）

深圳市建设工程全过程工程咨询招标文件（示范文本）（节选）

目录

第一章　使用说明
第二章　投标须知
　一、投标须知前附表
　（一）招标项目基本情况

（二）招标工程情况介绍

　　（三）招标投标分段限时投诉的规定

二、投标文件否决性条款

三、招标投标须知正文

　　（一）招标

　　（二）投标

　　（三）资格后审

　　（四）开标

　　（五）评标

　　（六）定标

　　（七）中标通知书

　　（八）合同的授予

第三章　招标人对招标文件及合同范本的补充/修改

第四章　投标文件格式

　　资格审查文件

　　1.企业营业执照

　　2.企业资质证书

　　3.联合体共同投标协议

　　4.投标保函

　　5.项目主要人员的工程建设类注册执业资格证书或工程类、工程经济类中、高级专业技术职称证书

　　6.企业与全过程工程咨询项目负责人业绩[含中标通知书（如有）、合同（如有）等证明材料]

　　技术标书

　　商务标书

　　业绩文件

第五章　合同条款及格式

第一章　使用说明

　　一、为了规范工程建设项目全过程工程咨询招标投标活动，保障招标人和投标人的合法权益，根据国家及深圳市有关法律、法规、规章和规范性文件的规定，结合我市实际，遵循公开、公平、公正和诚实信用的原则，深圳市住房和建设局制定了《深圳市建设工程全过程工程咨询招标文件示范文本》（以下简称"本范本"）。

　　二、本招标文件适用于采用电子招标投标及计算机评标的深圳市工程全过程工程咨

询招标。

三、本示范文本的主要编写依据：

1.《中华人民共和国建筑法》；

2.《中华人民共和国招标投标法》；

3.《中华人民共和国招标投标法实施条例》；

4.《中华人民共和国合同法》；

5.《电子招标投标办法》；

6.《关于推进全过程工程咨询服务发展的指导意见》（发改投资规〔2019〕515号）；

7.《关于建设工程招标投标改革若干规定》（深府〔2015〕73号）；

8.《关于进一步完善建设工程招标投标制度的若干措施》；

9.其他有关工程建设的法律、法规、规章和规范性文件。

四、本工程招标投标活动在深圳市建设工程交易服务中心进行。

五、该招标文件所指交易网为：深圳市住房和建设局工程交易服务主页。

六、招标人和投标人应事先办理企业和相关人员的数字证书。有关手续请查看交易网中的"深圳金建数字证书办事指南""金建数字证书损坏应急办理指南"。

七、电子标书编制系统获取方式应在交易网的办事服务—下载专区—工具软件下载。

八、有关招标问题的说明

1.招标文件中的所有空格招标人必须如实填写，无内容者或不采用者应填写"无"。

2.招标文件的建设规模应描述整个建设项目的规模情况和使用功能。

3.招标文件的招标范围，应详细说明本次招标工程的具体项目、结构类型等定量规模和项目特征。

4.采用本示范文本以外的评标方法应经建设行政主管部门批准，并且必须在招标文件的评标方法中进行详细描述。

5.采用本示范文本以外的定标方法应经建设行政主管部门批准，并且必须在招标文件中进行详细描述。

6.招标人注意事项：

6.1招标人提交的电子招标文件格式必须是交易网下载的最新版本的深圳市建设工程招标文件编制系统生成的。

6.2电子招标文件备案时，需通过交易网上传提交电子招标文件。

6.3 招标控制价公布在交易网"交易信息"栏，"招标控制价公示"模块，"附件信息"所挂文件均为参考文件，如果"附件信息"所挂文件中有关数据与"招标控制价公示"模块公示数据不一致的，以"招标控制价公示"模块公示数据为准。如招标人需更改"招标控制价公示"模块公示数据，则按照重新公示方式进行办理，并确保公示时间符合要求。

"附件信息"所挂文件可以是JPG、Word、Excel等格式，由招标人自行选择。

九、有关投标问题的说明

1.参加投标的单位（包含联合体投标的各成员）须在深圳市住房和建设局或交易网办理企业信息备案。施工、监理及勘察设计企业按要求必须在深圳市住房和建设局备案，其他企业应在交易网办理企业信息登记。

2.投标人获取招标文件后，应仔细阅读招标文件及附件的全部内容，附件与招标文件具有同等效力。

3.投标人应在投标截止时间前，登录交易网查阅或下载招标文件、答疑及招标文件补充通知。

4.投标人对招标文件有不同意见或不明之处，应在交易网向招标人提出。

5.投标人应在遵循招标文件的各项规定和要求的前提下，编制投标文件。投标文件必须满足招标文件中的实质性要求和条件。投标文件若出现否决性条款的情形其投标将会被否决。

6.投标人应严格按招标文件要求，在截标前使用投标人（或联合体主体）企业机构数字证书，通过交易网递交电子投标文件，上传成功后打印回执；为防止网络阻塞，建议预留充足时间上传投标文件。

7.交易网是投标人获取建设工程电子招标文件和电子送审招标控制价文件的唯一合法渠道。投标人需随时关注交易网，确认所投标的项目招标文件和电子送审招标控制价文件是否更新。如果有更新，须下载最新的招标文件和电子送审招标控制价文件用于制作电子投标文件，否则后果由投标人自行承担。

8.投标人应当遵守深圳市建设工程交易服务中心的相关规定，违反规定导致的不利后果，由投标人自行承担。

9.投标人须对投标资料的真实性负责。招标人有权将投标文件的部分或全部内容向外公示，若公示期间收到有关弄虚作假投诉的，招标人将提请建设行政主管部门或有关行政管理部门查处。一旦查实将严格按照法律法规进行处理。

10.若投标人资质证书或安全生产许可证被暂扣或吊销，但仍参与投标的，招标人将取消其投标或中标资格、没收其投标保证金，建设行政主管部门或有关行政管理部门将按弄虚作假行为对其进行行政处罚。

11.投标人注意事项：

11.1《深圳市建设工程全过程工程咨询投标文件编制系统》安装软件可在深圳市建设工程交易网的下载专区→工具软件中下载，请注意使用正确的版本，并及时更新。

11.2电子投标文件必须按招标文件要求有数字证书签名方为合法的投标文件。未对电子文件进行数字证书签名的以及对投标文件进行加密但在开标会规定的时间内没有进行解密的，开标会现场将作为不予受理的投标文件处理。

在电子标书编制系统中，生成电子标书时，须将所签名的证书签署到相应的位置中。

11.3评标时以电子标书为准，因此在制作电子标书的时候，需要反复核对相关报价，任何有选择的报价将不予接受。如果递交的投标文件已加密但未在规定时间内成功解密，则视为此投标文件无法读取导入。

投标人可使用投标文件编制系统中的加密功能对网上传输的投标文件中各部分内容进行加密，用于投标文件加密的数字证书必须是本单位的任意一个深圳金建数字证书，包括机构数字证书、机构业务数字证书、机构个人数字证书。

11.4 在编制技术标投标文件时，如果需要粘贴图片，则务必使用JPG格式的文件，并且每张图片的分辨率应小于100DPI，最终的标书文件所占用的磁盘空间必须小于10M；资审文件占用的磁盘空间必须小于5M。

12. 本工程采用电子招标投标系统，请认真阅读本说明，若有疑问可通过载明的联系方式要求技术咨询。

第二章　投标须知

一、投标须知前附表

（一）招标项目基本情况

序号	内容	规定
1	标段名称	
2	工程地点	
3	是否场外工程	☑是　□否 主管部门_____。
4	总投资额	_____。
5	招标范围 （项目管理为必选项）	本项目全过程工程咨询服务范围，包括： ☑项目管理：_____。 □投资决策综合性咨询：_____。 □工程勘察：_____。 □工程设计：_____。 □招标采购咨询：_____。 □造价咨询：_____。 □工程监理：_____。 □运营维护咨询：_____。 □BIM咨询：_____。 □（其他咨询：　）_____。
6	计划开竣工日期	_____。
7	服务期限	_____。
8	资金来源	_____。

续表

序号	内 容	规 定
9	资金落实情况	_____。
10	投标人资格要求	资格条件： (1)投标人具备的资质及其等级必须满足下列条件之一，并在人员、设备、资金等方面具备相应的全过程工程咨询服务能力： □建设行政主管部门颁发的且在有效期内的工程设计资质，具体为：_____； □建设行政主管部门颁发的且在有效期内的工程监理____资质____专业____级及以上监理资质或监理综合资质； □建设行政主管部门颁发的且在有效期内的工程造价咨询____资质； □其他要求：_____。 (2)投标人的业绩要求： □企业(或联合体)承担过类似全过程工程咨询服务或类似专业咨询服务(如项目管理、投资决策综合性咨询、工程勘察、工程设计、招标采购咨询、造价咨询、工程监理、运营维护咨询、BIM咨询)； □类似专业咨询业绩必须是本次招标范围内的； □全过程工程咨询或专业咨询类似业绩认定标准：_____。 □其他要求：_____。 (3)其他要求：_____。 备注：全过程工程咨询单位提供勘察、设计、监理或造价咨询服务时，应当具有与工程规模及委托内容相适应的管理能力或资质条件。全过程咨询服务单位应当自行完成自有资质证书许可范围内的业务，在保证整个工程项目完整性的前提下，按照合同约定或经建设单位同意，可将自有资质证书许可范围外的咨询业务依法依规择优委托给具有相应资质或能力的单位，全过程咨询服务单位应对被委托单位的委托业务负总责。建设单位选择具有相应工程勘察、设计、监理或造价咨询资质的单位开展全过程咨询服务的，除法律法规另有规定外，可不再另行委托勘察、设计、监理或造价咨询单位。 业绩证明资料需提供中标通知书(如有)、合同等；具体由招标人根据项目实际情况进行细化
11	资格审查方式	□投标报名；□资格预审；□资格后审
12	是否接受联合体投标	□不接受。 □接受，联合体投标的，应满足下列要求： 本项目接受具有_____资质的单位作为联合体牵头人。联合体成员数须不超过____家。采用联合体投标的，拟派全过程工程咨询项目负责人必须由联合体牵头人委派

续表

序号	内容	规定
13	项目主要人员资格要求	(1) 资格要求 全过程工程咨询项目负责人：注册证书类别、专业：＿＿＿＿＿＿＿，职称：＿＿＿＿＿＿。 ☑ 项目管理负责人：注册证书类别、专业：＿＿＿＿＿＿＿，职称：＿＿＿＿＿＿。 □ 投资决策综合性咨询项目负责人：注册证书类别、专业：＿＿＿＿＿＿＿，职称：＿＿＿＿＿＿。 □ 工程勘察项目负责人：注册证书类别、专业：＿＿＿＿＿＿＿，职称：＿＿＿＿＿＿。 □ 工程设计项目负责人：注册证书类别、专业：＿＿＿＿＿＿＿，职称：＿＿＿＿＿＿。 □ 招标采购咨询项目负责人：注册证书类别、专业：＿＿＿＿＿＿＿，职称：＿＿＿＿＿＿。 □ 造价咨询项目负责人：注册证书类别、专业：＿＿＿＿＿＿＿，职称：＿＿＿＿＿＿。 □ 总监理工程师：注册证书类别、专业：＿＿＿＿＿＿＿，职称：＿＿＿＿＿＿。 □ 运营维护咨询项目负责人：注册证书类别、专业：＿＿＿＿＿＿＿，职称：＿＿＿＿＿＿。 □ BIM咨询项目负责人：注册证书类别、专业：＿＿＿＿＿＿＿，职称：＿＿＿＿＿＿。 □ 其他要求：＿＿＿＿＿＿＿＿＿。 (2) 业绩要求 □ 全过程工程咨询项目负责人承担过类似全过程工程咨询服务或类似专业咨询服务（如项目管理、投资决策综合性咨询、工程勘察、工程设计、招标采购咨询、造价咨询、工程监理、运营维护咨询、BIM咨询）； □ 类似业绩必须是本次招标范围内的； □ 全过程工程咨询或专业咨询类似业绩认定标准：＿＿＿＿＿＿＿＿＿＿。 □ 其他要求：＿＿＿＿＿＿＿＿＿。 (3) 其他要求：＿＿＿＿＿＿＿＿＿。 备注：根据《关于推进全过程工程咨询服务发展的指导意见》及深圳市住房和建设局《关于进一步完善建设工程招标投标制度的若干措施》(深建规〔2020〕1号)中对全过程工程咨询项目负责人及专业咨询项目负责人的资格要求如下： 1)"全过程工程咨询项目负责人"是指由企业法定代表人书面授权，履行合同、主持全过程工程咨询服务机构工作的负责人。全过程工程咨询项目负责人应当取得工程建设类注册执业资格且具有工程类或工程经济类高级职称，并具有同类工程经验（业绩）； 2)"专业咨询项目负责人"是指由企业委派，具备相应资格和能力、主持相应专业咨询服务工作的负责人。专业咨询项目负责人应具备咨询工程师、建筑师、结构工程师、其他勘察设计类工程师、造价工程师、监理工程师、建造师等一项或多项国家级注册执业资格或具有工程类、工程经济类中、高级职称，并具有类似专业咨询经验。全过程工程咨询服务中承担工程勘察、设计、监理或造价咨询服务的专业咨询项目负责人，应具有法律法规规定的相应执业资格
14	投标报价要求	投标报价上限为：＿＿＿＿＿＿万元 公示招标控制价净下浮＿＿＿＿＿＿%

续表

序号	内 容	规 定
15	投标文件组成	以电子文件形式通过"深圳建设工程交易服务网深圳市住房和建设局工程交易服务主页"网上递交下列文件： 1）技术标（含资信标）电子标书1份； 2）商务标电子标书1份； 3）资格审查文件电子标书1份； 4）业绩文件电子标书1份。 （业绩文件包含：①招标公告中业绩要求所需提供的证明文件（若有）；②招标文件中要求提供的所有业绩证明文件）
16	踏勘现场	详细地点：
17	投标担保	投标保证金额：_____万元。 担保形式： □银行保函（电子保函/纸质保函），由投标人基本账户开户银行所在网点或其上级银行机构出具。 □保证金（现金/支票），从投标人基本账户汇出_____。 □其他_____
18	公布招标控制价、投标报价上限地址	网址：深圳市住房和建设局工程交易服务主页
19	投标文件递交	地点：深圳市住房和建设局工程交易服务主页。 截止时间：_____
20	投标有效期	_____日历天（从投标截止之日算起）
21	招标会议时间	资审会、开标会、评标会、定标会议时间及地点，截标后，在项目所在交易网进行查询
22	过多投标人淘汰环节 （资格审查合格的投标人大于20名）	资格审查合格的投标人大于20名时，经淘汰进入后续招标程序的投标人为15～20名，具体数量产生方式为： □由计算机随机产生； □招标人自行确定。 过多投标人淘汰方式： □直接票决；　　□逐轮票决；　　□逐轮淘汰。 计算规则： □简单多数。 当被淘汰最后一名有并列情况以至超过应淘汰投标人数时，对此并列的投标人采取如下确定方式： 1）抽签入围。 2）递交投标文件时间靠前者入围。 3）继续票决，再重票则随机抽签。 4）继续票决。 □对比胜出 □本项目不进行过多投标人淘汰
23	评标方法及标准	□定性评审法。 □经建设行政主管部门批准的其他方法：_____
24	评标地点	□交易场所评标。 □其他：_____

续表

序号	内 容	规 定
25	评标委员会的人员组成	由招标人依法组建
26	定标方法	☐票决定标法。 ☐票决抽签定标：票决＿＿＿＿名投标人后，以随机抽签方式确定中标人。 ☐集体议事法。 ☐价格法 确定中标人价格的方式：＿＿＿＿＿＿＿＿＿＿。 ☐其他方法：＿＿＿＿＿＿＿＿ 票决定标方式： ☐直接票决； ☐逐轮票决。 票决定标计算规则： ☐简单多数。 当出现下列情况影响投票结果时，对并列投标人采取如下方式确定： 1）抽签。 2）递交投标文件时间靠前者入围。 3）继续票决，再重票则随机抽签。 4）继续票决。 ☐简单多数（且过半数）。 ☐对比胜出
27	履约担保	金额：＿＿＿＿＿＿万元。 中标价与招标控制价或投标报价上限（无招标控制价招标的）的差额，且不高于中标价的10%。 担保形式： 由☐银行；☐专业担保公司出具的保函。 收到中标通知书30天内，并在签订合同前提交
28	支付担保	金额：＿＿＿＿＿＿万元。 担保形式： 由☐银行；☐专业担保公司出具的保函
29	发出中标通知书及签订合同	中标结果公示期满后30日内（因投诉暂停的除外）
30	其他 （对本招标文件示范文本进行补充、删除或修改的内容）	说明：＿＿＿＿＿＿＿＿＿＿

11. 投标文件的构成

11.1 投标文件由资格审查文件、技术标（含资信标）、商务标、业绩文件组成。

11.2 资格审查文件，包含但不限于以下内容：

☐通过年审的企业营业执照副本（原件扫描件）；

☐企业资质证书（原件扫描件）；

☐联合体共同投标协议（如有）；

□联合体共同工程建设类注册执业资格证书或工程类、工程经济类中、高级专业技术职称证书；

　　□投标协议（若有，原件扫描件）；参与全过程工程咨询项目负责人类似业绩（含中标通知书、合同等证明材料）；

　　□招标文件要求提交的其他资料：_____。

11.3　技术标书，包含但不限于以下内容：

　　□技术标。

　　内容包括：

　　（1）项目管理服务方案。

　　（2）各专业咨询服务方案（此项根据项目需要的实际情况编写）。例如：

　　□投资决策综合性咨询服务方案；

　　□工程勘察服务方案；

　　□工程设计服务方案；

　　□招标采购咨询服务方案；

　　□造价咨询服务方案；

　　□工程监理服务方案；

　　□运营维护咨询服务方案；

　　□BIM咨询服务方案；

　　□其他咨询服务方案。

　　（3）全过程工程咨询关键点、难点分析。

　　（4）其他：

　　□资信标。

　　内容包括：

　　（1）投标函；

　　（2）通过年审的营业执照副本（原件扫描件）；

　　（3）企业资质证书（原件扫描件）。

11.4　商务标书，包含但不限于以下内容：

　　投标报价（明细表）；

　　□招标文件要求提交的其他资料：_____。

11.5　业绩文件，包含但不限于以下内容：

　　（1）投标人相关业绩一览表；

　　（2）业绩要求证明材料。

　　业绩文件包含：①招标公告中业绩要求所需提供的证明文件（若有）；②招标文件中要求提供的所有业绩证明文件。

（五）评标

评标委员会应当根据"投标须知前附表"规定的评标方法，对投标文件进行评审和比较，招标文件中没有规定的标准和方法不得作为评标的依据。

22.评标委员会组建及职责

22.1 评标委员会组建方式：由招标人依法组建，负责评标活动。评标委员会的专家成员由招标人从评标专家库内按照专业随机抽取，评标委员会成员数量为5人以上单数，招标人可以委派一名代表。

22.2 评标委员会职责：评标委员会应根据招标文件规定的评标方法和标准，遵循公开、公正、公平、科学、择优的原则，对投标文件进行评审。评标委员会根据招标文件规定向招标人推荐合格投标人或中标候选人。

23.投标文件的初步评审

23.1 计算机评标系统对投标文件进行自动清标分析，然后由评标委员会进行投标文件的初步评审。

23.2 投标文件初步评审不合格的，应参照投标文件否决性条款作无效标处理。

24.投标文件的详细评审

评标委员会根据招标文件规定的评标方法和标准，对各投标人的投标文件分别进行详细评审。

25.投标文件的重大偏差

投标文件存在的重大偏差情形的，评标委员会应根据相应的投标文件否决性条款作废标处理。

26.投标文件的细微偏差

细微偏差是指投标文件在实质上响应招标文件要求，提供了不完整的技术信息和数据等情况，细微偏差不影响投标文件的有效性。在评审过程中，评标委员会可以要求投标人就投标文件中含义不明确的内容进行说明并提供相关材料，投标人拒不补正的，在详细评审时可以对细微偏离按照不利于该投标人的原则进行调整，且投标人不得因此提出任何异议。

27.投标文件的澄清答辩

27.1 为有助于投标文件的审查、评价和比较，评标委员会可以要求投标人对投标文件含义不明确的内容做必要的澄清或说明，投标人应当进行澄清或说明，但不得超出投标文件的范围或改变投标报价和其他实质性内容。澄清答辩可采用评标区录音电话或现场两种方式进行。

27.2 采用评标区录音电话方式澄清答辩的答辩人，仅限该项目递交投标文件时确定的投标员，投标员的联系方式以截标信息为准。采用现场方式澄清答辩的答辩人应为该单位的授权委托人，授权委托人须本人携带有效的身份证明文件（包含身份证原件、法定代表人证明书、法人授权委托书等）。澄清答辩人员的身份由招标人核验。

27.3 评标委员会要求投标人进行答辩，但投标人在评标委员会规定的时间（不少于30分钟）内未派出代表及时做出答辩的，评标委员会将根据招标文件规定做出不利于投标人的判定，投标人不得因此提出任何异议。

28.无效标和废标的处理

28.1 除法律、法规、规章、规范性文件规定以及本招标文件否决性条款单列的无效标或者废标情形外，评标委员会不得对投标文件作无效标或者废标处理。评标委员会对投标文件应坚持谨慎确定无效标和废标的原则。

28.2 评标委员会在做出任何一项无效标和废标决定前，都应当严格遵循以下程序：

28.2.1 向当事投标人作相应的澄清。

28.2.2 当事投标人应当在通知规定时间内，向评标委员会作出澄清和解释。未按时做出澄清和解释的，评标委员会可对相应投标文件按最不利情形认定。

28.2.3 在充分讨论的基础上集体表决。

28.2.4 若表决通过无效标或废标决定，应在评标报告中详细载明无效标或废标的理由、依据、答辩的情况和集体表决的情况（同意无效标或废标和不同意无效标或废标的评标委员会成员均应当注明）。

28.2.5 评标委员会在否决所有投标文件前，应当向招标人核实有关情况，听取招标人意见。

29.合格投标人的推荐

29.1 评标委员会实行少数服从多数的原则，评标结果经评标委员会全体成员过半数通过有效。

29.2 评标委员会经过对投标文件进行评审和比较后，推荐合格投标人进行下一轮定标程序，并向招标人出具评标报告。

29.3 评标委员会做出无效标或者废标处理后，合格投标人数量不足3名的，招标人应当宣布本次招标失败，重新招标。

采用批量招标或者预选招标方式的，评标委员会做出无效标或者废标处理后，合格投标人数量不足以拟定中标人数量或者预选企业数量少于2名的，招标人不得再采用批量招标或者预选招标方式。

重新招标的项目，评标委员会做出无效标或者废标处理后合格投标人数量仍不足3名的，评标委员会应当将对合格投标人的评审意见提交招标人，招标人可以按照原招标文件的定标程序和方法从合格投标人中确定中标人，或者将上述情况在深圳市住房和建设局工程交易服务主页公示3个工作日后直接发包。

29.4 评标过程中，若评标委员会认为本次招标缺乏竞争性，可以不推荐投标人，由招标人重新组织招标。

29.5 如招标投标过程中出现严重异常情况，经主管部门批准，招标人可以不接受本次招标结果，应当重新招标。

30.评标报告

30.1 评标委员会收集并汇总全体评委评审意见后,由评标委员会主任委员填写《评标报告》。

30.2 评标报告应由评标委员会全体成员签字。对评标结论持有异议的评委,可采用书面方式阐述其不同意见和理由。评标委员会成员拒绝签字的,视为同意评标结论。评标委员会应对此做出书面记录。

30.3 对发现的涉嫌违法、违规行为,应当在评标报告中做出详细说明,做好取证工作,并及时告知行政主管部门。

30.4 评标委员会向招标人提交评标报告后即解散。评标过程中使用的文件、资料等,都不得带离评标室。

31.评标结果公示

招标人应当将评标报告(含合格投标人名单)在深圳市住房和建设局工程交易服务主页公示3个工作日。

32.其他规定

32.1 若投标人的投标行为出现违反《深圳市建筑市场严重违法行为特别处理规定》等政策文件列明的各种情形的,招标人及评标委员会将提请主管部门对相应投标人作不良记录。

32.2 评标过程中,若评标委员依据招标文件的规定要求招标人重新招标,招标人不承担因招标失败给投标人造成的损失。

32.3 投标报价的调整方法

32.3.1 投标人的投标报价中如出现算术错误,将按以下方法进行调整:

32.3.1.1 投标文件中大写金额与小写金额不一致的,以大写金额为准;

32.3.1.2 总价金额与按单价计算的总金额不一致的,以单价计算的总金额为准。除非评标委员会认为单价有明显的小数点错误,此时应以合价金额为准,调整单价;

32.3.2 按照本节第1条、第2条规定的调整方法确定的调整后报价,须取得投标人同意并确认。如果投标人拒不接受调整方法以及调整后的报价的,其投标将被拒绝。

32.3.3 中标人的投标报价是按照本节第1条、第2条、第3条规定进行了调整,其中标价按就低不就高的原则确定。如果投标人拒不接受的,其投标将被拒绝。

32.3.3.1 投标人的投标报价的总价小于调整后的报价,中标价即为投标人的投标报价的总价;投标报价的总价大于调整后的报价,中标价即为调整后的报价。

商务标定性评审表

标段名称：   投标单位：

序号	评审项目	评审内容	优点	存在缺陷或签订合同前应注意和澄清事项

综合评价等级：□合格　　□不合格

评标专家：   评标日期：　　年　　月　　日

注：1. 本表适用于专家独立评审使用；
　　2. 指出各评审项的优点、存在缺陷或签订合同前应注意和澄清事项；
　　3. 综合评价等级仅分为合格或不合格两个等级，不合格仅限于符合招标文件废标、无效标情形以及投标文件违反国家强制性条文标准的情形。

技术标定性评审表

标段名称：   投标单位：

序号	评审项目	评审内容	优点	存在缺陷或签订合同前应注意和澄清事项

综合评价等级：□合格　　□不合格

评标专家：   评标日期：　　年　　月　　日

注：1. 本表适用于专家独立评审使用；
　　2. 指出各评审项的优点、存在缺陷或签订合同前应注意和澄清事项；
　　3. 综合评价等级仅分为合格或不合格两个等级，不合格仅限于符合招标文件废标、无效标情形以及投标文件违反国家强制性条文标准的情形。

（六）定标

33. 定标方法

33.1 定标方法包括票决定标法、票决抽签定标法、集体议事法或者经建设主管部门批准的其他方法。

33.2 定标委员会应当根据"投标须知前附表"规定的定标方法，对进入定标环节的投标文件进行评审和比较。招标文件中没有规定的标准和方法不得作为定标的依据。

33.3 具体定标方法如下：

33.3.1 票决定标法

招标人组建定标委员会，定标委员会成员对所有进入定标程序的投标人以前附表确定的方式进行排名，并以这些排名为基础，确定得票最多的投标人为中标人。

票决方式：

（1）直接票决定标

招标人组建定标委员会，定标委员会成员对所有进入定标程序的投标人根据前附表确定的方式进行投票，根据得票数确定中标人。

（2）逐轮票决定标

招标人组建定标委员会，定标委员会成员对所有进入定标程序的投标人根据前附表确定的方式进行逐轮投票，每轮以得票数多少确定进入下一轮投票的投标人直至确定中标人。

（3）票决方式

①简单多数法

a.投票规则：定标委员会成员按照招标文件规定的推荐人数，在各自的选票上填写相同数量的投标人名称或序号。

b.计算规则：根据得票数的多少进行排名，推荐得票数最多的为中标人。投票结果中排序出现并列情形的，在不影响票决家数总数的情况下不须再次投票，投票结果中并列排序影响到结果时，以投标须知前附表规定的方法进行确定。

②简单多数法（且过半数）

a.投票规则：定标委员会在进入投票范围的投标人中，以每人投票支持一个投标人的方式，得票最多且过半数的投标人为中标人。

b.计算规则：当没有投标人得票超过半数时，选择得票较多的2个投标人（按上一轮得票多少的顺序选择，在选择第2个投标人时出现同票的投标人时，所有同票投标人一并纳入下一轮的投票范围）作为二次投票的范围，直至出现得票过半数的投标人为止。

③对比胜出法

a.投票规则：每一张选票，都是所有进入定标程序的投标人的一个排列，该排列明确了先后顺序，即第一名、第二名……排列最后的为最后一名。

b.计算规则：比较每个进入定标程序的投标人在一对一比较中的取胜次数，取胜次数最多的投标人胜出。假设两个投标人是A和B，那么把所有的选票分为两类：第一类是把A排在B前面的，第二类是把B排在A前面的。如果第一类的选票的数量多，那么为A胜，B负，记A取胜一次；如果第二类的选票的数量多，那么为A负，B胜，记B取胜一次。

33.3.2 票决抽签定标法

招标人组建定标委员会，定标委员会成员对所有进入定标程序的投标人以前附表确定的方式进行排名，并以这些排名为基础，在得票最多的投标人中选取规定数量的投标人，再通过随机抽签方式确定一名中标人。

抽签原则：

入围投标人按照其在交易网提交投标文件的顺序依次以1、2……20排列抽签序号，由招标人在上述号码中抽出一个号码，该号码对应的投标人即为中标人。中标人有影响中标结果情形的，由招标人在余下的进入抽签环节的投标人中重新抽签确定中标人。中标价以该中标人的投标报价为准。

33.3.3 集体议事法

集体议事法，由招标人组建定标委员会进行集体商议，定标委员会成员各自发表意见，由定标委员会组长最终确定中标人。所有参加会议的定标委员会成员的意见应当作书面记录，并由定标委员会成员签字确认。采用集体议事法定标的，定标委员会组长应当由招标人法定代表人或者主要负责人担任。

34. 定标程序

34.1 定标委员会由招标人依法组建。定标委员会由7人及以上单数成员组成。定标委员会成员应在定标当日由招标人从2倍以上备选人员名单中随机抽取确定。定标委员会组成后，应推举一人为定标委员会主任，主持当次定标会议并依据招标文件进行定标的各个议程。定标委员会成员不得与投标人有直接利益关系，对招标工程定标结果负有责任。

34.2 招标人应同时组建3人以上的监督小组，对定标全过程进行监督。

34.3 招标人应自收到评标结果后十个工作日内进入深圳市建设工程交易服务中心召开定标会。

34.4 定标委员会成员在定标系统中提交选票（须说明推荐理由），并打印选票签名确认，定标过程公开、公平、公正。定标委员会按有关规定及招标文件约定的定标方法确定中标人。

34.5 招标人应在定标结束后将定标记录、定标报告交由交易中心归档并同时公示定标结果和中标结果。定标记录应包括定标委员会会议过程、正式成员名单。定标报告应包括定标委员会的产生过程、定标程序及定标结果等内容。招标人提交中标信息确认时，应认真核对中标公示信息，无误后再签名确认。

34.6 招标人应当事先制定定标工作规则，对不同类别项目择优竞价结合方式、竞价方法、择优要素予以明确，并报招标人内设（或上级）的纪检监察机构（或督查机构）备案。定标时必须严格遵守定标工作规则，不得临时改变规则。

34.7 在招标公告发布前，招标人应当结合项目实际，根据定标工作规则，制定项目定标方案，并报招标人内设（或上级）的纪检监察机构（或督查机构）备案。项目定标方案应当对清标内容、定标操作细则、择优要素及优先级别等内容予以明确。

34.8 招标人应当向定标委员会提供定标方案、清标报告作为定标辅助材料。定标结束后，定标方案、清标报告及定标委员投票结果等定标过程资料应当留存备查。

35. 定标其他规定

35.1 定标工作规则：招标人应当事先制定定标工作规则，对不同类别项目择优竞价结合方式、竞价方法、择优要素予以明确，并报招标人内设（或上级）的纪检监察机构（或督查机构）备案。定标时必须严格遵守定标工作规则，不得临时改变规则。

35.2 定标方案：在招标公告发布前，招标人应当结合项目实际，根据定标工作规则，制定项目定标方案，并报招标人内设（或上级）的纪检监察机构（或督查机构）备案。

项目定标方案应当对清标内容、定标操作细则、择优要素及优先级别等内容予以明确。

35.3 择优与竞价相结合：招标人在定标过程中，应当坚持择优与竞价相结合，择优为主。限制采用直接抽签方式进行定标。

在定标环节，定标委员会应当遵循如下原则：先择优后竞价。

35.4 择优因素选择：定标环节的择优因素主要考虑企业资质、企业规模、科技创新能力、同类工程业绩及履约评价、企业及其人员的廉政记录、企业人员信用等因素。招标重点考虑：价值、技术指标及商务条款响应等因素。

同等条件下，招标人可以优先考虑投标人本地化服务能力情况，包含是否被认定为总部企业、在深纳税情况、在深承接工程项目规模、在深缴纳社保员工数量等因素。

招标人可以根据项目实际情况增加择优因素，也可以综合考虑择优因素或按择优因素的重要性，对投标人进行逐级淘汰。

35.5 进入最终定标程序的投标人少于三名的，招标人应重新组织招标。采用票决抽签法定标的工程，重新招标时，评标委员会推荐进入定标程序的投标人为两名或两名以下的，可不进行票决程序，直接进入抽签定标程序。

35.6 定标后有下列情形之一的，招标人可以从评审合格的其他投标人中采用原招标文件规定的定标方法，由原定标委员会确定中标人。原采用票决抽签定标法的项目，票决进入抽签环节的其他投标人数量不足3名的，应当票决补足：

35.6.1 中标人放弃中标资格或者拒不签订合同的；

35.6.2 中标人不按照招标文件要求提交履约担保的；

35.6.3 被查实存在影响中标结果违法行为的。

第72题：
全过程工程咨询服务合同文件有参考文本吗？

（篇幅所限，只提供目录和第一部分"协议书"内容，文件全文可在官网进行下载）

深圳市建设工程全过程工程咨询服务合同示范文本
（征求意见稿）

为了指导全过程工程咨询服务合同当事人的签约行为，维护合同当事人的合法权益，本合同范本依据《中华人民共和国合同法》《中华人民共和国建筑法》《中华人民共和国招标投标法》等法律以及深圳市相关法规，结合深圳市现行全过程工程咨询服务合同的实践情况，由深圳市建设工程造价管理站编制而成。为了便于合同当事人使用《示范文本》，现就有关问题说明如下：

一、《示范文本》的组成

《示范文本》由协议书、通用条款、专用条款、补充条款及附件组成。

（一）协议书

协议书是合同当事人双方就合同内容协商达成一致意见后，相互承诺履行合同而签署的协议。《协议书》包括了项目概况、服务范围、服务目标、服务期限、服务费用、主要人员信息等合同主要内容，明确了组成合同的所有文件，并约定了合同订立时间、地点和合同份数，集中约定了合同当事人双方基本的权利义务。

（二）通用条款

通用条款是合同当事人根据相关法律法规的规定，就全过程工程咨询服务的实施及相关事项，对合同当事人的权利义务做出的原则性约定。

（三）专用条款

专用条款是对通用条款原则性约定的细化、完善、补充、修改或另行约定的条件。在使用专用条款时，应注意以下事项：

1.专用条款的编号应与相应的通用条款的编号一致。

2.通用条款中出现斜体字加粗"专用条款"字样的条文在相应专用条款的条文中有明确的约定。通用条款和专用条款不一致的，以专用条款为准。

3.在专用条款中有横道线的地方，合同当事人可针对相应的通用条款进行细化、完善、补充、修改或另行约定；如无细化、完善、补充、修改或另行约定，则填写"无"或划"/"。在专用条款中有可选项的地方，合同当事人可作单项或多项勾选以确定相应修改补充内容；如针对相应的通用条款无细化、完善、补充、修改或另行约定，则可不作勾选。

（四）补充条款

补充条款是对通用条款和专用条款未约定或约定不明确的内容进行补充约定的条款。合同当事人可以根据不同建设工程的特点及具体情况，通过双方的谈判、协商对相应的通用条款和专用条款进行修改补充，形成补充条款。

二、《示范文本》的性质和适用范围

《示范文本》供合同双方当事人参照使用，可适用于各类建设工程全过程工程咨询服务的合同订立。合同当事人可结合建设具体情况，按照法律法规规定，根据《示范文本》的内容，约定双方具体的权利义务。

《示范文本》使用过程中，如有任何疑问或不明之处，请及时向深圳市建设工程造价管理站咨询。

本次印发版次为SFS-2020-01，即2020版第一版

目录

第一部分　协议书

　一、项目概况

　二、全过程工程咨询服务范围

　三、全过程工程咨询服务目标

　四、服务期限

　五、服务费用

　六、全过程工程咨询项目负责人或专业咨询项目负责人

　七、组成本合同的文件

　八、词语含义

　九、双方承诺

　十、合同订立和生效

第二部分　通用条款

1. 一般约定

1.1 词语定义

1.2 解释

1.3 法律和标准

1.4 通知

1.5 保密

1.6 守法诚信

1.7 严禁贿赂

2. 委托人

2.1 委托人义务

2.2 委托人代表

2.3 审核与答复

2.4 组织、配合、参与和监督

2.5 委托人权利

3. 咨询人

3.1 咨询人义务

3.2 咨询人权利

3.3 联合体

4. 服务要求和进度计划

4.1 服务成果的要求

4.2 服务成果的交付

4.3 服务进度计划及延误

5. 服务费用和支付

5.1 服务费用的计取

5.2 正常工作酬金及调整

5.3 附加工作酬金

5.4 履约评价奖惩金

5.5 节省投资奖励

5.6 费用

5.7 支付货币

5.8 预付款

5.9 支付程序

5.10 有争议部分的付款

6. 知识产权

6.1 知识产权归属

6.2 知识产权保证

6.3 知识产权的其他约定

7. 担保与保险

7.1 担保

7.2 专业责任与保险

8. 不可抗力

8.1 不可抗力的确认

8.2 不可抗力的通知

8.3 不可抗力的后果

9. 违约责任

9.1 咨询人的违约责任

9.2 委托人的违约责任

9.3 责任期限

9.4 除外责任

10. 合同暂停与解除

10.1 合同暂停

10.2 合同解除

11. 争议解决

11.1 协商

11.2 调解

11.3 仲裁或诉讼

第三部分 专用条款

1. 一般约定
1.1 解释
1.2 法律和标准
1.3 通知
1.4 保密
2. 委托人
2.1 委托人义务
2.2 委托人代表
2.3 审核与答复
3. 咨询人
3.1 咨询人义务
3.2 联合体
4. 服务要求和进度计划
4.1 服务成果的交付
4.2 服务进度计划及延误
5. 服务费用和支付
5.1 服务费用的计取
5.2 正常工作酬金及调整
5.3 附加工作酬金
5.4 履约评价
5.5 节省投资奖励
5.6 费用
5.7 支付货币
5.8 预付款
5.9 支付程序
6. 知识产权
6.1 知识产权归属
6.2 知识产权的其他约定
7. 担保与保险
7.1 担保
7.2 专业责任与保险
8. 不可抗力
8.1 不可抗力的确认
8.2 不可抗力的后果
9. 违约责任

9.1 咨询人的违约责任

9.2 委托人的违约责任

9.3 除外责任

10. 争议解决

10.1 调解

10.2 仲裁或诉讼

第四部分　补充条款

附件1：全过程工程咨询服务内容和期限

附件2：全过程工程咨询服务机构人员配备表

附件3：咨询人向委托人交付的全过程工程咨询服务成果文件目录

附件4：委托人向咨询人提交有关资料及文件一览表

附件5：联合体协议（适用于非招标工程）

附件6：履约评价表

附件7：廉洁协议

第一部分 协议书

委托人(全称):＿＿＿＿＿＿＿＿＿＿＿＿＿＿＿＿＿＿＿＿

咨询人(全称):＿＿＿＿＿＿＿＿＿＿＿＿＿＿＿＿＿＿＿＿

根据《中华人民共和国合同法》《中华人民共和国建筑法》及其他有关法律、法规与规范性文件,遵循平等、自愿、公平和诚实信用的原则,双方就本项目全过程工程咨询服务等事项协商一致,订立本合同,达成协议如下:

一、项目概况

1. 项目名称:＿＿＿＿＿＿＿＿＿＿＿＿＿＿＿＿＿＿＿＿＿

2. 项目地点:＿＿＿＿＿＿＿＿＿＿＿＿＿＿＿＿＿＿＿＿＿

3. 项目规模:＿＿＿＿＿＿＿＿＿＿＿＿＿＿＿＿＿＿＿＿＿

4. 项目投资估算金额:＿＿＿＿＿＿＿＿＿＿＿＿＿＿＿

5. 资金来源:财政投入＿＿＿＿％;国有资本＿＿＿＿％;集体资本＿＿＿＿％;民营资本＿＿＿＿％;外商投资＿＿＿＿％;混合经济＿＿＿＿％;其他＿＿＿＿％。

二、全过程工程咨询服务范围

本项目全过程工程咨询服务范围为:

R 项目管理(必选)

☐ 投资决策综合性咨询

☐ 工程勘察

☐ 工程设计

☐ 招标采购咨询

☐ 造价咨询

☐ 工程监理

☐ 运营维护咨询

☐ BIM 咨询

☐ 其他:＿＿＿＿＿＿＿＿＿＿＿＿＿＿＿＿。

具体服务内容和要求等详见附件1(全过程工程咨询服务范围和内容和期限)。

三、全过程工程咨询服务目标

咨询人必须完成以下管理目标:＿＿＿＿＿＿＿＿＿＿＿＿＿＿＿＿。

质量控制目标:＿＿＿＿＿＿＿＿＿＿＿＿＿＿＿＿＿＿＿＿＿＿。

安全控制目标:＿＿＿＿＿＿＿＿＿＿＿＿＿＿＿＿＿＿＿＿＿＿。

进度控制目标:＿＿＿＿＿＿＿＿＿＿＿＿＿＿＿＿＿＿＿＿＿＿。

投资控制目标:＿＿＿＿＿＿＿＿＿＿＿＿＿＿＿＿＿＿＿＿＿＿。

其他控制目标:＿＿＿＿＿＿＿＿＿＿＿＿＿＿＿＿＿＿＿＿＿＿。

四、服务期限

本项目全过程工程咨询服务期限计划自_____始计,至_____结束,共计_____(总日历天)。

具体专业咨询服务期等详见附件1(全过程工程咨询服务范围和内容和期限)。

五、服务费用

本项目全过程工程咨询服务费用签约价为:人民币(大写)_____(¥_____)。上述费用已包含国家规定的增值税税金,税率为:_____。

其中:

1. 项目管理费用:_____。
2. 各专业咨询服务费用:_____。
   □投资决策综合性咨询服务费用:_____。
   □工程勘察费用:_____。
   □工程设计费用:_____。
   □招标采购咨询服务费用:_____。
   □造价咨询服务费用:_____。
   □工程监理费用:_____。
   □运营维护咨询服务费用:_____。
   □BIM咨询服务费用:_____。
   □其他咨询服务费用:_____。
3. 履约评价奖惩金(暂列金):_____。
   (建议按项目管理加各专业咨询服务酬金之和的0~5%暂列)
4. 节省投资奖励(暂列金):_____。
5. 其他:_____。

六、全过程工程咨询项目负责人或专业咨询项目负责人

全过程工程咨询项目负责人:_____,身份证号码:_____,注册证书类别、专业、注册号:_____,职称、证书号:_____。

R项目管理负责人:_____,身份证号码:_____,注册证书类别、专业、注册号:_____,职称、证书号:_____。

□投资决策综合性咨询项目负责人:_____,身份证号码:_____,注册证书类别、专业、注册号:_____,职称、证书号:_____。

□工程勘察项目负责人:_____,身份证号码:_____,注册证书类别、专业、注册号:_____,职称、证书号:_____。

□工程设计项目负责人:_____,身份证号码:_____,注册证书类别、专业、注册号:_____,职称、证书号:_____。

□招标采购咨询项目负责人:_____,身份证号码:_____,

注册证书类别、专业、注册号：_____，职称、证书号：_____。

　　□造价咨询项目负责人：_____，身份证号码：_____，
注册证书类别、专业、注册号：_____，职称、证书号：_____。

　　□总监理工程师：_____，身份证号码：_____，
注册证书类别、专业、注册号：_____，职称、证书号：_____。

　　□运营维护咨询项目负责人：_____，身份证号码：_____，
注册证书类别、专业、注册号：_____，职称、证书号：_____。

　　□BIM咨询项目负责人：_____，身份证号码：_____，
注册证书类别、专业、注册号：_____，职称、证书号：_____。

　　□其他咨询项目负责人：_____，身份证号码：_____，
注册证书类别、专业、注册号：_____，职称、证书号：_____。

七、组成本合同的文件

1. 本合同签订后双方新签订的补充协议、变更、洽商等文件内容；
2. 本合同第一部分的协议书；
3. 中标通知书及其附件（适用于招标项目）；
4. 本合同第四部分的补充条款及其附件；
5. 本合同第三部分的专用条款及其附件；
6. 本合同第二部分的通用条款；
7. 招标文件（适用于招标项目）；
8. 投标文件（适用于招标项目）；
9. 现行的标准、规范、规定及有关技术文件；
10. 其他文件。

八、词语含义

本协议书中有关词语含义与本合同第二部分通用条款中的"词语定义"相同。

九、双方承诺

咨询人向委托人承诺，按照法律法规和技术标准以及本合同约定提供全过程工程咨询服务。

委托人向咨询人承诺，按照本合同约定派遣相应的人员，提供全过程工程咨询服务所需的资料、设施和条件，并按本合同约定支付服务费用和其他应付款项。

十、合同订立和生效

合同订立时间：_____年___月___日。

合同订立地点：_____。

本合同一式___份，均具有同等法律效力，委托人执___份，咨询人执___份。委托人和咨询人约定本合同自双方签字盖章后成立并自_____生效。

委托人：（公章）	咨询人：（公章）
法定代表人或其委托代理人：	法定代表人或其委托代理人：
（签字）	（签字）
统一社会信用代码：	统一社会信用代码：
地址：	地址：
邮政编码：	邮政编码：
法定代表人：	法定代表人：
委托代理人：	委托代理人：
电话：	电话：
传真：	传真：
电子信箱：	电子信箱：
开户银行：	开户银行：
账号：	账号：

第73题：
全过程项目管理合同有参考文本（主要内容）吗？

合同专用条款（委托管理工作范围和内容）部分摘录

第三部分　合同专用条款

第二章　委托管理工作范围和内容

（一）前期管理

1. 负责协助办理包括但不限于土地、规划、施工等各类许可审批手续，负责协助办理消防、人防、园林、节水、节能等各类专项审查和审批手续；

2. 负责办理各种市政工程的咨询方案申报及审批事项、市政工程规划、临时用水、用电接入手续、施工许可证及接用手续等；

3. 施工开工前其他事项的申报审批工作。

（二）工程设计管理

1. 在各阶段设计工作过程中，适时组织对设计成果进行评审和论证，不断进行工程优化、技术经济方案比选，以确保工程设计不超出项目成本、工期与技术实施可行性的预期限度；

2. 负责组织施工图设计审查、抗震能力论证、消防论证、超限论证等专业评估的组织协调工作。协助委托人及相关责任单位对评估单位提出的意见进行修改，直到通过各种专业评估，评估费用由委托人承担；

3.负责工程设计管理工作。按照设计节点确保设计工作完成，负责组织方案的评审和修改论证，协助委托人组织工程勘察、设计、施工图设计审查、第三方检测等项目的招标、签订合同并督促实施，组织设计单位进行工程设计优化、技术经济方案比选并进行投资控制；

4.工程建设过程中负责组织图纸会审与设计交底工作，负责收发设计图纸，负责控制和管理工程设计变更，督促设计单位按设计合同约定提供现场服务。

（三）招标采购及合同管理

以委托人为主体，组织招标代理、造价咨询单位按计划节点完成招标采购工作，包括：

1.制订招标采购工作程序，根据项目构成、规模以及实施管理的特点，对项目合同架构和项目发包采购模式提出建议；

2.制订、审批招标采购专项工作计划和招标方案，拟定资格预审文件、招标文件、编制相应技术要求、合同基本条件和合同条款（特别是各类合同及参建单位间的工作界面划分）。在确定发包采购模式符合国家相关法规的基础上，选择适合的合同体系，保证各类招标文件、合同文件之间的适应性和风险分担完备。协助委托方完成招标过程中组织的现场踏勘及招标答疑等工作；

3.协助委托人完成决标并组织合同谈判、签订和备案等工作，管理施工合同并督促实施，包括但不限于分包、指定分包、设备采购合同等相关工作；

4.负责建立工程量清单、工程控制价的审核机制，对清单、控制价进行核查，重点审查是否有遗漏和增加的内容、暂定价以及甲供设备和材料情况；

5.负责建立合同台账、合同支付记录，并定期书面向委托人汇报合同执行情况。

（四）工程进度管理

1.制订项目总体控制性计划和专项工作计划，经委托人审定后执行；

2.制订进度计划管理制度、检查制度、上报制度，明确管理权限；

3.严格实施计划管理，定期检查各项工作进展情况，及时向委托人上报年、季、月工程进度计划执行情况及项目管理工作总结，若工作进度达不到要求，应及时查明原因，提出补救措施意见；

4.编制项目里程碑计划、总控计划和阶段进度计划；

5.对进度计划进行适时跟踪、分析和对比；

6.提供形象进度资料。

（五）工程质量管理

1.协助委托人制订质量目标、方针，建立质量管理体系；

2.督促各参建方建立和完善相应的质量保证和质量控制体系，保证项目整体质量管

理在稳定的体系和制度下可控实施;

3.组织定期和专项工程质量检查,包括对各参建方质量管理体系的检查,发现质量问题及时督促相关单位整改;

4.工程实施过程中,督促检查各参建单位质量控制资料情况,参与材料、设备、构配件验收、实验室的选定、方案审核、过程监督、过程验收、隐蔽工程验收、建筑材料、设备质量检查验收,竣工验收(包括但不限于消防工程、放射屏蔽工程及环评检测等)、平行检验,督促重点部位和重要工序的监理旁站以及其他事项;保证竣工备案工作顺利进行;

5.制订竣工验收、移交的程序和要求,协助委托人进行竣工验收和移交;

6.为确保工程质量,针对本项目对工程质量有较高要求的特点,补充制订专项质量控制措施。

(六)工程投资管理

1.建立工程投资管理工作制度和工作程序;

2.负责进行工程造价控制管理,包括但不限于初步设计投资控制、进度款审核、工程预决算、汇总项目投资情况,并定期进行汇报和调整相关动态管理工作。按照委托人确定的成本管理目标,制定项目成本控制方案和资金需求计划,建立项目成本预控机制。按投资构成和项目分析,提供分析报告,指出其中潜在风险因素和可能超支的项目,提出预控制办法;

3.审查相关项目估算、设计概算及工程预算并出具审查报告等;

4.负责对工程投资进行总体控制审查,包括施工图纸工程量的审核、进度款工程量计量确认、工程进度款支付报告、变更洽商费用的初步审核、设备材料价格的市场询价、新增清单的综合单价初步审核,包括但不限于协调施工过程中与本工程有关的纠纷、进行工程索赔的审核、配合委托人对设计洽商变更的审核;

5.负责编制和办理年度投资计划、季/月度资金需求计划;组织协调工程实施工作,确保如期完成,费用不超支(但委托人和建设单位提出增加投资除外),确保工程建成后达到设计要求;

6.根据工程实际情况组织建设各项资金的审批工作,审批资料上报委托人委托的审计单位审核批准,受托人按批准的建设资金上报委托人,经委托人审批后核发项目建设资金;

7.组织完成项目竣工结算与决算等工作。负责对各项工程竣工结算资料及结算书的审核,并出具竣工结算初审意见等;各项工程竣工结算书、竣工图等及相关资料同时必须留存电子版介质,竣工后移交给委托人。

(七)安全生产、绿色施工管理

1.协助委托人制订安全和绿色施工管理目标,制定管理方针,建立安全和绿色施工管理体系;

2.督促、检查各参建方建立健全的安全和绿色施工管理体系,保证工程的安全生产和绿色施工管理,以及保安、保卫消防的监督管理等,始终处于良好的可控状态,无重大安全责任事故;

3.组织召开定期和专项安全绿色施工管理会议,督促解决施工中存在的安全绿色施工管理问题;

4.组织定期和专项的安全绿色生产检查和评比,对发现的问题督促检查、及时解决;

5.按照法律法规要求,制订重大质量、安全事故处理流程和应急预案,按规定协助、协调、参与事故处理,督促参建单位建立事故处理和应急预案;

6.施工场所卫生及秩序监管:负责对施工场地的卫生及秩序进行监管,交工前达到场地清洁、工完料净,同时督促施工人员按照委托人方的管理制度进行施工等;

7.按照"安全、质量、工期、功能、投资和绿色环保六统一"的原则并予以管理控制,并配备相应的专职安全管理人员,安全管理人员应具有一定的安全管理的经验和岗位安全培训证书。受托人和管理人员应当按照法律法规和工程建设强制性标准及行业要求实施安全管理,并对建设工程安全生产承担管理责任。如因委托人管理失当致使施工过程中发生施工人员及其他第三人的人身及财产的损害或其他意外情况,或者工程质量出现问题,则相关责任及赔偿费用全部由受托人与承包人连带负责和承担,委托人不支付任何费用和承担任何责任。

(八)项目档案及信息管理

1.制订档案和信息管理制度;

2.组织项目档案的收集、归档等管理工作,包括政府颁发的各种批件、证书、全部商务合同、协议、工程设计图纸及设计变更与经济洽商的单证、编制完备的工程资料、督促审核施工单位竣工资料等;项目重要的收发文件等。所有纸质版资料尽量同时留存电子版不加密的介质,以备在竣工后移交给委托人;

3.负责项目沟通管理,保证项目信息联络顺畅;

4.协同、督促监理、设计院及承包商进行本工程竣工资料的收集、汇编,协助资料备案和工程竣工资料向委托方的移交;

5.编制工程阶段性绩效报告和总结报告。

(九)组织、协调管理服务

1.对内负责督促、协调、管理勘察单位、设计单位、招标代理单位、造价咨询单位、监理单位等各类咨询服务单位、各施工单位(包括但不限于施工总包单位、专业分包单位、委托人独立发包单位)、委托人供货单位的工作,负责解决和协调工作中的各类问题,确保安全、进度、技术方案、质量、投资等计划的全面实现;

2.对外协调政府和相关主管部门、项目周边单位和居民的关系,以保证项目建设的顺利实施;

3.定期组织召开工程项目管理例会或计划专题会议,协商有关事项,并可就有关事项形成会议纪要。解决进度计划管理中存在的问题；需要时组织相关咨询论证会；参加由监理组织的工程监理例会，协调解决工程实施中存在的各类问题；项目管理单位协同全方位组织开展工程现场的计划、组织、领导、协调、控制等工程项目管理工作，及时了解掌握工程实际，及时发现和解决问题，确保本工程进度目标的实现；

4.检查督促施工准备工作：包括但不限于图纸会审、技术交底、审查施工组织设计、施工方案、检查施工现场以及其他施工准备工作等；

5.协调管理：包括但不限于各个施工单位之间工作范围、工作内容及工作面交叉管理及协调工作；各类文件的汇总及传送；

6.负责组织需要进行技术专家评估和技术论证的设计、施工方案的专家论证会。

（十）工程竣工验收及保修服务

1.组织工程调试、竣工验收与移交，并就工程验收向政府主管部门备案；包括办理环保、消防、人防、规划、档案等验收手续，直至取得项目竣工验收备案通知书等；

2.工程验收通过后，应组织参建单位按期完成竣工资料归档工作，经验收合格后将竣工档案完整的移交委托人（包括不加密的电子版资料）；

3.督促相应工程的各类施工、供货、安装等单位有效地履行各自的工程保修责任；

4.涉及项目保修的各类合同、文件、资料整理成册逐次移交委托人；

5.工程保修期间，应委托人要求或发生报修纠纷，诉讼时，及时派员到现场协调解决或支持委托人诉讼。

（十一）项目移交和试运行期的配合

1.协助委托人做好物业管理交接工作，并协助做好试运行期间建筑设施设备的相关培训工作；

2.负责工程缺陷责任期的管理工作，包括保修期内定期回访、调查和确认缺陷原因及责任、检查缺陷修复质量；

3.负责与相关单位沟通协调解决项目试运行期间出现的设备故障等工程质量问题。

（十二）每月5日前，就上一个月管理工作情况以书面形式提交《项目管理月报》。根据委托人要求，在合理时间内提交专项报告。

（十三）变更控制及风险管理：制订工程变更工作流程，组织专家对重大变更洽商进行论证和评估，审核工程变更及费用，工程变更与洽商"日清季结"。

第74题：
一般项目业主对项目管理有哪些需求和主要关注点？

（根据某工程项目实际案例业主方需求报告整理）

1.业主方项目管理主要问题（业主方主要关注点）

一是面对行业弊病和反腐高压，担心基建人员出现廉政的问题。鉴于过往实际，工程建设项目是很多人关注的地方，而且项目业主内部也出现了很多问题，现任领导最担心的是楼盖起来了，人却倒下了，尤其是领导干部，廉政风险防范任务艰巨。此外，不少业主的建设资金有执行周期限制，如果出现廉政风险，有可能会导致项目开展受阻，届时建设资金将会面临被财政收回的风险。

二是针对任务繁重和能力不足，担心不能顺利完成任务的问题。相比以前，基建任务逐渐增大，基建方面人员的现状是人少、不专业、没经验，领导对任务顺利完成有担心，组织指导困难较多。

三是鉴于过往工程质量缺陷、隐患问题较多，担心这种情况继续发生。

例如，过去由于行政命令的方式搞建设，不顾客观实际抢工期，造成工程质量缺陷较多，房子入住不久出现屋面和室内漏水、墙体起皮开裂、地面沉降等问题，担心这种情况继续出现，监管责任重大。

以上问题和担心，应该说廉政风险最大，其次是能力不足，最后是质量问题。分析过往经验收据，廉政风险和能力不足是普遍性问题，质量问题是个性问题。

2. 出现问题的主要原因（业主自我分析）

一是体制机制特色。过去，我们是按照行政命令式的方式组织建设，项目基本是每年"两会"之后财政下达立项和预算，当年建成投入使用（个别大项目也是两年完成执行），不走报建审批流程，大幅度压缩工期，造成很多项目违背建设客观规律建设，留下质量安全隐患。

二是组织模式落后。虽然原来不少业主单位缺少基建专业人才，但是从未引入项目管理、代建、工程总承包（EPC）等建管和建设模式，借助社会专业力量辅助项目建设，均采用建设单位平行发包方式组织建设，导致项目建设过程不顺畅、监督管理跟不上，造成建设过程关键环节漏洞多、安全质量隐患多。

三是建管力量不足。编制人员较少，工程专业人员更少，而且大多没有工程建设项目建设管理经验。加之体制内日常管理运行特色，内部文件长传，下达内容较多，更多的是应付上传下达，在项目管理上投入的精力严重不足。

3. 解决问题的方法措施（业主的关注和需求）

针对以上问题和原因，结合业主单位的现状，业主应该采取什么方式组织项目建设更合适？也就是说，站在建设单位（甲方）的角度，业主方可以选择哪种业主方项目管理模式？选择哪种工程和施工建设模式？

（1）现有的项目管理和工程、施工建设模式

1）业主方项目管理模式

目前，建设单位可以选择的项目管理模式大概有三种：

一是建设单位自管模式，也就是传统的建设单位自管模式，也是业主单位过去采取的传统管理方式。

二是引入工程项目管理（或代建），委托专业项目管理公司代替建设单位进行项目

建设管理。

三是全程工程咨询服务模式，也是现在国家大力提倡的模式，尤其是政府财政投资项目。

2）工程和施工建设模式

一是施工平行发包模式。建设单位根据项目需要选择很多施工单位。这种模式过去用的也较多，把一个大项目当中的好多专业工程提出来进行招标分包。

二是施工总承包模式。将项目施工任务全部发包给具有施工总承包资质的施工企业。过去，这种模式用的也比较多。

三是工程总承包模式（EPC或DB）。也就是设计和施工组合后发包，现在国家提倡的工程总承包模式，目前从未采用过。

（2）管理和建设模式选择

针对以上可选择模式，可否从以下几个方面进行探讨：

1）国家规定或者推行哪些项目管理和工程、施工建设模式？

2）目前行业采取哪些项目管理和工程、施工建设模式？

3）各种业主方项目管理和工程、施工建设模式的适用条件是什么？

4）各种项目管理和工程、施工建设模式的优缺点是什么？

5）结合业主方现状情况，我们选择哪种项目管理模式和工程、施工建设模式更适合？

6）选择这些项目管理模式和工程、施工建设模式之后，可以规避哪些风险或解决哪些问题，可以给建设单位带来哪些好处？

第75题：
政府投资项目中，同一项目出现不同资金来源，如发展改革资金、财政资金和自筹资金等，如何进行招标和项目管理？

不同资金来源起码有两种情况：

一种是发展改革部门在项目建议书、可研等批复中包含两种甚至多种资金来源的，如发展改革、财政和自筹资金等，此时各项招标投标应按同一个项目考虑，不能也不必以不同资金渠道来源为界分别进行平行发包、办理各项建设手续和项目管理等。

另一种是发展改革部门在项目建议书、可研等批复中不含除发展改革资金之外的其他渠道来源资金，则其他渠道来源资金需另行申请（一般情况下，财政资金申请不需再编制可研报告），单独立项，走各种建设程序和办理各项建设手续。一般无须再办理工程规划、人防和土地等手续，但施工许可、招标采购、合同等手续和事项（有些还涉及消防等）还需办理。换言之，后者与前者相对于两个或多个独立项目，故所有必要程序均要进行，必要手续均要办理。

第76题：
项目业主（建设单位）与全过程工程咨询服务单位的工作界面如何划分？

（1）工作界面划分首先必须遵守和符合国家及项目所在地政府部门的各项法律法规和相关规定，如建设单位必须承担工程建设项目的投资决策、工程质量和安全的首要责任等。

（2）项目法人（建设单位、项目业主）责任制是建设工程管理的基本制度。建设项目由项目法人负责项目策划、资金筹措、建设实施、生产经营、偿还债务和资产的保值增值等全过程管理并承担相关责任。

（3）在符合上述要求的前提下，建设单位应在招标文件中规定和明确与全过程工程咨询服务单位的工作界面划分及双方权利、责任和义务，并在全过程工程咨询服务合同中进一步约定和细化。

（4）建设单位应根据工程项目实际情况和自身项目管理能力及人员编制、配置等因素，决定对全过程工程咨询服务单位的授权范围和程度。

（5）项目管理行业有一个通俗、形象的比喻：业主是东家，管理公司是管家；东家决策，管家做事。这种比喻并不十分准确，因为也有不少项目业主不但负责项目决策，同时也参与部分项目管理工作。但还是在某种程度上形象地反映了双方的主要角色分工和工作关系。

（6）一般项目的管理决策、决定事项，可依项目情况分为重大事项、重要事项和一般事项。一般事项可授权，交由全过程工程咨询服务单位现场项目咨询部处理、决定并报备建设单位代表；重要事项由项目咨询部办理，由建设单位代表决定并报备建设单位；重大事项则必须按决策程序由建设单位决策管理层决策决定。

（7）作为建设项目的建设单位，其应当履行的基本法律义务包括：按照全过程工程咨询服务合同委托合同支付对应的咨询管理服务费；按照合同及时批复全过程工程咨询服务单位请示批复的事项；及时向咨询服务单位提供与其工作有关的各种项目资料，披露项目有关信息，以便其开展全过程工程咨询服务工作；履行其他法定义务。

（8）有些责任和权限，建设单位是不能授权、委托和转移的。例如，工程项目质量安全的首要责任，重大、重要投资事项的决策权、重要使用功能的确定和变更权及重要合同和协议的签订权等。即使已委托和授权他人，被委托人也只是对委托人（建设单位）依照合同承担相应责任，而国家规定的项目法人（建设单位）首要责任仍由建设单位自身承担和负责。

第77题：
全过程工程咨询服务项目管理组织架构参考

如图1所示。

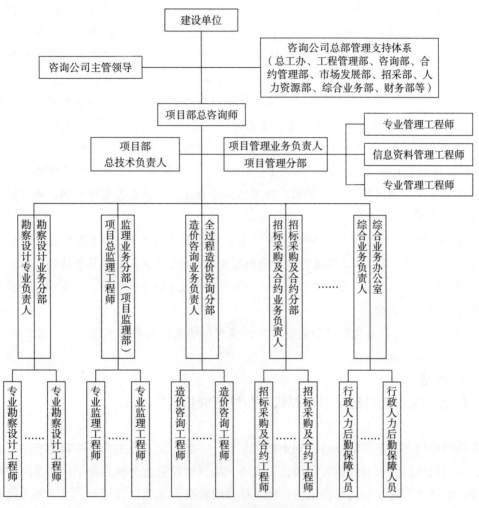

图1　全过程工程咨询项目部参考组织架构

附注：

（1）对于有重要影响力且专项咨询服务内容多的大型和超大型全过程工程咨询服务项目，为加强咨询公司总部对项目和总部职能业务部门之间的管理协调力度，宜由公司副总经理级别以上人员担任项目的公司主管领导；条件允许时可由公司管理层人员担任项目总咨询师。

（2）对于大型和超大型全过程工程咨询服务项目，可将架构中全过程工程咨询项目部升级为全过程工程咨询项目管理中心；各专项业务分部升级为专项业务部；专业负责人为专项业务部经理。

（3）本架构按"1+N"模式设置，项目管理（分）部为必须设置。如全过程工程咨询服务（含联合体）除项目管理业务外，还包括勘察设计业务、工程监理业务、全过程造价咨询业务和招标采购业务，则监理业务（分）部（项目监理部）为必须设置且须按规定单独制章；对大中型及以上项目，勘察设计、造价咨询和招标采购业务宜分别设置分部。

（4）将项目管理（分）部设置在其他专项咨询业务（分）部之上，而不是平行排列，是为了从组织上体现和落实"1+N"模式中的以项目管理为核心的全过程工程咨询服务宗旨和理念。项目管理（分）部在项目总咨询师的领导下，首先负有协调管理其他专项咨询业务（分）部以及业主委托授权其他咨询业务管理的工作职责；其次，还要在业主授权范围内，在项目实施期管理协调以施工总承包或工程总承包单位为代表的各参建单位，以及协调以政府各职能部门为代表的项目近外层和远外层关系。此外，一般情况下，项目管理（分）部还要承担项目以前期为重点的各项建设手续办理工作。

（5）对于全过程工程咨询项目部（含联合体）不直接承担而由业主委托授权管理的专项咨询业务，根据项目实际情况，可单独或组合设置专项业务管理分部，也可统一归并至项目管理（分）部按专业划分统筹管理。

（6）项目信息和档案资料原则上按专业咨询业务由各专业（分）部配备信息资料工程师管理，项目管理（分）部配备信息资料总负责人（牵头人）进行总体协调管理。

（7）大中型及以上项目的专项业务（分）部负责人（经理）原则上应为相应专业注册人员并具有高级职称。

（8）全过程工程咨询项目部依据本组织架构制定项目人员工作分工、岗位责任。

第78题：
什么情况下项目建议书可以代可行性研究报告？

项目前期各项条件较好时，如土地、规划、环境、交通等主要条件较为成熟、有利时，可以用项目建议书代替可研报告。此外，项目建设资金全部为自筹，无政府审批资金等，也可以用建议书代可研报告。但某些政府投资重大项目有例外，虽全部为政府投资，但项目由于政治、涉密、紧急抢险等因素，仍可采用项目建议书代可研报告。

第79题：
政府投资项目业主方如委托第三方检测、尽职调查、咨询顾问、专项检测等，费用从何处列支？

可在可研报告编制中编入；也可在预备费、暂列金额中列支。如果发展改革部门没有批准列入，一般可在项目建设管理费（原建设单位管理费）、自筹资金中等条目中列支。前提条件是项目投资不能超过批准的概算额度。

第80题：
工程项目前期手续办理程序

新建建筑工程项目前期基本建设程序要件一览表　　　　　表1

序号	批件	报件内容	批准（提供）部门	备注
1	地形图	指明建筑的位置，测绘院购买地形图，规划院定线，规自委土地管理部门上权属线	测绘院	
2	红线图		测绘院	
3	定线定位图		测绘院	
4	权属线		规自委	
5	项目建议书的批复	关于报送工程项目建议书的函；报审的项目建议书	发展改革委	
6	市环评的批复	行政许可申请书；立项文件（5）；环境影响评价报告书（表）或登记表；环境影响评价报告书（表）的专家评估意见的专家评估意见	环保局环评中心	
7	节能报告的评审、批复	节能报告；立项文件（5）；建设单位的请示；专家意见	发展改革委	
8	净空批复	净空申请函；土地成交确认书；宗地图；1:500或1:1000地形图；地块相对跑道中心线延长线的垂直距离；地块相对跑道南端水平距离；地块四角（折角）坐标，经纬度、高程；每栋建筑物中心坐标、经纬度、高程；相对跑道距离；该地块1:10000地形图一幅；项目地址的园区规划图一份，图面要显示：楼的位置、楼号、层数、高度等相关数据，附表；园区内所有建筑物列表，内容包括（序号、楼号、层数、高度）；提供销售单位出具的设置航空障碍灯的意见申请并有附图	空军管制	
9	项目可研报告的批复	报审的可研报告；建设单位的请示；环评的批复（6）；节能报告的批复（7）；专家论证意见	发展改革委	
10	初步设计概算的批复	可研报告的批复（9）；建设单位的请示文件；报审的初步设计及概算文件；专家评估论证意见	发展改革委	
11	建设项目设计卫生审查认可书	建设工程卫生防疫审核申报表；法人委托书；受托人身份证；室外总平面图；水箱间平面、立面图、剖面图；给水排水设计说明	卫健委（原卫生局）	
12	建筑设计方案审定通知单	设计单位配合建设单位上报项目建筑设计方案给规自委规划部门	规自委	
13	坐标测量回执	委托测绘研究院办理	测绘院	
14	BM点测量回执（高程点）	委托测绘研究院办理	测绘院	
15	地址门牌号审批表	申请报告；自绘A3建筑坐落位置示意图；新建建筑编号审批表；填写建筑物申报审定表	民政局	

续表

序号	批件	报件内容	批准（提供）部门	备注
16	建设项目选址意见书、通知单及其附图	申请表（盖公章）；建设单位营业执照，法人授权委托书及办件人身份证复印件（盖公章）；项目立项的批复（5）；1:500或1:1000定线定位图；项目建议书；项目选址意见书附图（标清用地范围）	规自委	
17	地震安全性评价	建设项目选址（地震）意见书申请表三份；拟选场址土地利用总体规划图（原件）；项目可研报告（原件）（9）	地震局	
18	土地勘测定界技术报告书	委托测绘研究院办理	测绘院	
19	宗地图	规自委规划部门圈点，委托测绘院测绘，交规自委土地管理部门出宗地图	规自委	
20	建设用地规划许可证、通知单及其附图	申请表（盖公章）；建设单位营业执照、法人授权委托书及办件人身份证复印件（盖公章）；可研报告批复（9）；1:500或1:1000定线定位图；项目建议书	规自委	
21	临时用电	申请表；建设单位营业执照；新增用电量申请表；建设工程用地规划许可证（20）	供电部门（电业局）	
22	临时用水	给水排水工程安装审批表；1:500地形图（含地下管网）；建设工程用地规划许可证（20）	水务部门	
23	国有建设用地划拨决定书	国有土地处置申请表原件、营业执照、法人代表身份证、委托代理人身份证复印件各1份；法人代表身份证明及法人委托书原件1份；定规划线及确认权属界线的1:500或1:1000地形图原件、地籍工作联系单原件、供地方式审定单原件、实测坐标宗地图原件（19）、立项文件、建设用地规划许可证（含附件）（20）	规自委	同步办理
24	关于向（建设单位）行政划拨国有土地的批复		市政府	
25	防雷装置设计核准书	审核申请表；行政许可申请材料清单；建用地许可证；建设单位的营业执照；建筑设计说明及总平面图；电气设计说明及与防雷有关的图纸	气象局	
26	《建筑初步设计方案审定通知单》及其附图	申请表；建设用地规划许可证（含通知书及附图）（20）；建设项目规划设计要点；建筑初步设计图纸；建筑立面构成要素材料色彩一览表；立面效果图、分色图；日照分析报告；经济技术指标表；可研报告批复；项目建议书批复；初步设计审查意见或批准文件；1:500定线图，上网公示	规自委	
27	地下空间项目预先审核上报条件	《城市地下空间开发建设项目预审申请表》；建设用地规划许可证及附图；《城市地下空间重点地区、次重点地区开发建设计划一览表》（属重点地区、次重点地区的项目提供）；建筑初步设计审定通知单及附图；建筑初步设计图	市住房和城乡建设局	

续表

序号	批件	报件内容	批准(提供)部门	备注
28	关于人防情况的说明	关于防空地下室易地建设的请示	人民防空办公室	人防易地建设
29	结合民用建筑修建防空地下室立项审批通知书	建筑初步设计方案审定通知单(26);人防结建地下室初步设计建筑平面图两份	人民防空办公室	人防非易地建设
30	市人防工程施工图设计文件审查报告	人防施工图纸	人防工程施工图审查咨询机构	
31	市人防结建地下室建设许可证	申请表;法人委托书及办件人身份证复印件;人防立项审批单;人防结建工程使用承诺书;人防结建工程所有权确认证书	人民防空办公室	
32	建设项目城市基础设施配套费收缴(免)通知书	初步设计审定通知单(26);人防手续(易地建设缴费通知单或免交单,或自建)(28)~(31)	建设项目联合收费办公室	
33	建设工程消防设计审核意见书(土建)	《建设工程消防设计审核申报表》;建设单位营业执照、法人委托书、受托人身份证;设计单位营业执照、资质证明、图纸及电子版(总平面图、各层平面图)、消防专篇;《初步设计审定通知单》及附图	市住房和城乡建设局	
34	建设工程消防设计审核意见书(内装修)	《建设工程消防设计审核申报表》;建设单位营业执照、组织机构代码证、法人委托书、受托人身份证;设计单位营业执照、资质证明、图纸及电子版(总平面图、各层平面图、精装修图纸)、消防专篇;《初步设计审定通知单》及附图	市住房和城乡建设局	
35	国有土地使用证	土地登记申请书;法人身份证、委托书、受托人身份证;建设单位营业执照、承诺书;用地规划许可证及通知书附图;用地批复及划拨决定书、土地转证协议书;可研批复、项目建议书批复、环评批复、消防批件、地籍工作联系单;1:500上权属地形图	规自委	
36	建设工程规划许可证	国有土地使用证、申请书、法人身份证、委托书、受托人身份证、建设单位营业执照、选址意见书及通知书附图、用地规划许可证及通知书附图、初步设计审定通知书附图、用地批复、消防批件、地籍工作联系单、1:500上权属地形图、建筑立面构成要素材料色彩一览表、立面效果图、测光报告、施工图(建施)、配套费收缴通知书、现场公示照片东西南北四个方位各两张、网上公示照片	规自委	

续表

序号	批件	报件内容	批准(提供)部门	备注
37	建设工程施工图设计文件审查报告(多地已取消)	施工图一套、工程规划许可证及附图(36);委托书、审查报审表、审查意见书、施工图审查意见及回复、结构计算书、建筑节能计算书(电算的要提供软件名称);经审查合格的岩土工程勘察报告(原件,合格后返还)、岩土工程勘察报告审批书;工程设计合同(原件)	施工图设计审查机构	
38	建设工程社会保障费办理通知单	中标通知书(招标结果通知书);招标人营业执照、资质证明文件(社保费的计取标准为建设工程总造价3.07%,由建设单位缴纳)	市住房和城乡建设局建筑企业管理处	
39	中标通知书	社会保障费缴纳证明;工程规划许可证、可研批复、招标结果通知书	招标办	
40	监理合同备案(多地已取消)	监理合同备案表;工程监理合同6份;市建局确认的工程概况及项目监理机构人员名单、人员岗位证书;市发展改革委的核准件;工程规划许可证、中标通知书;营业执照、资质证书、法人代表授权证明、当地建设行政主管部门出具的外出监理证明、企业信用证明、近三年已完工的同类代表工程的监理业务手册、监理合同、监理规划等	市住房和城乡建设局	加盖单位电子章的监理单位两书(法人授权书、项目负责人终身责任承诺书)、建设单位两书(法人授权书、项目负责人终身责任承诺书)、工程监理廉政责任书、监理合同
41	施工合同备案	市建设工程施工合同备案表、中标通知书、建设工程施工合同文本(正、副本)	市住房和城乡建设局	
42	工程质量监督申报登记书	工程质量监督申报登记书、中标通知书、材料检测合同、消防审批件(建筑、内装修)、工程质量监督档案	市住房和城乡建设局	
43	建设工程安全监督登记表	建设工程安全监督登记表、中标通知书、建造师证(项目经理)、安全生产考核合格证、安全培训证、专职安全员生产考核合格证、项目专职安全员培训证、消防批件(建筑、内装修)	市住房和城乡建设局	
44	安全文明措施费	安措费缴费申请表、中标通知书、施工单位及专用账号(安措费按工程造价的2%计取)	市住房和城乡建设局安监站	
45	农民工工资保障金收据	中标通知书、招标人营业执照、建设工程规划许可证、组织机构代码证、资质证明文件(甲乙双方各缴纳工程造价的1%)	人社局	
46	工程现场踏勘情况表	工程现场踏勘情况记录表、工程照片不同方位两张、土地使用证复印件、建设工程规划许可证及附图;项目经理资格证书及安全生产许可证、质量检查员证、安全员证、特种作业人员上岗证(电、焊、塔式起重机司机和指挥员证等);施工组织设计;意外伤害保险手续	市住房和城乡建设局安监站	

续表

序号	批件	报件内容	批准（提供）部门	备注
47	建筑工程施工许可证	建筑工程施工许可证申报表；土地证、工程规划许可证及通知单附图；工程现场踏勘情况记录表和现场照片（同时提供扫描件JPC格式的电子文件）；施工条件确认书、施工图审查合格证、中标通知书（施工总承包单位、监理公司）、安全生产许可证、备案的施工监理合同、质量监督申请监督登记；银行存款证明；农民工工资保障金；安措费；防雷装置设置核准书；人防情况说明；施工监理、设计、勘察单位营业执照、资质证明文件	市住房和城乡建设局	以上所有要件完成后，登录当地政府市住房和城乡建设局网站，填写基本信息并上传相关资料
48	正式电办理	与供电部门签订三个成果资料：《配电设备产权、维护范围协议书》《电量供应与电缆收取协议》《高压供电合同》	电业部门	
49	燃气办理	提供燃气用量表（应标明各用气点用气量）、室外综合管网图、楼内各用气点平面图、一层平面以及地下室平面图	燃气公司	
50	给水办理	给水接驳申请表、综合管网设计文件、工程规划许可证及通知单附图、经办人身份证复印件、给水负荷估算表（设计院提供）	水务集团	
51	排水办理	排水接驳申请表、综合管网设计文件、工程规划采暖设计图纸一套（提供采暖负荷）、工程规划	水务集团	
52	供暖办理	采暖设计图纸一套（提供采暖负荷）、工程规划许可证、用地规划许可证	供热办公室	北方供暖地区

第81题：
项目可行性研究报告批复及方案设计确定后，在设计单位编制初步设计文件（初步设计图纸及概算）过程中，全过程工程咨询服务单位设计管理的工作重点是什么？

可行性研究报告是项目建设论证、审查、决策的重要依据。经批准的可行性研究报告更是建设项目后续各项工作的前置条件和初步设计概算审批的重要依据。

对于政府投资项目，初步设计概算额度原则上不能突破可行性研究报告审批额度。对于北京市及不少省市，均有初步设计概算报审额度超过可行性研究报告审批额度10%以上，则政府发展改革审批部门窗口不予收件受理的规定。

设计协调管理是全过程工程咨询服务中项目管理，尤其是前期管理工作的最重要内容之一，而概念性方案设计—方案设计—初步设计—扩大初步（技术）设计—施工图设计—专项设计—深化设计的链条，与项目立项（项目建议书批复批准）—可行性研究报告批复批准—各项前期评估评价批复核准（备案）—用地规划许可证及市政相关手续办理—取得建设工程规划许可证—工程相关招标投标—取得工程施工许可证等项目前期各项建设程序办理链条，相互配套、制约，互为前置条件。

因此，项目可行性研究报告批复及方案设计确定后，设计单位编制初步设计文件（初步设计图纸及概算）过程中，全过程工程咨询服务单位设计管理的工作重点，是按照建设单位与设计单位签订的工程设计合同，坚持过程控制和结果导向相结合的原则，以设计任务书和限额设计（按照可研报告中相应批复额度）为衡量结果的重要尺度和准则，协调、配合设计单位的初步设计图纸设计及概算编制工作。

进一步加强过程中与设计单位的沟通、中间成果输出检查、提出问题的及时反馈、合同约定的进度、质量、设计骨干人员投入等的检查，重中之重是事前和事中控制，及时检查、跟踪限额设计和设计任务书内容要求是否得到落实，有无超出可研报告批复额度的风险？发现风险苗头和隐患，及时与建设单位、设计单位一起研究、解决。切忌一直等到初步设计图纸绘制完成并据此编制完成初步设计概算文件后，才发现超出限额设计额度和指标，只能重新修改设计，甚至推翻原有结构设计和系统设计方案，然后再重新编制初步设计概算。既加大了设计单位工作量又延长了设计周期，更大的可能性和严重后果是影响整个项目的初步设计概算审批进程、招标投标进度安排，甚至项目进度总控计划。对于按施工图深度报批初步设计概算的项目，损失就会更大，会直接影响合同履行和项目整体工期。

综上，全过程工程咨询服务单位的总咨询师一定要高度重视和密切关注限额设计问题，派出既有深厚设计功底又有丰富设计管理经验的设计管理工程师和造价管理团队的造价咨询师一起协调、配合设计机构，并做好这项工作。

第82题：
设计单位中标项目全过程工程咨询服务，其还可以参加该项目的工程总承包招标投标吗？

不可以。

对于同一项目既采用全过程工程咨询服务建设管理模式，又采用工程总承包建设承发包模式的项目，如果设计单位已中标项目的全过程工程咨询服务，此时再参加该项目的工程总承包招标投标，那么如果再次中标，将出现同一个单位自己管自己的局面，而且首次中标为业主方项目管理性质，第二次中标为工程承包性质。尽管设计单位可能以联合体成员身份参加工程总承包投标，但仍然改变不了既当裁判员又当运动员的事实，这是国家建设工程法律法规所不允许的。

从事工程设计的单位，参与工程咨询服务主要有两种方式，一是按传统的DDB方式，即设计—招标—施工方式，直接参与设计招标投标；二是参与项目的全过程工程咨询服务招标投标，中标后主要从事设计管理协调工作等，而不是设计业务本身（全过程咨询业务包含设计的情形除外）；参与工程承包工作的方式主要为工程总承包招标投标，其中又以EPC模式为主，具备相应资质条件的设计单位可以独立参加投标，也可以与施工总承包单位组成联合体参加投标。

第83题：
政府投资的重大项目如何开展全过程工程咨询服务？有哪些管理要点及经验教训值得总结和汲取？（香山革命纪念馆项目案例）

1. 项目概况

香山革命纪念馆项目案例为北京市人民政府向中华人民共和国成立七十周年献礼项目，列入北京市重点项目前列，采用政府投资"一会三函"建设审批模式，为涉密项目，使用性质为纪念性展览陈列项目。2018年4月23日，中央批准建设，要求2019年国庆节前竣工，并向公众开放。建设任务包括项目场地拆迁、场馆主体建安工程、展陈工程、信息化工程以及场馆配套环境整治提升和电力外线工程等。总占地面积为6.4平方公顷，项目主体工程建安工程总投资2.2亿元。总建筑面积1.8万平方米。项目于2018年9月15日开工，2019年9月11日竣工并顺利通过五方验收和竣工验收备案，获得"中国建设工程鲁班奖"。

2. 全过程工程咨询服务内容

（1）全过程项目管理。

（2）主体工程、配套环境整治工程项目建议书（代可行性研究报告）编制；项目环境影响评价报告编制。

（3）工程监理服务。

（4）全过程造价咨询服务（前期投资估算的编制、审核及项目经济评价）。

招标工程量清单、控制价编制；过程造价控制、询价、审价、工程变更审核；结算、决算文件编制和审核；工程洽商、变更及合同争议的鉴定与索赔；编制工程造价计价依据及对工程造价进行监控和提供有关工程造价信息资料等。

（5）招标比选和采购（服务、工程、货物）。

3. 项目建设管理重点和难点

项目最突出的难点和特点就是工期紧迫、专项、专业工程协调配合难度大。全部建设周期仅14个月，全过程工程咨询服务单位进场时间为2018年8月初。主要工作含前期拆迁、树木伐移、建设手续办理、文物勘察、工程勘察、工程设计、招标采购、建设实施期和工程竣工验收以及收尾阶段各项工作。

建设内容包括纪念馆主体建设、展览陈列、信息化建设和电力外线工程及配套环境整体提升工程。建设内容繁多庞杂、任务艰巨、工作量巨大，且建设工期要求十分紧张，整体施工周期仅12个月，而建安工程施工工期不足8个月，期间还要配合信息化、展陈和室内精装修、预留预埋和穿插施工作业。

4.管理要点及经验教训总结

（1）全过程工程咨询服务总包（牵头）单位承接政府投资有重大影响力的服务项目时，首先应提高政治站位、全局意识、服务意识、预控意识和风险意识，充分调研、把控项目的重难点和风险点，以投资控制和工期进度控制为重点，并据此建立项目管理组织架构、编制策划及实施方案。

（2）组织落实，分级管控。服务总包（牵头）单位董事长（总经理）亲自抓项目，调动全公司资源和力量为项目保驾护航。因为全过程工程咨询服务业务种类较多，需要协调公司各职能部门及各项咨询资质业务，所以宜指派公司副总级别高管作为公司对接项目的主管领导。选派作风正派、经验丰富、综合管理能力强的项目经理担任项目总咨询师，组建具有大型政府投资项目管理经验的专业人员组成的项目团队，其中各专项业务负责人宜具备相关注册资格或高级职称和丰富的业绩经验。条件许可的情况下，可由公司高级管理人员担任或兼任总咨询师，以利于全过程工程咨询项目部的协调管理。

（3）在项目管理组织架构中（详见第一部分第77题），应将项目管理（分）部设置在其他专项咨询业务（分）部之上，而不是平行排列。项目管理（分）部在项目总咨询师的领导下，首先负有协调管理其他专项咨询业务（分）部以及业主委托授权其他咨询业务管理的工作职责；其次，还要在业主授权范围内，在项目实施期管理协调以施工总承包或工程总承包单位为代表的各参建单位，以及协调以政府各职能部门为代表的项目近外层和远外层关系。

（4）对于采用全过程工程咨询服务和施工总承包模式的功能复杂大型公共建筑项目，如医院、博物馆、剧院、体育场馆及数据中心等，可相应采用三个总包模式，即咨询总包、设计总包和施工总包，以便于众多咨询分包、设计分包和施工分包的管理协调，尤其是咨询和设计业务，长期以来均为碎片化管理，各自为政，所以有必要实行集成化和总分包管理。

（5）全过程工程咨询服务单位的公司和项目部两级领导，应对项目立项和重大事项审批层级问题予以足够重视，并及时与建设单位领导层沟通和研讨，将其列入可能影响整体工期的重大不确定风险因素。因为很多政府投资的政治性大型项目立项等的决策审批权可能会超越省市的审批权限，而由中央相关部门审批，如以大型红色历史、遗迹、纪念地为主题的纪念馆、展览馆的展陈方案、展陈内容（会影响项目建筑方案的审批确定）审批权限可能在中共中央宣传部等。

（6）项目工期进度控制及进度总控计划编制应充分重视可行性研究报告的编制进度和审批流程进度。以北京为例，一般而言，北京市政府投资项目的可研报告审批周期约在一年至一年半，特殊情况甚至更长。所以，对于工期紧迫的重大项目，尽管项目已享受政府投资"一会三函"建设审批模式待遇，且已倒排工期，但由于可研报告的编制和审批对后续的各种建设手续办理、方案设计、初步设计及概算、交通、人防、建设用地等起到直接的制约作用,影响巨大,是进度网络图中最为核心和关键的关键路径。因此,公司领导和项目总咨询师应把此项工作做为项目前期投资综合决策阶段最重要的工作,没有之一。方法之一是提前做好其后置工作的准备,如提前准备相关资料、熟悉相关报批流程、与审批部门和评审机构提前接触,汇报项目情况,了解最新审批评审政策、要点和流程;方法之二是与建设单位一道,及时了解审批评审进度及评审提出的可研报告编制存在的问题及需要补充的资料,积极配合评审机构的工作。一旦发现可研报告的审批进度满足不了项目进度总控计划要求,应果断提前预警,报告建设单位及其上级主管部门,包括政府发改部门直至政府主管领导(一般政府投资重大项目均会设立建设领导小组及办公室或工作专班)。

(7)对于全过程工程咨询服务单位,一般情况是比较擅长于房屋建筑工程中的建安工程,而对展陈工程、信息化工程、医疗类工程、体育设施类、数据中心类和剧院类工程等对专项专业要求较强的工程项目,则相对不熟悉或管理经验和业绩不足,而上述专项工程恰恰是实现项目使用功能的重要组成部分。因此,除了配备具有相关专项工程经验的咨询工程师外,咨询服务总包单位应将专项工程纳入统筹管理及项目进度总控计划中,从设计阶段起,就充分重视其与建安工程的协调、衔接和配合。否则,就会出现建安工程与专项工程各行其是,各自埋头设计、施工,造成工作界面不清、预留预埋遗漏或错误、水电气热配套不到位、净空或空间位置打架、不足等弊病。更为严重的后果是各项专业工程的施工进度相互掣肘,使用功能不能实现或大打折扣,甚至需要改变主体结构和机电系统,最终结果是既增加了投资造价又延误了项目工期。

(8)进一步重视和加强项目前期的设计管理工作。政府投资的重大项目一般具有建设规模大、建筑造型新颖独特、大跨度、高大空间结构形式、超高超限设计多、使用功能复杂且要求高、"四新"技术创新和质量标准及奖项层级要求高,以及多工种、多专业配合、交叉作业多等特点,且设计单位一般为国际知名、国内一流设计机构,设计实力雄厚。因此,要求全过程工程咨询服务总包单位自身亦应具备管理协调这些著名大型设计机构及设计业务的综合能力。

工程设计在项目前期乃至项目全过程中起着举足轻重的重要地位和作用,咨询行业早已有定论,此处不再赘述。故此,全过程工程咨询服务项目部应配备一定比例的具有设计经历又懂项目管理(起码懂设计管理)的各专业咨询工程师。全过程工程咨询行业目前的发展现状是:工程设计强,项目管理弱;工程监理强,项目管理弱;造价咨询强,项目管理弱。总之,技术咨询能力强于管理咨询能力,项目管理能力(含设计管理能力)成为制约全过程工程咨询发展的短板。而人员构成的现状是:懂工程设计的不一定懂设计管理(此处的设计管理指的是业主或其委托的项目管理机构对中标的设计单位的业务管理,而非设计单位承接某项设计任务时的内部协调管理);懂专业技术的不一定懂技术经济;懂项目管理的不一定懂工程监理,反之亦然。复合型人才紧缺是工程咨询行业不争的现实。

（9）对于具有重大或较大政治影响力的纪念馆、展览馆类建筑项目，全过程工程咨询服务总包单位应树立政治意识，及时提示建设单位及相关部门，项目是否有对国外或某国产品（含工程服务）有特殊要求或禁忌。

第84题：
全过程工程咨询服务项目主要管理人员岗位职责参考

1.项目指挥长岗位职责（如设置）
（1）定期进驻项目现场办公，参与项目重大事项决策；
（2）统筹调配公司人、财、物等资源，为项目提供管理、支持和服务；
（3）与业主方相关领导层保持密切联系沟通，旨在充分理解建设单位的意图和要求，并上传下达；
（4）及时传达业主方的重要工作指令、安排和通知等，并监督落实；
（5）完成公司和业主方交办的其他工作事项。

2.项目总咨询师岗位职责
（1）代表公司全面履行与业主方签订的《项目全过程工程咨询服务合同》；
（2）对内主持全过程工程咨询项目部各项工作；对外负责对接业主方项目管理组，汇报、沟通项目情况，并接受和执行项目管理组指令；
（3）负责按照招标、投标和合同文件建立、制订和编制全过程工程咨询项目部人员组织架构、工作分工和岗位职责以及各项工作制度、内外部工作及审批流程；
（4）负责组织编制项目全过程工程咨询服务策划方案、实施方案、合约规划、投资总控计划、进度总控计划等重要成果文件；
（5）负责与项目指挥长、公司总部相关业务部门、技术支持系统和专家顾问组的对接、沟通与协调，并定期向公司领导汇报项目工作情况；
（6）按照全过程工程咨询项目部人员岗位职责分工和配套工作制度、审批流程的具体规定行使对内、对外的审批签字权；
（7）完成公司和业主方交办的其他工作事宜。

3.项目技术负责人岗位职责
（1）按照招标、投标和合同文件的约定和要求以及《全过程工程咨询项目部岗位职责分工》和配套工作制度、审批流程的具体规定，全面负责项目技术管理、统筹和协调工作；
（2）负责对接业主方项目管理组、各机关处室、使用单位的相关技术人员和工作，管理和协调相关规划、设计、施工和供货单位设计、技术、质量和创新、创优工作；
（3）负责对接公司相关业务部门、专家顾问组、总部技术支持系统，解决项目技术重点难点问题；

（4）负责领导和协调全过程工程咨询项目部各专项、专业技术工作以及报建手续办理、信息化（BIM）、绿色建筑咨询工作；

（5）负责组织、协调解决项目设计和施工中存在的各类专业技术问题；负责组织勘察设计、施工、甲方平行发包、甲供材料、设备等招标采购文件中专业技术文件编制和设计、技术参数审核工作；

（6）完成公司、项目总咨询师、业主方交办的其他工作事宜。

4.设计管理部负责人岗位职责（如全咨单位直接承担设计业务，则为设计部负责人）

（1）按照招标、投标和合同文件的约定和要求以及《全过程工程咨询项目部岗位职责分工》和配套工作制度、审批流程的具体规定，全面负责项目设计管理、统筹和协调工作；

（2）对设计管理进行策划，编制设计管理细则；

（3）审查项目前期文件、招标文件中有关设计要求的内容，提出审查意见；

（4）负责设计管理工作，协助业主编制设计任务书，组织初步设计审查，及时搜集整理初步设计审查意见，督促设计单位完成有关设计调整；

（5）负责组织审查设计文件，提出审查意见，组织施工图纸交底与会审；

（6）督促施工单位做好深化设计工作，并对其深化设计成果进行审核，提出审核意见；

（7）组织专家对项目重大设计方案和技术难题等进行专题研讨和专家论证；

（8）负责实施过程中设计变更和工程洽商的管理；

（9）完成项目总咨询师、业主方、技术负责人交办的其他工作事宜。

5.项目管理部负责人岗位职责

（1）在项目总咨询师统一指挥、项目技术负责人直接领导下工作；按照《全过程工程咨询项目部人员岗位职责分工》和配套工作制度、审批流程的具体规定行使、履行项目管理负责人的权责；

（2）配合总咨询师负责协调工程勘察、设计、监理、造价、招标采购及其他各项专项咨询业务之间的相互统筹、配合和管理工作；

（3）负责主持编制项目全过程工程咨询实施方案、进度里程碑计划、进度总控制计划、合约规划等；

（4）负责主持编制项目全过程工程咨询服务管理月报、周报；

（5）负责主持召开项目专题会议和专家论证会，组织编制并审核会议纪要；

（6）负责在项目总监理工程师审批后，代表业主方审核项目施工组织设计、专项施工方案、施工进度总控计划等；

（7）完成项目总咨询师、项目技术负责人和业主方交办的其他工作事宜。

6.项目总监理工程师岗位职责

（1）在项目总咨询师领导下工作；按照国家和项目所在地省市工程监理规范、规程相关规定，以及《全过程工程咨询项目部人员岗位职责分工》和配套工作制度、审批流程的具体规定，行使、履行总监理工程师的权责；

（2）按照全过程工程咨询一体化服务理念和各项咨询业务分工不分家的原则，负责项目监理部的日常管理工作，并配合其他专项专业咨询业务工作；

（3）确定项目监理部人员分工，检查和监督监理人员的工作；根据工程项目的进展情况配合全咨项目部进行人员调配，对不称职人员进行调换；

（4）主持编写项目监理规划和审批监理实施细则；主持编写并签发监理月报、监理工作阶段报告、专题报告和项目监理工作总结，主持编写工程质量评估报告；组织整理工程项目的监理资料；

（5）主持监理工作会议，签发项目监理部重要文件和指令；

（6）审查批准承包单位的动工报告、施工组织设计（施工方案）和进度计划；审核签认分部工程和单位工程的质量验收记录；审查承包单位竣工申请，组织监理人员进行竣工预验收，参与工程项目的竣工验收，签署《竣工移交证书》；

（7）主持审查和处理工程变更；审批承包单位的重要申请和签署工程费用支付证书；参与工程质量事故的调查；

（8）调解建设单位与承包单位的合同争议，处理索赔，审批工程延期；

（9）对项目监理部的安全监理职责负领导责任；组织项目监理部对施工总包方项目经理部的职业安全、环境保护、消防保卫管理进行检查，发现隐患和安全生产违法行为要立即采取措施，并进行整改直至停工整顿等；

（10）国家和项目所在地省市政府建设行政主管部门及工程监理规范、规程对项目总监理工程师的其他规定和要求；

（11）完成项目总咨询师、项目技术负责人和业主方交办的其他工作事宜。

7.招标采购和造价及合约（管理）专业负责人岗位职责

根据项目招标文件约定和实际情况并征得业主同意，可分专业设置各专业负责人，也可合并设置；此外，还应按照招标文件区分全咨项目部是否直接承担这三个专项咨询业务，以确定是专业负责人还是专业管理负责人。

（1）在项目总咨询师直接领导下工作；按照《全过程工程咨询项目部人员岗位职责分工》和配套工作制度、审批流程的具体规定，按照全过程工程咨询一体化服务理念和各项咨询业务分工不分家的原则，行使、履行招标采购和造价、合约专业负责人的权责；

（2）负责项目投资造价业务或其管理工作；组织确定投资控制目标，制订投资管理制度、措施和工作程序，做好决策、设计、招标、施工、结算各阶段的投资造价控制。

（3）负责项目招标采购或其管理工作；根据项目特点对招标采购工作内容进行分解，组织制订招标采购计划，确定招标方式、招标时间、标段划分等内容，编制招标文件和拟定设备材料的技术要求及参考品牌等。

（4）负责项目合约管理工作；负责与本项目相关的设计、咨询、施工、供货及相关专业合同的起草、谈判，协助签订；对合同履约、变更、索赔、合同后评价进行管理；对合同风险进行分析并制定应对措施。

（5）完成项目总咨询师和业主方交办的其他工作事宜。

8.综合管理部负责人岗位职责

（1）在项目总咨询师直接领导下工作；按照《全过程工程咨询项目部人员岗位职责分工》和配套工作制度、审批流程的具体规定，按照全过程工程咨询一体化服务理念和各项咨询业务分工不分家的原则，行使、履行综合管理部负责人的权责；

（2）编制本部门综合管理实施细则；起草项目人力资源和办公用品、设备及工器具配备计划，报总咨询师核准；

（3）负责全咨项目部对外形象和宣传报道、CI、管理制度、人员统一着装等组织工作；

（4）负责全咨项目部行政管理、后勤保障、餐饮膳食、机动车辆等交通工具管理、往来人员接送安置、管理人员住房租赁、低值易耗品采购、向公司总部申领办公设备（含工程监理检测仪器、设备）并进行保管，建立领用台账；办理相关设备的报损手续；

（5）负责全咨项目部人员考勤、请销假、财务报销等管理，并配合公司总部人力资源部、财务部、行政管理部等部门的工作；

（6）完成项目总咨询师和业主方交办的其他工作事宜。

第85题：
项目各项咨询服务的取费基数及相关术语

1.工程投资、工程造价、工程成本、工程费用

（1）工程投资：指进行某项工程建设所需花费的全部费用总和。它由建筑工程费用、设备安装工程费用、设备购置费用、工程建设其他费用四大部分组成。工程投资一般是从工程项目投资者的角度来定义的。

（2）工程造价：直意就是工程的建造价格。工程泛指一切建设工程，它的范围和内涵具有很大的不确定性。工程造价主要有两种含义：一是指建设一项工程预期开支或实际开支的全部固定资产投资费用。这一含义是从投资者、业主方的角度来定义的。由此角度而言，工程造价就是工程投资费用，建设项目工程造价就是建设项目固定资产投资；二是指工程价格。即为建成一项工程，预计或实际在土地市场、建材市场、设备市场、技术劳务市场，以及承发包市场等交易活动中所形成的建筑安装工程的价格和建设工程总价格。第二个含义是从工程承发包交易市场的角度来定义的。

（3）工程成本：主要是指建设企业以施工项目作为成本核算对象的施工过程中所消耗的生产资料转移值和劳动者的必要劳动所创造的价值货币形式。换言之，就是某项工程项目，在施工建设过程中所产生的全部费用的总和。这些费用包括施工过程中的材料费、设备安装费、配件费用、施工机械的台班费或租赁费、建筑工人的人工费，以及施

工现场项目管理部人员的工资、奖金等，还包括施工过程中产生的其他费用。工程成本的含义主要是从施工企业角度来定义的。

（4）工程费用：工程费用是指工程建设类企业在项目建设、生产经营过程中发生的各类耗费。其是一个比较中性用词，适用于建设单位、施工单位、供货单位及各类咨询服务单位。建设项目中发生的主要费用为建筑安装工程费，由直接费、间接费、利润和税金组成。①直接费＝直接工程费＋措施费；措施费＝直接工程费×措施费费率；②间接费＝直接费×间接费率；③利润＝（直接工程费＋间接费）×利润率；④税金＝（直接工程费＋间接费＋利润）×税率。

直接费由直接工程费与措施费组成；间接费由规费与企业管理费组成；税金是指国家税法规定的应计入建筑安装工程造价内的营业税、城乡维护建设费和教育费附加；利润是指施工企业完成所承包工程应获得的盈利。

2.工程匡算、工程估算、初步设计概算、工程预算、竣工结算、竣工决算

（1）工程匡算：在项目投资前，根据最基础的经济指标按经验计算出来的项目建设投资估算费用，作为投资方是否进行项目投资的参考依据；如果可行，则可作为可行性研究报告的一部分进一步论证分析。其准确度约在30%。

（2）工程估算：指在方案设计阶段，根据图纸和进一步调查后计算出来的项目建设投资估算费用，可分为项目建议书阶段的投资估算和项目可行性研究阶段的投资估算。其准确度约在10%。

（3）初步设计概算：在可行性研究报告工程估算的基础上，在初步设计阶段（部分大中型和功能复杂项目还要进行技术设计或称扩大初步设计）根据有代表性的设计图纸和有关资料、本项目设计任务书和初步设计成果、概算定额或概算指标，经过适当综合、扩大以及合并而成。对于政府投资项目，原则上初步设计概算额度不得超过可行性研究报告批复的工程估算额度。北京及若干省市均有对于初步设计概算报审额度超过可行性研究报告批复额度10%的报审文件，政府发展改革审批部门不予收件受理的规定。

（4）工程预算：在扩大初步设计及施工图完成后进行项目成本控制的依据。目前，为了提高编制的准确性，也有不少项目采用依据施工图编制初步设计概算的做法。工程预算包括施工图预算和施工预算两种。施工图预算是施工承发包招标投标中编制工程量清单和招标控制价、标底等的主要依据。施工预算是施工单位组织人力、材料、机械及物料、拨付工程款等的参考依据。

（5）竣工结算：指施工企业按照承包合同和已完工工程量向建设单位（业主）办理工程价款清算的经济文件。一般情况下，因工程项目建设周期较长，耗用资金数额较大，为使建筑安装企业在施工中耗用的资金及时得到补偿，可对工程价款进行中间结算（进度款结算）、年终结算，全部工程竣工验收后应进行竣工结算。

竣工结算是建设项目建筑安装工程中一项重要经济活动，是工程实际造价的体现，

无论是施工单位还是建设单位均十分重视。竣工结算能为建设单位编制建设项目竣工决算提供基础资料。

目前，竣工结算的方式主要以工程量清单及施工单位提供的、经监理单位及建设单位代表所确认的竣工图、设计变更、工程洽商、现场签证等竣工资料为依据计算最终工程量，并按照国家和当地政府工程建设造价和结算的相关政策法规规定计算、汇总，得出工程结算总造价。

（6）竣工决算：指建设工程竣工后，建设单位按照国家有关规定在新建、改建和扩建工程建设项目竣工验收阶段编制的竣工决算报告。

（7）工程决算与工程结算的区别：

1）二者包含范围不同。工程结算是指按工程进度、施工合同、监理审批情况办理的工程价款结算，以及根据工程实施过程中发生的超出施工合同范围的工程变更情况，调整施工图预算价格，确定工程项目最终结算价格。

竣工决算包括从项目筹建到建成竣工、投入运行全过程的全部实际费用，包括但不限于建筑工程费、安装工程费、设备工器具购置费用、工程变更及工程二类费等费用。

2）二者性质和编制人不同。竣工结算是决定甲乙双方之间合同价款的文件，是由施工单位预算和造价人员编制，监理单位、建设单位造价人员审核的最终工程款支付依据文件。

竣工决算是由建设单位财会人员、项目管理人员参与编制，由主管部门、审计部门或者会计师事务所负责审核，决定进入固定资产份额的经济文件。

竣工结算是建设工程竣工后的核算，而竣工决算是工程竣工后决定整个工程费用的核算；从主体上讲，前者一般是施工单位将每个单位工程的最终工程费用汇总后由监理单位、建设单位或其委托的咨询单位进行审核，最终确定每个单位工程的工程费用金额；而竣工决算一般是由建设单位或委托有资质的咨询单位单独完成。竣工决算不仅包括整个工程的工程费用，还要包含俗称的二类费，如建设单位的管理费用、开办费用、征地费用、各项咨询服务费用、流动铺底资金等费用。总之，只要符合国家相关规定，则该工程范围内发生的费用都要进入竣工决算中。

3. 各项咨询服务的取费基数

（1）项目（代建）管理：政府和国有投资项目按《基本建设项目建设成本管理规定》（财建〔2016〕504号）文中项目建设管理费取费，取费基数为工程总概算（不含土地相关费用）。

（2）工程勘察：按照实物工作量（平方千米、平方米、米等）、技术工作量，合同约定。

（3）工程设计：经过批准的建设项目初步设计概算中的建筑安装工程费、设备与工器具购置费和联合试运转费之和。

（4）工程监理：经过批准的建设项目初步设计概算中的建筑安装工程费、设备与工器具购置费和联合试运转费之和。

（5）招标代理：所代理招标项目的中标金额。

（6）项目建议书、可研报告、资金申请报告编制：项目建议书或可行性研究报告中的估算投资额。

（7）PPP咨询：项目建议书或可行性研究报告中的估算投资额。

（8）环境影响评估报告：项目建议书或可行性研究报告中的估算投资额。

（9）水土保持方案编制：主体工程土建投资额。

（10）交通影响评价报告编制：总建筑面积×基价表中单价。

（11）节能评估报告编制：工程费用（项目建筑安装工程费+设备购置费等，不含土地费用）。

（12）后评价：项目建议书或可行性研究报告中的估算投资额。

（13）BIM咨询：建筑工程=总建筑面积×基价表中单价；
市政工程=建筑安装工程造价。

（14）绿色建筑咨询：总建筑面积×基价表中单价。

（15）造价咨询：概算编制为建设项目总投资；其他为建筑安装工程造价。

第86题：
全过程工程咨询服务项目各专项咨询团队配置要点

关于全过程工程咨询服务项目团队岗位设置和职责分工已有很多介绍和描述，因此不再赘述。下面从项目实操和已有全咨项目经验得失角度加以梳理、总结和强调。

1. 正确定位全过程工程咨询服务各项业务是团队配备的首要因素

全过程工程咨询服务包括的业务板块主要有项目管理、前期咨询、工程勘察、工程设计、工程监理、全过程造价咨询、招标采购（代理）、BIM咨询、绿色建筑咨询以及运维运营咨询10项内容。其中主要业务有项目管理、工程设计、工程监理和全过程造价咨询四项业务，即我们通常所说的"一核心三主项"。随着全过程工程咨询的宣传和普及以及众多项目的落地实施，"1+N"（或称"1+X"）模式已深入人心，业内基本达成共识，且为广大项目业主和社会各界所接受，项目管理在各项业务中的核心主导地位，已被全过程工程咨询服务项目实践证明不可动摇。

目前，全过程工程咨询服务采用最多的模式为"项目管理+工程监理"和"项目管理+工程监理+全过程造价咨询"；此外还有"项目管理+工程设计"（建筑师负责制，或称管设合一）、"项目管理+工程设计+工程监理"以及"项目管理+工程设计+工程监理+全过程造价咨询"等组合。那么，理解和掌握工程设计或设计管理、工程监理、全过程造价咨询或造价管理三者各自特点、彼此之间的关系，将成为正确、合理配置全过程工程咨询服务团队的首要因素。

2.设计及管理、造价及管理、监理的特点和地位

设计和造价均分为两种情况,一种是全咨业务中包括设计和造价,另一种是不包括设计和造价,但是包括设计管理和造价管理。若是第一种情况,则团队配备主要是选好设计和造价业务负责人(如注册、高级职称等硬件条件、业绩、经验等)、组建专业齐全的专业团队即可;若是第二种情况,主要是选好设计管理和造价管理负责人;如果条件允许,设计管理负责人宜具有设计相关专业注册资格,或具有注册建筑师资格,一般应具备设计或设计管理经验和业绩,且为工程类高级职称;造价咨询管理业务负责人宜为注册造价工程师,一般应具备工程或工程经济类高级职称及丰富的造价咨询业绩和经验。

工程监理在施工现场的工作时间和周期仅次于全过程项目管理,且按照国家相关规定,全咨项目部必须组建项目监理部,任命具备国家注册监理工程师执业资格的人员担任总监理工程师,北京和上海等多地还要求总监理工程师必须具有高级工程师职称。因此,由于监理的工作性质和现场工作周期与项目管理最为接近,加之大多数大型监理单位的总监均具有一定的项目管理经验和业绩,使得总监理工程师向总咨询师升级和转型,具备一定的先天优势和近水楼台的便利条件。

工程设计及管理的项目工作周期相比项目管理、工程监理和全过程造价咨询及管理而言较短,且集中在项目前期(开工前)。开工后其主要任务是继续进行专项设计、深化设计、设计变更管理、现场服务、配合材料设备招标的选样选型、参数提供及各种验收等。其工作具有以前期工作为核心、阶段性强的特点。

造价咨询就像设计一样,具有显著的阶段性特点,其工作量的高峰集中在施工准备期的工程量清单和投标控制价(施工图预算)编制。但是,全过程工程咨询服务要求的全过程造价咨询,彻底改变了其阶段性工作性质。

3.项目总咨询师的选择是服务成败的关键

其必要条件是总咨询师必须具有项目全过程业主方项目管理经历和经验。反例是只具有工程设计、工程监理、造价咨询、前期咨询或施工总承包项目管理等经历和经验,尽管其在本行业内为经验丰富的资深人士,或具有多项注册资格甚至获得大师称号,主持过大型、超大型的设计、施工项目,一般来讲,不一定能胜任总咨询师岗位工作。这就解释了目前为什么建筑师负责制难以推广、全过程工程咨询服务市场的主力地位为既有业主方全过程项目管理经验,又有深厚监理功底的大型工程监理单位所占据的原因。合格的总咨询师应该是既具有丰富的项目管理经验、经历,又具备扎实的技术咨询(如设计、监理、造价、合约、招标投标)功底的复合型人员。

4.各专项咨询业务负责人配置建议

(1)全咨项目技术负责人:优先选择具有设计背景和高级职称人员。实际上,作为项目技术负责人,具有设计背景或专业技能只是必要条件,决策阶段完成后,实施阶段还有大量的与招标投标、施工技术方案审批、各种工程专题论证、技术质量管理、创优

创新、"四新"（新技术、新工艺、新设备、新材料）技术创新等技术管理工作。要求技术负责人具备覆盖项目全过程的技术管理能力。

（2）总监理工程师：总监理工程师的岗位职责已在项目管理人员岗位职责分工中明确，但由于各种原因，如中标的总监不能完全胜任或不适应其岗位工作，或另有更重要的兼职工作时，应为总监配备具有注册监理工程师资格的总监代表，并经总监本人同意。

5.对于项目群、建筑群项目各项目经理的配置建议

对于大型、超大型复杂公建类项目，全过程工程咨询服务可能包括几个独立项目，这些项目单独立项、编制可研报告，甚至可能单独办理建设工程规划许可证，而施工总包往往以项目为单位招标，但全咨单位却以项目群、建筑群为单位招标。因此，在全咨项目部组织架构中，就会引出各独立项目的项目经理（负责人）设置问题。为按照全咨服务理念进行工作并提高工作效率，可在项目总咨询师（此岗位一般不会因项目前期或实施期而进行调整）统一协调管理下，按照前期和实施期分别设置项目经理（负责人）岗位，即前期以设计管理为中心（相比实施期工作范围和内容简单一些），由具备设计背景的项目经理（负责人）兼任技术负责人，进行项目管理和以设计管理为主的技术管理、前期建设手续办理、招标投标管理等工作；项目进入实施期后，项目管理工作交由具有丰富现场管理经验的项目总监兼任，以体现真正意义上的管监合一的全咨服务理念；而前期的项目经理（负责人）此时不再负责项目管理，而只担任项目技术负责人工作，从而体现项目管理工作的连续性，保障了全咨服务工作和信息的延续和衔接。

因此，对于具有项目群或建筑群性质的全咨项目，尤其是大型和超大型公建全咨项目，可根据项目实际情况分阶段设置项目负责人（非项目总咨询师），有利于根据项目前期和实施期各自的特点，做到因阶段制宜、因人制宜、扬长避短，提高工作效率。

而对于其他一般项目则不一定按上述建议设置，可由项目总咨询师负责，建立全咨项目管理中心，进行全过程（不分阶段）统一协调、调度和管理。

第87题：
《项目咨询服务廉洁自律承诺告知书》模板

××工程咨询公司
项目咨询服务廉洁自律承诺告知书

为加强工程建设中的廉政建设，规范在工程建设项目中的咨询服务，特制定本《项目咨询服务廉洁自律承诺告知书》，希望建设单位、施工总分包和其他相关参建单位与项目咨询机构人员一起，共创阳光、廉洁、和谐的工程建设环境。

如对我公司项目咨询工作有任何意见和建议，或对项目咨询机构人员的咨询服务和

管理水平，尤其是涉及"吃、拿、卡、要"等违纪违规行为有投诉意见，欢迎及时与我公司取得联系，我们将认真对待和处理；对项目咨询机构人员涉及"吃、拿、卡、要"等违纪违规行为，公司一贯采取零容忍态度，会依据国家有关法律法规以及公司相关管理规定严肃处理，直至追究法律责任，绝不姑息。

现将我公司项目咨询机构人员咨询服务廉洁自律规定和承诺告知相关单位，以便共同监督：

一、不准向施工或相关管理、服务对象单位索要或接受回扣、礼金、礼券、贵重物品和感谢费等。

二、不准在施工或相关管理、服务对象单位报销任何应由项目咨询单位或项目咨询机构人员支付的费用。

三、不准要求、暗示或接受施工或相关管理、服务对象单位为项目咨询机构人员装修住房、婚丧嫁娶、旅游等提供方便。

四、不准参加有可能影响公正履行咨询管理职责的施工单位或相关管理、服务对象单位的宴请、健身、娱乐等活动。

五、不准向施工或相关管理、服务对象单位介绍与本工程有关的材料、设备、工程分包、劳务等经济活动。

为保证我公司对项目咨询工作和项目咨询机构人员的管理和监督，加强与建设单位、施工单位及其他相关参建单位的沟通和联系，特公布公司监督服务电话。

一、工程管理部
电话：＿＿＿＿＿＿＿＿＿＿

二、公司负责人：＿＿＿＿＿＿＿＿
电话：＿＿＿＿＿＿＿＿ 手机：＿＿＿＿＿＿＿＿＿

第88题：
工程建设项目如何科学合理划分阶段？

关于建设项目如何划分阶段，从不同角度理解可以有很多种划分方法，如可从投资、设计、进度、施工等不同角度进行划分。通常分为三个阶段，即前期、实施期、运营运维期。

但是，除运营运维期外，前期和实施期常使人感到有些宏观和笼统，于是派生出很多划分方法，如投资决策阶段、实施阶段、运营阶段三阶段；决策阶段、设计阶段、施工阶段及运营阶段四阶段；决策阶段、设计阶段、招标投标阶段、施工阶段及运营阶段五阶段；决策阶段、设计阶段、招标投标阶段、施工阶段、工程竣工验收结算阶段及运营阶段六阶段等。此外，还有将施工准备、造价控制等列为单独阶段。

笔者比较倾向于三阶段划分方法，即投资策划决策阶段、工程实施阶段及运营运维阶段，其中，对于政府和国有投资项目而言，前两个阶段的分界点为初步设计概算批复（也有观点认为应为可行性研究报告批复）；实施阶段可进一步划分为施工准备期和施工期，二者分界点为项目取得施工许可证并开工建设；施工期包括完成施工过程和竣工验收及相关手续；第三阶段为运营运维阶段，主要包括工程结算、决算、后评价等，以及固定资产移交（如有）、施工方保修期和缺陷责任期以及项目运营运维期等工作。

为何不建议单独设立设计阶段、招标投标阶段及造价控制（咨询）阶段？首先以工程设计为例，对于大中型工程项目，一般会经历方案设计（大型重要公建项目可能还会有概念性方案设计）、初步设计及概算、扩大初步（技术）设计、施工图设计及预算、专项及专业设计、深化设计等过程和具体阶段。方案设计和初步设计及概算属于投资策划决策阶段；扩大初步（技术）设计、施工图设计及预算属于实施阶段的施工准备期；专项及专业设计、深化设计等工作属于施工期。故工程设计为跨阶段工作业务，与多阶段工作交叉、融合，很难将其分立为一个独立阶段。

同理，工程招标投标工作虽主要集中在施工准备期，但决策阶段和实施期也有不少招标投标项目；工程造价咨询（尤其是全过程造价咨询）更是贯穿了全部三个阶段。因此，工程建设项目阶段划分时，应要特别注意具体工程（咨询）业务和建设阶段之间的区别，切勿相互混淆，虽然大多数工程（咨询）业务本身从时间跨度而言均是阶段性工作，但同阶段也会并存多项其他工程（咨询）业务。

第89题：
"1+N"模式中，如不规定N≥1，则可取N=0，变为"1+0"模式，还是不是全过程工程咨询服务？

如全过程工程咨询服务中只有全过程项目管理一项服务业务，而不包括任何其他专项专业咨询业务，则与我国自20世纪90年代以来引进、开展的委托型项目管理业务无异。

此时，咨询服务模式则由全过程工程咨询服务退变（非蜕变）为全过程项目管理服务。全过程工程咨询是在《国务院办公厅关于促进建筑业持续健康发展的意见》中提出的工程咨询服务新理念和模式，它是对传统建设项目管理模式的创新和改革；而项目管理则是在国际上已流行七八十年，并于20世纪90年代引入我国的工程项目管理技术和服务模式。二者是包含关系，即全过程工程咨询服务包含项目管理服务，项目管理是全过程工程咨询众多服务内容中的一项。二者有本质区别，不能混为一谈。亦不能因为目前不少省市地区仍处于全过程工程咨询发展初期，或该地区原来连项目管理服务也未广泛开展过，所以就将二者不加区别的均视为全过程工程咨询。当然可能还有两种情况：一种是项目业主真不明白二者的区别；另一种则是项目业主为应付政府及上级领导部门对全过程工程咨询的要求，或咨询机构为拼凑全过程工程咨询业绩而故意为之。

此外，国家发展改革委在《工程咨询行业管理办法》中明确指出，全过程工程咨询是采用多种服务方式组合，为项目决策、实施和运营持续提供局部或整体解决方案及管理服务。按此，全过程工程咨询的一个重要特征就是多种服务方式组合，而单一的项目管理服务并不符合国家发展改革委关于全过程工程咨询的定义要求，因此，其肯定不属于全过程工程咨询服务。

第90题：
"1+N"模式中，如将1变为0，变为"0+N"模式，其中N≥2，还是不是全过程工程咨询服务？

此种招标及实施模式，即项目业主不委托项目管理服务，而采用业主自管或其他建设管理模式（如委托政府投资建设管理平台公司等），将除项目管理以外其他两项及以上专项专业咨询服务业务（如投资决策咨询、工程勘察、设计、监理、造价咨询、招标代理等）进行组合招标，如工程设计+工程监理、工程设计+可研报告编制+工程监理、工程监理+造价咨询、招标代理+工程监理+造价咨询（简称"招监造组合"）等。

1）如果"0+N"模式中，N=1，即咨询服务业务既无项目管理，又只有一项专项或专业咨询业务，其只能称为专项或专业咨询服务单项招标或委托，更不能称为全过程工程咨询服务，道理同前，不再赘述。

2）对于"0+N"（N≥2）的模式和做法，由于情况比较复杂，特进行展开分析：

（1）受各方面条件的制约和国家层面指导意见的宏观性限制以及无成熟模式可借鉴的现实条件，国家不可能也没必要对全过程工程咨询给出具体的操作模式及实施做法，只能走鼓励打破传统建设管理模式及行业壁垒束缚，积极改革创新发展和采用试点先试先行，及时总结经验教训，以点带面、循序渐进的发展路径。

（2）因此，《国务院办公厅关于促进建筑业持续健康发展的意见》（国办发〔2017〕19号）和国家发展改革委及住房和城乡建设部《关于推进全过程工程咨询服务发展的指导意见》（发改投资规〔2019〕515号）均未给出全过程工程咨询的明确定义，亦未突出强调项目管理在全过程工程咨询服务中的地位和作用，虽稍感遗憾，但究其初衷和目的，就是要充分发挥地方政府、工程咨询行业和项目业主的主观能动性，遵循以发展目标和市场需求为导向、实事求是的客观态度和路径，以试点省市和试点项目实践经验为起点和基础，不断总结和提高，逐步摸索出符合我国国情的全过程工程咨询发展道路和实施模式。

（3）由于上述情况，使得不少人主观上受惯性和传统思维影响，缺乏开拓进取、改革创新精神和动力以及沉下心来实地调研的实干精神，不愿开展全过程工程咨询，不愿当"出头的椽子、出头鸟"，造成客观上对全过程工程咨询的概念和理解认知模糊不清，不求甚解，未能从实质上真正领会其深刻内涵，只是望文生义、人云亦云。因此，对"1+N"模式心存疑虑甚至存在否定之声，这也是"1+N"模式未被完全认可的原因之一。

3）综上，对于"0+N"模式（N≥2）的做法，如仅从国家发展全过程工程咨询的初心和使命以及业主方项目管理在工程项目建设中的重要地位和作用角度而言，可以说，凡不委托全过程项目管理的全过程工程咨询服务招标并非真正意义上的全过程工程咨询招标和服务。

但是，与此同时，为促进和保护全过程工程咨询分阶段、循序渐进地健康发展，避免急于求成和一刀切，在全过程工程咨询发展初期和未充分开展全过程工程咨询的省市地区，可以兼顾考虑部分建设（业主）单位的多样化需求，认可并允许"1+N"模式中暂时采用不委托全过程项目管理，而只组合其他专项专业咨询业务（"0+N"模式，N≥2）的全过程工程咨询招标和发包委托模式存在，以此作为准全过程工程咨询模式向真正意义上的正规全过程工程咨询模式的过渡做法。

第91题：
"1+N+X"模式解析

关于"1+N+X"模式，主要有两种解释：一种解释是，"1"为项目管理，"N"是全过程工程咨询服务单位自身具备的工程咨询资质范围，"X"是其资质范围外的其他咨询业务。资质范围内的咨询业务由全过程工程咨询服务单位自行承担，资质范围外的咨询业务由其管理协调。

另一种解释是："1"为项目管理，"N"是全过程工程咨询服务单位自行实施的咨询业务，"X"是其不自行实施而应进行协调管理的其他咨询业务。

"1+N+X"模式的提出和上述两种解释主要依据是《关于推进全过程工程咨询服务发展的指导意见》第三条"以全过程咨询推动完善工程建设组织模式中的（二）和（三）"。其中（三）提出：全过程咨询服务单位应当自行完成自有资质证书许可范围内的业务，在保证整个工程项目完整性的前提下，按照合同约定或经建设单位同意，可将自有资质证书许可范围外的咨询业务依法依规择优委托给具有相应资质或能力的单位，全过程咨询服务单位应对被委托单位的委托业务负总责。

应该说，《关于推进全过程工程咨询服务发展的指导意见》为全过程咨询服务发展指明了方向和道路，其最根本的目的是充分借鉴国内外先进的工程管理和承包模式，如工程总承包、施工总承包及设计总承包等，通过咨询总承包服务模式为业主提供跨阶段、一体化的集成式咨询服务，彻底改变传统的碎片化服务模式；同时使咨询机构由目前只能提供手工作坊式的阶段性单项服务模式，成长为能提供全过程、综合性、集成化服务模式的综合性工程咨询企业，并逐步具备国际竞争能力。

因此，应该正确理解和解读《关于推进全过程工程咨询服务发展的指导意见》的文件精神，而不是生搬硬套。《关于推进全过程工程咨询服务发展的指导意见》指明了应该向由一家（或联合体）有综合实力的咨询机构承担全部或大部分项目咨询业务的方向发展，其不具备资质和能力的，可由其（而非业主平行发包）分包或转委托。这其实已经指出了全过程咨询服务要走咨询总承包（或称咨询总分包）的发展之路。

但是，根据目前工程咨询供需两方面的现状，尚不具备条件直接采用《关于推进全过程工程咨询服务发展的指导意见》提出的，由一家咨询机构完成自有资质证书许可范围内所有业务，并将其余业务用分包或转委托的方式推进。

建设（业主）单位长期习惯于业主自管模式，不少省市地区对委托项目管理尚存疑虑，换言之，委托业主方项目管理模式尚未成熟，现又开始全面推行全过程咨询，超过了不少业主的心理预期和承受能力。首先，他们不愿做"第一个吃螃蟹的人"而承担风险；其次是顾虑新的管理模式能否取得好的管理效果；最后则担心"大权旁落"，不能掌控和管理咨询服务机构。

对于咨询服务提供方（供给侧），目前，国内真正具备综合实力且咨询业务链完整和相关资质齐全的工程咨询服务机构为数不多，由于"出身"各异，多有"偏科"现象，并多见于设计、监理、造价"单科"成绩突出，综合咨询能力不足，尤以缺乏合格的项目总咨询师（负责人）为甚。现不少咨询机构通过并购、重组等方式增加了一些咨询业务种类和资质，但是，从百姓穿军装，到成为一名真正的军人，还有很长的路要走。所以，国家提倡高质量发展的同时，特别提出加强供给侧改革力度。

此外，由于目前全过程咨询项目绝大多数为政府投资项目，均需公开招标且建筑市场为买方市场，招标的咨询业务组合及资质要求均由业主单位（招标人）决定。全过程咨询公开招标市场上鲜见有招标人按投标人资质范围确定招标业务范围（投标人为不确定对象，资质范围也并不相同，亦无法操作），招标人一般也不会将咨询业务分包或转委托的权利授予投标人或中标人。

因此，"1+N+X"模式实际上很难实施，"X"是中标人不自行实施而应进行协调管理的其他咨询业务，因其不在全过程咨询招标和时点范围内，而属业主另行委托、招标（或称平行发包）的单项咨询业务，因此，完全没有归入全过程咨询服务模式的必要。

至于上述"X"项需要咨询总包单位进行管理协调的问题，因为"1"（项目管理）的工作范围很广，本身就包含对"X"项咨询工作的管理协调，故不必重复提出，业主一般也不会再另行支付管理协调费用。

综上，采用"1+N"模式描述全过程咨询即可完全满足要求，而不必再细化或派生出一个"1+N+X"模式。

第92题：
如何向建设（业主）单位推荐和阐述全过程工程咨询及其优势？

全过程工程咨询服务建议

尊敬的××单位领导：

全过程工程咨询模式是指建设单位委托一家有综合能力的工程咨询单位承担项目全部或大部分咨询业务的服务方式（相当于咨询业务总承包），其资质范围内的工作可由其自己完成，其余的咨询业务由其协调管理并对业主负责。这样能有效地减轻业主对各参建咨询业务单位（勘察、设计、项目管理、工程监理、招标代理、造价咨询、BIM咨询、绿色建筑咨询等）的协调管理，且权责清晰，以便业主腾出大量精力从事业主对项目总体把控的各项工作，同时，实现业主方管理由碎片化管理变为集成化、一体化、跨阶段管理。

目前，全过程工程咨询服务模式正在全国各地推广实施，该模式改变了传统的项目业主投资、建设、管理和使用的工程项目建设管理模式以及业主分别单独委托各咨询服务单位的碎片化管理做法，有效地控制了建设投资，缩短了建设工期，取得了很好的综合效益和成果，同时也是国务院、国家发展改革委、住房和城乡建设部大力提倡和推广的工程建设咨询服务模式。因此，建议在项目开发建设过程中，引进和实施全过程工程咨询服务模式。

2017年2月，《国务院办公厅关于促进建筑业持续健康发展的意见》（国办发〔2017〕19号）鼓励和推行全过程工程咨询。同年5月，住房和城乡建设部发布《住房城乡建设部关于开展全过程工程咨询试点工作的通知》（建市〔2017〕101号），落实国务院文件精神，并选择全国10省市（8+2）和40家单位为全过程咨询试点地区和企业。2019年3月，国家发展改革委和住房和城乡建设部又联合发布《关于推进全过程工程咨询服务发展的指导意见》（发改投资规〔2019〕515号），使全过程工程咨询进入实质性落地实施阶段。

全过程工程咨询自2017年开始试点以来，在全国各地尤其是南方各地已广泛实施。开展比较好的有广东、浙江、江苏、湖南、广西壮族自治区，山东省也已发文规定政府投资项目原则上采用全过程工程咨询模式。所有省市中，深圳市目前开展全过咨询的情况最好，大多数政府投资的重大项目均采用这种先进的建设管理服务模式。

传统的建设管理模式是将工程项目建设中的项目管理、投资咨询、工程勘察、设计、招标采购、造价咨询和工程监理等业务和阶段分隔开来，各单位分别负责不同环节和不同专业的工作，这不仅增加成本，也分割了建设工程的内在联系。在这个过程中，由于缺少全产业链的整体把控，信息流被切断，很容易导致建设项目管理过程中各种问题的出现以及带来质量、投资、工期控制、安全、绿色环保、使用功能实现等方面的隐患，使得业主难以得到完整的建筑产品和服务。与此相反，全过程工程咨询具有如下优势和特点：

一、节约建设投资，提高投资效益

采用单次全过程工程咨询服务招标方式，使得招标、合同成本远低于传统模式下，勘察、设计、造价、招标代理、项目管理、投资咨询、工程监理等参建单位多次发包的招标、合同成本。此外，咨询服务覆盖工程建设全过程，这种高度整合各阶段的服务内容将更有利于实现全过程投资控制，通过限额设计、优化设计和精细化管理等措施提高投资效益，确保项目投资目标的实现。

二、有效缩短工期，利于进度控制

采用全过程工程咨询服务模式，可大幅减少建设单位日常管理工作和人力资源投入，确保信息的准确传达，优化管理界面；此外，不再需要传统模式冗长繁复的招标次数和期限。可有效优化项目组织和简化合同关系，有效解决了投资咨询、项目管理、设计、造价、招标（代理）采购、监理等相关单位责任分离等矛盾，有利于加快工程进度，缩短工期。

三、提高服务质量，职责明晰统一

实行全过程工程咨询单位负责制，弥补了单一服务模式下可能出现的管理疏漏和缺陷以及工作界面不清、出现问题相互推诿扯皮的痼疾。各专业、专项业务和工程无缝对接，从而提高全过程咨询服务质量和项目品质。此外还有利于激发参建各方的主动性、积极性和创造性，促进新技术、新工艺和新方法的应用。

四、有效规避各类风险，建设阳光工程

全过程工程咨询单位作为项目的主要责任方，将发挥全过程、综合性、跨阶段、一体化的管理优势，通过强化管控，减少安全生产事故，从而有效降低建设单位主体责任风险。同时，也可避免因众多管理关系伴生的腐败风险，有利于规范建设市场秩序。

五、工程咨询服务集成化管理，提高管理效率

全过程工程咨询是为建设单位定制的服务，建设单位将会不同程度地参与实施过程的决策和控制，并对许多决策工作有最终决定权。同时，工程建设项目的投资、工期、质量、安全、绿色环保和使用功能的"六统一"形成和实现于服务过程中，最终的综合水平取决于建设单位和全过程咨询单位之间的协调程度和相互信任的合作关系，而全过程工程咨询服务则是双方建立合作、信任关系的最好模式。

全过程工程咨询具体服务模式主要有"项目管理＋工程监理"模式、"项目管理＋工程监理＋全过程造价咨询"模式、"项目管理＋工程设计＋工程监理"模式等。建议采用以"项目管理＋工程监理"为核心内容，视项目具体情况再添加可研报告编制、招标代理、全过程造价咨询等专项咨询业务模块的方式，循序渐进，积累经验后稳步推进。

以上建议仅供参考，不妥之处敬请指正。

第93题：
关于全过程工程咨询服务取费中统筹管理费用收取相关问题解析

在全过程工程咨询不断开展的形势下，为解决全过程工程咨询和项目管理服务取费问题，《关于推进全过程工程咨询服务发展的指导意见》中提出的统筹管理费用收取问题，引起了咨询行业的重视和兴趣。

根据该文件中第五条，优化全过程工程咨询服务市场环境中第（二）条完善全过程工程咨询服务酬金计取方式，其中阐述全过程工程咨询服务酬金可按各专项服务酬金叠加后再增加相应统筹管理费用计取。

统筹管理及其费用，顾名思义，就是由于全过程工程咨询总包（牵头）单位承担了全过程咨询招标和合同中包含的各专项咨询服务单位和业务的统筹协调管理工作，因此应该向业主方收取相关费用。

但是，如果全过程工程咨询服务已包含委托全过程项目管理服务，全过程咨询服务单位又计取了项目管理费，而按照《基本建设项目建设成本管理规定》及全过程咨询服务合同，项目管理服务范围本身一般就包含了在业主授权范围内，对其他专项咨询业务的统筹管理协调。那么，此种情况下，统筹管理费用还应否另行再计取？

采用"1+N"模式全过程工程咨询服务，建设单位通常认为，已向咨询总包单位（或称咨询牵头单位）支付了全过程项目管理费，再支付统筹管理费，属于重复取费。因为，如专项咨询业务由咨询总包自己（或联合体）承担，则统筹属于内部管理协调，不应再向建设单位收取费用；如由咨询总包单位自行分包或转委托，则由分包向总包支付总包管理费。

如总包单位自行发包，其只能向分包单位收取管理费，而不能向建设单位收取。只有建设单位平行发包或约定分包的情形，总包单位才能向建设单位收取总包管理费。全过程工程咨询服务模式中，即便建设单位平行发包专项咨询业务，如工程勘察、设计、造价咨询等，现实操作中，建设单位也很少会向咨询总包单位支付统筹管理费用。

因此，咨询总包单位对专项咨询业务的统筹管理工作与其项目管理的关系和区别，以及工作内容、范围和界面划分确实是一个值得进一步分析和研究的问题。

第94题：
解决全过程咨询服务项目管理取费过低难题有何新的思路和做法？

"1+N"模式全过程工程咨询服务取费，一般采用"1+N"项咨询业务分项叠加计费的取费方式。其中"1"为项目管理取费，"N"代指其他各项专项专业咨询业务取费。

1）除项目管理以外的其他专项专业咨询取费问题，由于其中主要专项咨询，如投资咨询、勘察、设计、监理、招标代理等国家层面原均有取费标准，现服务价格放开后，原标准仍可作为参照或招标控制价；国家层面原本就无造价咨询统一取费标准，现仍可执行各省市及地区现行取费标准；新兴及专业性、行业性强的咨询业务，如BIM、绿色建筑、PPP、各种评价咨询、信息化、展陈工程、舞台机械、医疗工艺咨询等，可按照或参照各省市、地区及行业协会已有和新制订的服务价格标准或指导意见等执行。

2）由于项目管理的取费依据（政府及部分国有投资项目）仍然按照《基本建设项目建设成本管理规定》执行，且该取费标准多年来已被大量项目实践证明取费过低（应提高50%以上），满足不了全过程项目管理服务的成本费用支出，成为制约全过程工程咨询发展的掣肘和瓶颈，从而也成为业内要求政府提高服务价格呼声最高的焦点问题。

3）目前，国家对政府投资项目管理越来越严格，各项咨询服务价格被陆续放开，市场呼吁政府重新制订或提高工程咨询服务指导价格，历经多年实践，已被证明收效甚微或行不通。

笔者通过多年项目实践，认识到要解决项目管理取费过低问题，方法可能要在项目本身寻找，这同样也可以理解为一种不"等、靠、要"、发挥项目业主自身主观能动性的创新精神。

政府越来越重视政府和国有投资项目可行性研究报告、初步设计概算审批和"超概"问题。初步设计概算中所谓"二类费"的内容，很多咨询服务内容和取费并未列入，如第三方检测、委托尽职调查、精细化审图、专家论证研讨、全过程审计、结算审计、项目奖励等；不少初步设计概算中不但全过程造价咨询不能列支，就连造价咨询（工程量清单、控制价编制）也未能幸免。

4）对项目业主而言，上述咨询服务业务十分必要和急需，但批复的初步设计概算又未列支，那么费用从何处支出呢？经过大量调查研究发现，在同时满足工期、安全质量目标、项目投资控制在批准概算总投资范围条件下，业主方为了满足项目实际需要，在不违反国家及当地政府相关法律法规的前提下，可以委托初步设计概算中未列支的咨询服务，并在项目结算、决算中列支费用。在某种程度上可以理解为：可以"用打酱油的钱来买醋"，只要不"超概"。

5）在解决全过程工程咨询项目管理取费过低问题上，以广东省和深圳市为代表的先行先试省市为我们树立了榜样。广东省2018年率先出台了《全过程项目管理服务取费指导意见》，将项目管理最高费率提高至3%。

深圳市在政府投资项目全过程工程咨询招标时，并未完全拘泥于项目可研报告和初步设计概算中"项目管理"批复额度，而是从全过程工程咨询全局着眼，在保证项目不"超概"的前提下，一是采用将与项目管理打包招标的其他咨询业务（如监理）设置为"不可竞价项"的办法，将取费标准（概算批复额度）与可竞价（中标价）之间的价差，补贴给项目管理；二是设立奖励金额和项目课题研究费用，奖励优秀的项目管理服务；三是充分利用公开招标的优势，努力实现其他各项招标业务合理的批复额度和中标合同额之间的额度差，以应对各种"超概"风险。

上述措施的主要目的是为了保证以项目管理为代表的重要咨询业务高质量完成，同时实现政府投资项目对投资、质量和工期等的综合要求。总之，既要保证不"超概"，又要满足项目必要费用支出需求，就必须统筹兼顾，分清轻重缓急，"好钢用在刀刃上"。

综上，"1+N"模式已成为全过程工程咨询服务的主流模式。但是，推行全过程工程咨询还有很长的路要走，还有很多问题要解决。业主方项目管理是建设项目管理中最重要的环节和内容，而项目管理取费过低又是目前全过程工程咨询服务中最难解决的问题之一。广东省和深圳市的做法为我们提供了新的思路，值得学习和借鉴。

第二部分

全过程工程咨询项目策划方案编制和履约服务评价

第一节 项目策划方案编制基本要求（编制大纲）

政府投资项目策划方案编制大纲参考

为指导项目策划方案编制，制订本大纲。项目策划方案需紧扣当地政府工程高质量发展行动方案等指导性文件，参照本大纲，鼓励创新改革，提出项目全过程管控要点和相关落实思路。

项目策划方案的内容以标准化和个性化相结合，原则上须涵盖本大纲相关要素。鼓励全过程咨询单位根据项目特点和管理思路，提出要素以外的其他创新内容。选择分两阶段编制策划方案的项目，第一阶段策划方案应至少包括项目概况、目标定位、项目特殊性及重难点初步分析、建设管理模式、项目总工期及关键工期节点、设计招标策划等内容。

项目策划方案可以要求以书面文件（Word 版）及 PPT 形式提交，其中 PPT 可先行报建设单位审议，经决策后形成会议纪要及《项目策划决策事项清单》（附件），作为后续项目工作开展以及监督检查的依据。书面文件一般应在会后一个月内完善提交。项目策划方案主要包括以下内容：

一、项目概况

（一）区位：包含项目地址、场地及周边现状、场地边界、市政配套设施等。
（二）投资规模：项目匡算、估算以及政府发改部门相关投资批复意见等。
（三）建设规模及建设内容：用地面积、建筑面积、建筑功能组合、配套设施、规划部门相关要求、相关概念方案、市政接驳方案等。市政类项目结合项目特点补充相关内容。
（四）使用单位。
（五）时间要求：市政府、使用单位、建设单位相关的开工、竣工时间要求。
（六）进展情况：已完成工作及近期正在和计划开展工作。

二、目标定位

（一）市委市政府、相关行业规划和专项规划、主管部门、使用单位、建设单位等关于本项目的定位要求和描述等。

（二）结合项目各项条件拟定本项目应该达到的建设目标以及设计理念等。

三、项目特殊性、重难点分析及对策

（一）特殊性：项目有别于常规建设项目，或有别于以往同类项目，需要在项目建设过程中引起重点关注的特点。

（二）重难点分析：包括不限于设计管理重难点、施工管理重难点、投资管理重难点、组织协调重难点、危险大型工程管理重难点、工期管理重难点等，对重难点进行分析，提出项目的存在问题及其解决思路。

四、项目策划

（一）建设管理模式及组织架构

1.建管模式选择及创新：按照目前业主推行的建管模式，如常规模式、全过程工程咨询、EPC、建筑师负责制、代建模式、PMC模式等，结合项目特点进行选择或搭配，阐述建管模式实施方案，在保证投资、质量、安全的前提下，提高建设效率和单位人效。鼓励全过程咨询单位对建管模式进行创新试点。

参考文件：

1.《××市项目建设管理模式应用标准化指引》

2.《××市工程建设组织模式选用指引》

3.《政府投资项目EPC工程总承包模式应用及投资风险防控工作指引》

4.《××市全过程工程咨询实施指引（试行）》

5.《××市全过程工程咨询、监理招标工作指引》

6.《××市工程总承包项目管理指引》

7.《××市设计主导全过程工程咨询实施指引》

8.《××市市场化代建管理手册（市住房和城乡建设局直接委托）》

9.《××市市场化代建管理手册（项目（法人）单位委托）》

2.组织架构：建议参照××工程项目明确项目管理总体架构，做好与使用单位的对接，理顺市住房和城乡建设局内部，以及市住房和城乡建设局与总包单位、咨询单位、第三方巡查单位的关系。

参考文件：《××项目管理组织架构》

（二）进度目标及管理策划

（1）工期风险研判：根据项目竣工交付时间要求，初步分析是否需要压缩定额工期，需要采取非常规措施加快建设；提出确保进度目标实现的主要措施，如选择合适的工程建设组织模式，优化组织协调，选择先进设计方案、施工方案和技术措施等。

（2）进度目标：包括项目总工期及主要的工期节点时间，包括但不限于可研批复、概算批复、规划许可、施工许可、施工图完成、场平开工、基坑开工、主体开工、主体封顶、内装开工及完工、设备调试完工等。市政类项目结合项目特征提出关键节点时间，提供工期计划横道图。

（3）根据《××市项目进度计划管理办法》和《××市在建项目进度计划编制指引》，进行项目总进度计划编制和关键节点的设置，指导项目建立符合工程建设实际规律的进度计划，满足市住房和城乡建设局工程管理平台的进度管理系统模块，进行工期进度管理的要求。

（4）政府、建设单位有明确项目开工时间要求的，应提出确保按期开工的工作方案。

> 参考文件：
> 1.《市住房和城乡建设局关于发布〈××市建设工程施工工期定额〉(20××)的通知》
> 2.《××市建设工程勘察设计工期定额（20××）》
> 3.《××市标准化工期参考值》
> 4.《××市项目进度计划管理办法》
> 5.《××市项目进度计划编制指引》

（三）投资目标及管理策划

（1）项目投资分析，包括总投资水平、单方造价水平、全生命周期评估等。

（2）项目投资风险预判和管理目标。

（3）确保投资目标实现，落实限额设计，加强建造成本精细化管控的主要措施。

（4）清单报价和市场竞价机制探索。

（四）质量目标及管理策划

1.设计质量管理目标及措施

（1）奖项目标

①国家级奖项——全国优秀工程勘察设计奖、全国优秀工程勘察设计行业奖、中国建筑学会建筑设计奖、中国建筑工程装饰奖。

②××省省级奖项——××省优秀工程勘察设计奖。

③××市市级奖项——××市优秀工程勘察设计奖。

④其他重要奖项。

（2）设计水平提升策划

2.工程质量管理目标及措施

（1）奖项目标

①国家级奖项——国家优质工程奖、中国建设工程鲁班奖（国家优质工程）、中国土木工程詹天佑奖。

②××省省级奖项——××省建设工程金匠奖、××省建设工程优质奖、××省建设工程优质结构奖。

③××市市级奖项——××市建筑工程优质奖（××市优质结构工程奖、××市优质工程奖、××市优质工程金牛奖、××市优质专业工程奖）。

④其他重要奖项。

（2）质量管控措施

（五）安全文明生产目标及管理策划

1.安全风险分析：对勘察、设计、建造和使用维护阶段进行安全风险分析研判，提出相关管理思路；对重大分部分项工程、重要节点、重大变更事项（尤其涉及工期、工序、工艺、施工界面重大调整时）、危险性较大的分部分项工程进行预判分析，提出合理的防控机制。

2.安全文明管理目标

①国家级——全国建设工程项目施工安全生产标准化工地、国家AAA级安全文明标准化诚信工地。

②省级——××省建筑施工项目安全生产标准化工地、××省房屋市政工程安全生产文明施工示范工地、××省建筑工程安全生产文明施工优良样板工地、××省绿色施工示范工程。

③市级——××市安全文明施工标准化示范工地、××市安全生产和文明施工优良样板工地、××市建筑业绿色施工示范工程。

④其他重要评比奖项。

3.安全文明管理措施

（1）常规措施

（2）防疫措施

（3）危险性较大的分部分项工程预判和措施

（4）安全生产标准化措施

（5）应急管理措施

（六）招标策划

1.设计招标策划

根据项目所选择的建设管理模式制定项目的设计招标策划，如招标范围、设计招标包含的设计阶段等。

2.施工招标策划

根据项目建设内容、建管模式等多方面的考量制定项目的施工招标策划,如招标计划、标段划分,是否采取基坑提前招标等。

3.新型工程担保与保险探索等

招标策划不含具体的评定标方案。

(七)技术创新策划

依据项目的定位、目标、投资、复杂程度等因素,对相关技术创新提出初步设想。

1.绿色建筑

(1)目标

国际:LEED认证。

国内:国内绿色建筑分基本级、一星、二星、三星4个等级。

××市绿色建筑分铜级、银级、金级、铂金级4个等级。

(2)措施

为达到绿建目标等级拟采取的管理措施。

2.装配式建筑

根据装配式建筑政策、实施标准、技术要求、工期目标等进行技术应用分析,初步提出装配式建筑评分、装配式建筑体系等技术要求。对于群体建筑,要对装配式建筑实施面积比例要求以及拟采用装配式的单体等进行初步判定。

> 参考文件:
> 1.《××市住房和城乡建设局××市规划和国土资源委员会关于做好装配式建筑项目实施有关工作的通知》(建规〔20××〕13号)
> 2.《××市住房和城乡建设局关于进一步明确装配式建筑实施范围和相关工作要求的通知》(建设〔20××〕1号)
> 3.《××市装配式建筑实施管理指引》

3.海绵城市

根据项目用地范围内的地质情况,结合项目建设内容等进行海绵城市建设可行性初步评估。除符合豁免清单的项目外,根据项目的年径流总量控制率等技术指标,提出拟采取的技术和管理措施。

> 参考文件:
> 1.《××市××政府公共工程海绵城市建设工作指引》
> 2.××市关于发布《××市××海绵城市管控指标豁免清单》的通知(建工字〔20××〕124号)

4.建筑废弃物处置

进行初步土方平衡评估，提出减少弃土开挖的有关思路；明确是否参与泥沙分离、工程弃土综合利用产品等试点工作，以及相应的管理措施。拆除重建项目需要考虑建筑废弃物的综合利用。

> 参考文件：
> 1.《××市住房和城乡建设局关于印发进一步加强我市建筑废弃物处置工作若干措施的通知》（建废管〔20××〕2号）
> 2.《××市建筑废弃物管理办法》

5.综合管廊

初步提出是否有综合管廊建设需求和建设条件。项目群、多组团项目应重点考虑。

6.市住房和城乡建设局标准研究

结合本项目类型及特点，提出完善市住房和城乡建设局标准体系建设的相关研究课题，包括不限于功能、设计、选材用材、绿色节能等产品标准；需求研究、前期策划、招标采购、验收交付、履约评价、运行维护等政府工程管理标准；工艺标准、建造和技术标准等。

7.创新课题研究

明确是否依托本项目开展创新课题研究，提出创新目标、课题方向、预期成果、实施路径等。

8.其他新技术创新

略。

（八）信息化管理策划

1.数字化建造

对于符合BIM实施条件的项目，需在策划阶段统筹考虑项目规划、勘察、设计、施工、运维准备阶段的整体BIM实施要求，形成项目策划方案——BIM实施专篇，指导项目BIM整体实施工作。策划方案应明确项目整体BIM实施目标、实施阶段、实施模式、实施范围、各阶段实施内容等，分析需通过BIM技术辅助解决的项目重难点问题，提出各阶段BIM实施的进度计划、管理措施、成果应用要求和奖项申报目标等。

> 参考文件：
> ××市关于印发《××市××政府工程建筑信息模型（BIM）体系化应用行动方案（2020年—2022年）》的通知。

2.智慧化管理

利用物联网、大数据、云计算、人工智能、融合通信等先进技术，依托政府工程建设智慧工务平台等信息化系统，开展智慧工地建设和创新应用策划，提出实施范围、总体要求、技术方案、进度计划、保障措施等内容和创新应用评估，对工地现场的施工质量、安全等问题进行全面监控、自动识别、风险预警和闭环跟踪，预防安全隐患，提升现场管控水平。

> 参考文件：
> 1.《××市施工现场信息化系统项目级配套技术指引》
> 2.《××市住房和城乡建设局关于进一步推进"建设工程智能监管平台"运用工作的通知》
> 3.《建设工程安全文明施工标准》(SJG—46—20××)(××市住房和城乡建设局发布)

3.智慧建筑

以高效、共享、安全、绿色的智慧建筑生态系统目标，开展智慧园区、智慧建筑、智能化系统运行维护等研究并积极推广应用，为用户提供安全、高效、舒适、便利的人性化建筑环境。

（九）公共信息管理策划

结合项目特点制定项目公共信息管理工作计划，包括但不限于：建设过程照片和视频等资料的形成、整理和归类，项目管理模式、招标投标、设计、质量安全管理、技术创新、信息化等亮点工作归纳总结，纪录片、画册和项目总结等策划制作，人物故事、感人事迹的挖掘呈现，重大节点信息公开计划，党代表、人大代表、政协委员和社会监督员监督视察计划，公众参与活动安排，满意度调查，舆情监测及应对等。

（十）运维管理策划

1.根据项目特点，提出运维管理重点。

2.从运维角度，综合考虑建筑全生命周期经济效益，研究提出对建筑设计的要求。

3.分析本项目运维管理的重点，初步提出关于项目运维状态感知体系的设计、施工以及数据互通的要求、基于BIM模型的建设期数据资产维护及交付运维的要求等，明确项目参建各方的职责和工作内容，指导项目在建设期落实运维需求前置的相关实施工作。

（十一）党建廉政策划

1.党建+

成立项目联合党组织，明确党员责任要求、工作制度建设、政治学习计划、活动基地安排、党建台账管理、典型案例宣传等落实市住房和城乡建设局特色党建品牌建设，提高"党建+"活动质量，推动党建与业务工作深度融合的相关措施。

2.廉政建设

明确开展政治理论学习、党风廉政主题教育、廉政风险防范、完善过程监督、工程信息公开、业务流程监测预警、实名制监督、廉政文化建设等党风廉政建设的有力保障措施。

> 参考文件：
> 1.中共××市××直属机关委员会关于印发《××市××联合党建工作指引（试行）》的通知
> 2.《关于进一步开展"党建+"活动的通知》

（十二）其他

根据项目特点和项目管理组的管理思路，认为应当列入项目策划方案的其他内容，比如创优策划等。

五、创新要点汇总

结合《××市××政府工程高质量发展行动方案（2020—2025年）》，对本项目策划方案的各方面创新要点进行汇总，突出创新内容。

六、请示事项

需提请建设单位审议的事项。
附件：项目策划决策事项清单。

附件：项目策划决策事项清单

项目名称	项目策划决策事项内容
上会阶段	□一次性　　□两阶段　　□两阶段　　□重大变化重新报审
全过程咨询项目部	总咨询师：　　　　　　　　　技术负责人：
建管模式	
工期目标	
投资目标	
质量目标	
安全文明生产目标	
绿色建筑	
装配式建筑	
海绵城市	
市住房和城乡建设局标准研究	
信息化管理	
公共信息管理	
党建廉政建设	
其他	
创新要点汇总	

第二节　项目策划方案参考

××项目策划方案（下文为部分节选）
编制单位：××项目全过程工程咨询项目部
编制日期：二零二×年××月

目　录

第一章　项目概况
　　一、项目基本信息
　　二、项目区位
　　三、项目功能和定位
　　四、项目进展情况
第二章　重难点分析
　　一、使用单位多、投资渠道不同
　　二、缺少运营团队
　　三、统筹片区规划
　　四、立体通行
　　五、方案落地
　　六、统筹群体建筑设计管理
　　七、政务接待
　　八、快速决策建筑、展陈和室内设计方案
　　九、社会关注度
　　十、剧院建筑极其复杂的技术要求
　　十一、统筹项目施工管理
　　十二、生态环保
　　十三、地铁振动影响
　　十四、施工重难点
第三章　组织架构与建管模式
　　一、组织架构
　　二、项目管理架构

三、项目决策层级
　　四、建管模式
第四章　项目实施管理策划
　　一、高品质
　　（一）质量创优策划
　　（二）安全文明施工策划
　　（三）风险管理策划
　　（四）材料设备管理策划
　　二、高品位——设计管理策划
　　（一）原则——统筹规划设计
　　（二）保障措施——依靠多种资源、保障提升设计品质
　　（三）特征之美
　　（四）价值之美
　　（五）融合之美
　　（六）绿色之美
　　（七）精神之美
　　三、高效能
　　（一）招标采购策划
　　（二）进度管理策划
　　（三）投资管理策划
第五章　信息化与标准化管理
　　一、信息化管理
　　二、智慧工地策划
　　三、标准化建设
第六章　全周期管理
　　一、运维管理策划
　　二、技术创新
第七章　党建引领、公共信息管理
　　一、党建引领
　　二、公共信息管理
第八章　请示决策事项
　　一、建管模式
　　二、进度管控目标

第一章 项目概况

一、项目基本信息

项目名称	××项目群	
使用单位	××市文化广电局 ××区文化广电局 ××区金融工作局	
项目地点	项目位于城市主干道××大道北侧	
总占地面积	××纪念馆：××万平方米 ××剧院：××万平方米 ××文化中心：××万平方米	
总建筑面积	××纪念馆：××万平方米 ××剧院：××万平方米 ××文化中心：××万平方米	
建设投资	××纪念馆：约××亿元 ××剧院：约××亿元 ××文化中心：约××亿元	
建设周期	××纪念馆/××剧院：20××年×月至20××年×月； ××文化中心：20××年×月至20××年×月	
全过程工程咨询单位	××咨询公司	
一等奖方案设计单位	××纪念馆	
	××剧院	
	××文化中心	
勘察单位	××纪念馆	××市勘察研究院有限公司
	××剧院	××市××勘察设计有限公司
	××文化中心	××市勘察设计有限公司
造价咨询单位	××纪念馆	××市××造价咨询有限公司
	××剧院	××市××工程咨询有限公司
	××文化中心	××市××工程顾问有限公司
项目定位和功能	××纪念馆	纪念馆将打造成为中国特色的大型综合现代化纪念馆
	××剧院	××剧院打造全球一流的现代表演艺术殿堂，彰显其在全球的科技领先地位
	××文化中心	国内外一流的综合性新型文化中心，国际交流会议及培训、学术研究、旅游教育等

四、项目进展情况

略。

第二章 重难点分析(部分内容摘要)

十、剧院建筑极其复杂的技术要求

重难点	剧院建筑极其复杂的技术要求
对策	(1)重视方案深化设计任务书,强调结构、设备、电气各专业系统论证; (2)委托剧院运营顾问,尽早固化功能面积需求; (3)专业舞台工艺设计单位进行舞台机械、音视频、灯光设计; (4)专业建筑声学设计单位,在设计全过程提供专业咨询、模拟,在施工阶段提供测试、验证; (5)方案阶段进行消防咨询,尽早开展消防性能化设计和论证 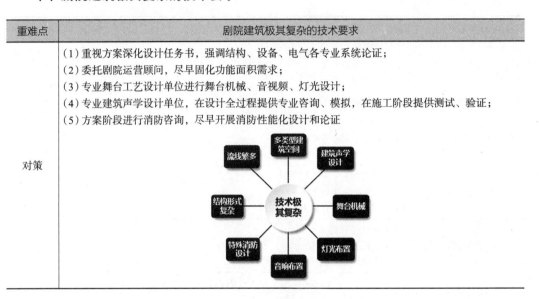

十一、统筹项目施工管理

重难点	统筹项目群及周边项目施工管理
对策	(1)统筹范围管理:落实周边项目责任主体、项目范围、影响因素,建立工作机制; (2)统筹组织管理和优势资源:发挥各级管理优势、重点解决关键事项和关键问题、推动项目进展; (3)统筹工期进度:总体进度统筹安排、统一管理、落实关键节点、总控+专项计划、执行+监督检查; (4)统筹现场管理:项目群及周边项目施工组织设计统筹考虑、合理安排、穿插进行

十二、生态环保

重难点	项目群位于市中心位置,生态环保关注度高
对策	(1)根据环境定位目标,运用科学模拟分析,确定日照与建筑、场地的关系;综合场地风、光、声等物理因子,对景观设计提供科学指导; (2)海绵生态设计做到可落地/可持续/可参与/可推广/可示范 下凹绿地　透水铺装　雨水花园　人文海绵　生态树池　水景滞留池

续表

重难点	项目群位于市中心位置,生态环保关注度高
对策	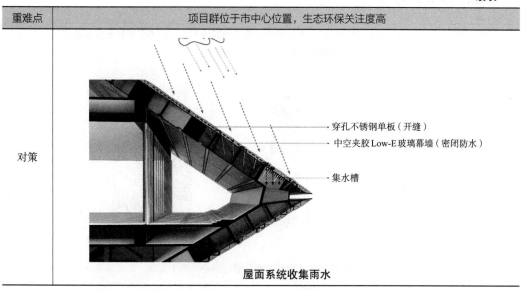 屋面系统收集雨水

十三、地铁振动影响

重难点	如何避免地铁振动、噪声对展(藏)品和演出的影响
对策	地铁振动会对建筑物结构安全、纪念馆展品存储安全、××剧院演出效果造成不良影响。因此,需要在设计之初,对振动和噪声进行专项评估,在建筑声学和减隔振专业团队的指导下,提出解决方案。 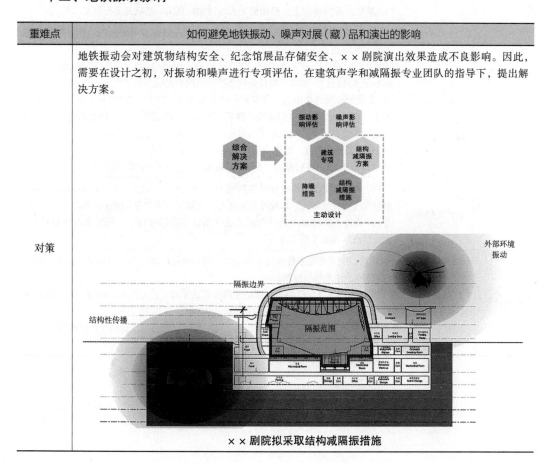 ××剧院拟采取结构减隔振措施

十四、施工重难点

重难点	××纪念馆	（1）外立面形成大面积玻璃幕墙和玻璃屋面，玻璃屋面防水排水施工及出屋面设备设施与玻璃屋面的节点防水处理是重难点； （2）金属装饰外立面及玻璃幕墙包围全部四个立面，既要满足外立面效果又要满足消防排烟要求； （3）东西两侧的建筑布局，结构实体之间的水平和空间联系不规则，跨度大、高度高，施工定位控制及施工安装难度大； （4）基坑深度18米以上，且南侧进入地铁保护范围，基坑变形控制要求高
	××剧院	（1）施工场地紧张：建筑覆盖率达90%，基本占满项目用地面积，要统筹考虑施工及场地问题； （2）大跨网壳结构施工难度大、安全风险高：钢结构加工、安装精度要求高，空间测量放线定位是关键，累计偏差要控制，网壳拼装吊装难度大； （3）金属屋面及外幕墙施工难度大：对金属表皮的加工工艺（材料选型、涂层处理工艺、双曲面加工、空间定位、调差与安装等）提出高要求；排水系统及防水做法是施工重点难点；机电系统出屋面设备与建筑效果结合等是重难点； （4）装饰装修标准高，结合声学效果落地把控是重难点； （5）4层地下室，B4底标高-25米，基坑支护、地下结构施工难度大
	××文化中心	（1）特殊造型使钢结构构件悬挑跨度大、高度高，且均为坡向和倾斜结构；多功能报告厅无柱空间大，双坡屋顶跨度大，金属屋面施工安装精度要求高、难度大； （2）建筑地下室与城市公共空间及地铁衔接不能同时施工，预留节点构造复杂，该处节点防水施工要求高
共同对策		（1）开展外立面材料比选，制定幕墙及外表皮专项工作方案和验收标准，引导BIM设计及施工模拟先行，开展实体样板引路，注重事前控制； （2）妥善处理建筑平面布局、流线与使用方高规格使用功能的矛盾，针对展陈、剧场、大会议室等室内重要部分做好方案比选，强化座谈和专家论证； （3）特殊展陈及舞台机械等非标设备，建立驻场监造、出厂检验、安装精度控制、运行验收等； （4）项目群深基坑、地下公共连廊衔接事宜，与区各部门和地铁集团提前做好沟通

第三章 组织架构与建管模式

一、组织架构

（一）工作小组成员

成立××纪念馆项目群建设联席会议工作小组，工作小组由牵头单位和成员单位组成。

（二）主要任务

（1）传达市领导关于××纪念馆项目群建设的决策部署和指示精神；

（2）通报项目进展情况，梳理存在的问题；

（3）沟通协调项目建设需求、土地整备、资金保障、报批报建、实施计划等事宜；

（4）督促检查联席会议议定事项的落实情况。

（三）工作要求

（1）联席会议原则上每月召开一次，根据实际需要也可不定期召开；

（2）联席会议的召开和研究讨论的事项，由牵头单位或成员单位向工作小组办公室提出；

（3）联席会议由牵头单位有关负责人主持，其他成员单位有关负责人出席；

（4）提交联席会议研究讨论的重要事项，由工作小组办公室会同有关单位准备意见，并在联席会议召开前征求有关成员单位的意见，以确保联席会议的质量；

（5）各牵头单位、成员单位的有关负责人须保证按时参加会议，确因特殊原因不能参加会议的，可委派熟悉情况的相关人员参会，并提前告知工作小组办公室。

二、项目管理架构

（一）业主领导层面：负责对项目的顶层决策、统筹指挥、重大事项的高层协调以及对于项目执行情况的总体督导。

（二）业主机关各处室：负责对××纪念馆项目群项目的进度、质量、安全、投资、材料设备、党建、信息等进行监督、考核、指导。

（三）设计管理部：负责项目初步设计及概算前的项目管理组织和实施阶段的设计管理工作。

（四）工程管理部：负责项目概算批复后的项目管理组织工作。

（五）项目管理组+全过程工程咨询团队：项目管理组由业主重大项目指挥部统一领导。项目管理组与全过程工程咨询单位项管团队协同办公，互相融合，全过程工程咨询团队在项目管理组的领导和充分授权下，共同履行建设单位职责（图3-1）。

（六）各参建单位：在项目管理组的统筹领导下，接受项目管理组和全过程工程咨

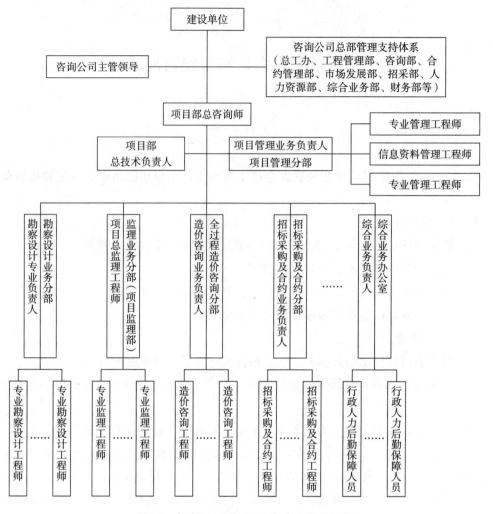

图3-1 全过程工程咨询项目部参考组织架构

询团队的联合管理,根据各自不同的分工,联合作战,共同完成××纪念馆项目群项目建设目标。在项目实施期,由业主委托的第三方评价机构在项目建设过程中进行全过程监督管理。

三、项目决策层级

为应对××纪念馆项目群建设规模大、工期紧、技术难度高的特点,项目建立三个层次的高效决策指挥机构。

(一)决策层:由业主负责××纪念馆项目群建设的全面统筹指挥和重大问题的研判决策。

(二)执行决策层:由业主项目管理组负责执行业主决策层决策事宜,并在授权职责范围内,代表业主方决定项目现场相关事项。

(三)技术管理团体支撑层:由全过程工程咨询单位项目管理团队、各专业咨询顾问、专家团队等提供常规项目管理，包括建筑各专业项目管理、展陈内容和概念设计、剧院工艺咨询等。决策方案提供现场支持，为技术方案比选提供技术支撑，并做出相应的经济、技术论证等支持工作，并负责落实最终决策方案。推动组织创新，高效能优化项目资源配置，有计划组织实施。

四、建管模式

常规建管模式为：方案竞赛＋施工图设计＋全过程工程咨询＋施工总承包＋专业承包＋专项EPC。

考虑到三个项目要从布局体现空间结构美及建筑之间既要相互映衬，又要有个性之美，并与周边环境相协调。业主采取创新的全过程工程咨询服务：项目群（业主项目管理组）＋全过程工程咨询（项目管理＋工程监理＋展陈、舞台专家咨询团队）。

第四章 项目实施管理策划

一、高品质

(一) 质量创优策划

1. 质量创优目标

(1) 坚守"高标准、严要求、精细化管理"的工作理念,确保创优目标实现。

(2) 创优目标:本项目纪念馆确保鲁班奖;剧院和文化中心力争国优;项目群争取市优质结构工程奖、省建筑工程优质结构工程奖、全国钢结构奖、省优秀建筑装饰工程奖、中国建筑工程装饰奖、BIM奖项。

2. 质量创优措施

(1) 提前策划:明确目标任务,强化工作部署,推动各项创优工作落地。

(2) 招标落实:在施工总承包招标文件中明确质量创优目标,并要求依据创优目标编制项目创优策划。

(3) 创优目标分解:在监理下发动工令一个月内,由施工总承包单位编制创优规划大纲,两个月内完成创优实施策划,经全过程工程咨询单位及业主项目管理组审批后执行。

(4) 全程监管:在项目实施阶段通过高标准、严要求、精细化管理,实现"过程精品、一次成优"。同时,由施工总承包单位邀请创优专家参与创优实施策划的编制指导,在创优实施阶段邀请创优专家参与项目现场并指导落地。

(5) 预验申报:每一个分部、分项、单位工程进行预验收,预验收合格再申报相关单位或部门验收,问题提前整改,使验收一次通过。

3. 为提高工程质量水平,采取以下具体措施:

(1) 设计尽可能采用标准化构件。常规结构采用装配式混凝土结构体系、复杂大跨度空间建筑采用装配式钢结构体系,可以减少模板支撑体系及模板竖向加固工序,大大降低操作难度,降低涨模、漏浆、蜂窝麻面等混凝土质量通病的发生,更能大幅提高构件的精度。例如,在预制楼梯、预制管沟、装配式机房、装配式幕墙、钢结构等方面可以采用装配式(图4-1、图4-2)。

(2) 关键工序使用建筑产业工人,加强技术交底和班组人员教育。本项目规模大、专业多,需要较多建筑行业高素质管理人才以及熟练的产业技术工人才能完成项目的建设目标。为此,业主项目管理组和全过程工程咨询项目部将在业主督导处的指导下,推行产业工人培训,利用业主实训基地,对施工总承包单位的工人进行技术安全实景教学,用"理论+实操+体验"的产教融合模式,解决产业化工人短缺和老龄化的问题。

为了保障产业工人培训机制的有效推行,项目管理组将在充分调研后,按照业主最

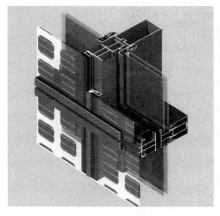

图 4-1 装配式幕墙　　　　　　　　图 4-2 预制楼梯

新的管理要求,在总承包和专业分包的招标文件中设置相应的产业工人教育培训比例,设置适当的费用,明确产业工人教育培训设置比例与履约考核挂钩,全过程工程咨询单位负责监督考核。

(3) 6σ管理:是对试图达到6σ质量进行定义、度量、分析、设计、验证的过程,从而不断提升管理品质。

1) 定义:坚持以问题为导向,聚焦质量管理薄弱环节,精准实测。因工程项目设计风险、人的风险、材料风险、机械风险、技术风险潜在存在,易引起质量通病等问题,合同中明确质量目标,施工验收依据、规范标准,施工单位编制各专项施工方案、作业指导书,精细化指导施工。

2) 度量:在项目建设过程中,必须执行"先实施样板引路,再大面积施工"的管理思想。施工单位进场后,根据施工方案编制样板实施方案,报送全过程工程咨询单位与项目管理组审批,建立样板工程。样板间(段)施工完毕由项目管理组、全过程工程咨询单位、设计单位、施工总承包单位共同验收,实测实量,分析数据,确立施工工艺与验收标准,后续分部分项工程参照样板施工。

3) 分析:样板间(段)及施工验收时应由专业监理工程师组织施工单位技术人员、专业工长、质量员采集实测实量数据,根据统计学分析法得出质量分布状态。充分分析人员、工法、环境、机械、材料等质量因素,从参与验收的人员角度分析调查各验收组的开展工作情况,列出《质量管理风险防范清单》,辨别出可能引起问题发生的环节,统计数据。

4) 设计:全过程工程咨询单位、施工总承包单位根据统计分析出的数据结论,找到引起质量问题的关键点,如技术方案、施工方法运用不当,材料选用不当等。技术方案、施工方法不当可由施工总承包单位调整技术方案,并经全过程工程咨询单位审批同意后执行。如材料选用不当,可由项目管理组、全过程工程咨询单位、设计单位充分沟通,由设计单位重新选材并出具设计变更单,由施工总承包单位执行。

5)验证：根据修改后的施工方案、施工方法、新材料等再次施工验证，如果能达到减少缺陷的目标，总结经验后，由施工总承包单位有针对性地编制质量通病防治手册，督促施工总承包单位组建质量通病防治小组，定期培训，以保持这一较少质量缺陷的状态。

（4）创优奖罚：将创优目标及奖惩措施纳入施工总承包招标文件。鼓励施工单位采用先进工艺工法，为质量评优创造条件。

（5）质量通病防治：质量通病防治，重在预防，事先采取周密的预防措施，从技术层面、管理层面采取措施对质量通病防患于未然。同时通过质量通病防治过程中的技术投入和经验整理，提升质量管理水平。

1) 设计阶段：针对项目特点，由设计单位按照业主的《设计安全审核要点》《设计文件质量管理规定》等进行自查，以保证设计选材和构造满足设计规范要求；在全过程工程咨询审图过程中，重点关注地下防水、屋面防水、楼地面工程、墙体保温等部位的相关措施；根据《市建筑工程质量通病防治指南》要求，由设计单位跟进质量通病重点部位的施工方案。

2) 招标阶段：将纪念馆、剧院、文化中心项目质量通病防治手册的编制纳入施工总承包单位招标文件要求中，同时设立质量通病防治手册落地的过程履约评价标准。施工总承包单位进场后参照《建筑工程质量通病防治手册》，由施工总承包单位根据项目实际情况编制项目层级质量通病防治手册。

3) 施工阶段：由全过程工程咨询单位督促施工总承包单位组建质量通病防治小组，定期培训，加强BIM技术、3D扫描、无人机、实测实量二维码等现代化科技的应用，以业主工程管理平台为支撑，建立3D模型进行工艺模拟，测算资源需求量，为施工组织及材料放样提供精准数据支撑。对施工节点进行细部模拟，通过云模型即可实时查询总效果图和各部位、各专业的布置效果图，实现多专业现场可视化精准施工。

（二）安全文明施工策划

1.安全目标

创省、市建筑工程安全文明施工优良工地，杜绝一般及以上安全事故。

2.安全组织机构和责任

建立各级安全相关管理的组织机构，明确各岗位安全责任。

3.制度建立

建立安全管理制度、安全风险论证制度，压实建设各方安全主体责任，督促参建企业加强内部安全教育培训，严格落实安全文明标准化手册3.0的要求，执行安全风险论证制度，保生产、保安全。

4.安全执行和奖惩措施

（1）对于特殊工种进行入场教育并定期进行安全教育；

（2）对危险作业人员加强交底和违章教育；

(3)定期组织安全例行检查、针对性专项检查;

(4)执行现场监督与奖惩考核制度。

5.实行安全文明施工6S管控

贯彻《业主工程管理中心工程项目6S管理工作指引》,对工地安全文明施工管控要求:制定安全文明施工标准,定期现场检查,对脏乱差的场所及时清理整顿,创造舒适、安全的工作环境、提高现场工作效率,提高施工质量水平(图4-3)。

图4-3　6S管控

6.落实6微机制

(1)安全责任机制:建设单位、全过程工程咨询、施工总承包、专业分包等参建各方各自履行职责,明确职责分工,加强自主管理。一是施工总承包单位要开展综合协调,现场分区域明确安全生产主体责任,明确责任分区、责任到人;二是履行监理职责,及时发现安全隐患,监督执行到位;三是建设单位履行安全生产首要责任,全面管控、监督、检查、引导帮扶到位。

(2)培训教育机制:建立安全生产培训教育台账,进行信息化管理。一是落实全员每日岗前安全教育培训;二是要求项目经理每周至少一次带班和工人一起培训,开展安全生产风险分析讨论;三是全员参与,按照风险辨识、隐患排查、制定措施、狠抓落实的工作方法建立岗位安全分析制度。

(3)隐患排查机制:每个岗位每天一次安全隐患排查;项目管理人员带队每周一次全面排查;项目经理和总监每两周至少一次全面排查;项目管理组主任带队每月至少一次全面排查;安全隐患排查及整改制度应包括日检、周检、月检和专项检查。

(4)专题学习机制:组织形式多样的安全生产专题学习,如开展案例分析,提升安全意识、安全知识、安全管理能力,学习业主项目管理规章制度、学习建筑行业安全生产技术规范和检查标准、学习安全生产法律法规等。项目管理人员每周至少一次专题研讨学习。

(5)技术管理支撑机制:抓好施工组织设计、专项技术方案落地实施。一要督促施工单位针对性地制订施工组织设计和专项施工方案;二要履行好相关技术方案的论证审批制度；三要落实作业指导书的编制和培训工作。利用信息化手段，将风险辨识、防范技术措施融入专项技术方案，达到流程化、清单化、可视化，让员工听得懂、学得会、用得上。

（6）落实奖惩机制：督促施工单位建立自我约束机制，制定安全生产现场评价考核标准，实行严管重罚，提升管理效能。一是要将制度的落实情况纳入奖惩，奖罚分明、执行到位；二是要侧重过程奖惩，即时激励。

7.落实四个清单

认真组织学习关于安全文明施工的课件，落实四个清单，即风险危害后果清单、产生的原因清单、落实措施清单、每个岗位如何组织落实清单。

（三）风险管理策划

识别是基础、控制是关键（图4-4）。

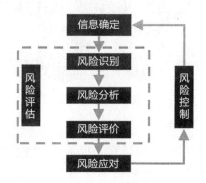

图4-4　风险管理策划

1.重大风险防控点及措施

（1）设计管理风险防控点：设计方案落地风险、建筑效果一致性风险、设计团队专业能力风险、建筑方案团队和施工图团队设计衔接风险。

管控措施：精细化审查，规避设计质量风险；主创建筑师全过程参与；设计团队能力考察和评估；实施设计品控管理。

（2）招标风险防控点：工程复杂、专项多、招标范围界限深度制定不清。

项目工期紧、招标滞后。

防控措施：制定招标方案（含计划），充分考虑设备供货周期。

（3）合同管理风险防控点：合同界面不清、合同责任不明确。

防控措施：合同界面多方确认，严格执行合同履约评价。

（4）工程质量风险防控点：施工质量体系保障不健全、重要设备材料质量把控不严、工程分包质量管理不到位。

防控措施：严格审查施工质量、保障体系、重要设备材料进场前考察、强调进场质量核验。

（5）进度管理风险防控点：局部规划风险、地铁影响风险、极端气候影响风险、项目群及周边施工组织协调风险。

防控措施：主动追踪落实规划条件，进行地铁影响评估和技术措施预判，做好应急预案，统筹考虑、合理组织施工安排。

（6）投资风险防控点：控制价偏差风险、变更签证风险、投资支付风险、结算审计风险。

防控措施：制定风险投资管理规划，严格执行变更签证程序，严格执行支付管理规定。

（7）安全文明施工风险防控点：基坑安全、危大施工安全、地铁影响安全、施工运输扬尘风险。

防控措施：设计阶段对基坑、危大工程的设计进行专题安全论证，落实参建单位安全主体责任，实行全程动态管理，组织作业安全分析，告知风险、危害、责任，加强风险管理的学习，建立风险和隐患的双重预防机制；避免人的不安全行为和管理的缺陷。

（8）舆情风险防控点：地段重要、项目定位高、参建单位多、宣传措施不正确。

防控措施：制定宣传方案，明确宣传策略，加强正面宣传，主动引导社会舆情。

（9）廉政风险：廉政宣传、廉政教育。

防控措施：加强监督机制改革和制度建设，形成有效的监督体系，监督管理常态化，加强思想教育，提高党性。

（10）防疫风险：施工人员密集，防控难度大。

防控措施：运用"1234战法"，落实"六化要求"，落实分区分级风险管控，落实"四个三"常态化机制。

2. 风险管理办法

（1）岗位安全风险分析：使用清单管理方法，编制每日隐患排查清单、大型机械设备操作清单等，定期检查机制化督促落实定人、定责任、定时、定要求。

（2）作业指导书：招标文件中明确施工总包单位根据施工进度，使用业主已有的作业指导书，例如《业主工程管理中心在建项目室内高处作业指导书》《业主工程管理中心特种作业人员管理指引》《业主工程管理中心在建项目安全文明施工管理奖惩标准指引（试行）》等，根据辨识出的安全风险，并依据施工现场施工组织设计和专项施工方案，由施工总承包单位利用业主已有的作业指导书补充编制作业指导书，作业指导书应明确现场施工人员确保安全的标准作业流程，经全过程工程咨询单位审批后执行。分部分项工程施工前，由施工单位根据作业指导书完成安全技术交底。全过程工程咨询单位负责监督交底内容是否全面、可操作，被交底人是否掌握。通过设立有奖答题环节，由施工单位对表现突出的工人进行现场奖励，成绩不合格的人员不得进入施工现场。招标方案中要明确未满足的处罚细则。作业指导书将采用二维码、BIM技术、动漫等信息化、可视化的手段，直观展示，便于查阅。

（3）重大问题研判预警机制：全覆盖的摸底调研工作，对可能影响工期进度、质量、安全等目标实现的重大问题及时研判、及时预警。

1）进度监督预警

①进度计划管理模块应用

施工单位进场后一个月内，需要编制符合策划方案进度计划的专项实施计划，并根据施工周期的推进要求，逐步细化到年、月、周进度计划。所有进度计划需要全过程工程咨询单位审核，上报项目管理组审批，最终形成五级进度计划管控。

同时，根据《进度管理办法（试行）》要求，项目管理组全面应用进度计划管理模块，在线上传项目总进度计划，设置关键节点和一般节点，进行节点预警管控。

全过程工程咨询单位、施工单位明确设置计划专员，对工期节点进行每周、每月的检查研判，并形成进度研判报告。

②分级预警

根据进度计划管理模块中的节点状态表，当施工进度滞后，关键线路工作滞后，甚至对一级节点目标的实现产生影响时，应及时启动进度预警。

全过程工程咨询单位发现进度预警，及时向项目管理组汇报，并组织相关单位召开进度专题会议，分析进度延迟的原因，采取增加施工管理人员、增加施工作业人员、增加施工作业面、延长施工作业时间、优化施工顺序、加大材料设备投入等措施，必要时约谈相关单位项目负责人和项目法定代表人等。

③工期节点调整

施工总进度计划的非关键节点实际进度滞后，对施工总进度计划目标未造成影响的，由全过程工程咨询单位组织分析原因，并研究应对措施。如需要调整，调整后需报项目管理组备案；施工总进度计划的关键节点实际进度滞后，对施工中进度计划目标造成影响的，由项目管理组组织分析原因，研究应对措施。如需要调整，需报业主领导审批。

2）质量预警机制

结合本项目的特点，全过程工程咨询单位制定本项目的质量预警机制。当工程出现质量管理责任落实不到位，出现重大质量隐患或事故，项目管理组或第三方质量巡查不达标时，全过程工程咨询单位应及时启动质量预警。

质量预警分为黄色预警、橙色预警、红色预警三种。一般项目预警启动标准设定如下：

①出现下列情况之一时，启动黄色预警：

a.参建单位质量管理混乱，主要管理人员长期不到位，质量管理制度不健全或落实不到位。

b.工程出现大量的质量缺陷。

启动黄色预警后，全过程工程咨询单位在24小时内向相关单位发出预警通知，并向项目管理组报告，全过程工程咨询单位配合项目管理组约谈相关单位领导及项目负责人。

②出现下列情况之一时，启动橙色预警：

a.启动黄色预警10天后仍无明显改进。

b.发现重大质量隐患。

c.第三方质量巡查评分在80～85分之间。

启动橙色预警后,全过程工程咨询单位在24小时内向相关单位发出预警通知,并向项目管理组报告,全过程工程咨询单位配合项目管理组约谈相关单位领导及项目负责人,必要时全过程工程咨询单位下达停工令,并在全面查清情况后对相关单位提出处罚意见,报业主审批。

③出现下列情况之一时,启动红色预警:

a.启动橙色预警10天后仍无明显改进。

b.发生质量事故、造成永久性质量缺陷、第三方质量巡查低于80分以下,连续两次80～85分之间。

启动红色预警后,全过程工程咨询单位立即报告项目管理组,并由业主主管领导约谈相关单位法人代表及项目负责人。同时,全过程工程咨询单位下达停工令,并在全面查清情况后对相关单位提出处罚意见,报业主审批。

3)安全预警机制——应急预案

根据《生产安全事故应急预案管理办法》《市突发事件应急预案管理办法》《市防台风预案》《市防汛预案》《生产经营单位生产安全事故应急预案编制导则》《业主在建项目应急预案管理指引》等文件要求,施工总承包单位进场后两个月内应编制三级应急预案,包括综合应急预案、专项应急预案、现场处置方案,经施工总承包单位评审及项目经理审批后报总监理工程师、项目管理组主任签批实施。其中专项应急预案包括自然灾害事故专项应急预案、生产安全事故专项应急预案、公共卫生事件专项应急预案、社会安全事件专项应急预案。专项应急预案应严格落实防范措施四清单,包括日常预防措施清单、预警防御措施清单、灾害应急响应清单、复工检查要点清单。

现场处置方案包括台风灾害、洪涝灾害、强对流天气、地震灾害、高处坠落、物体打击、坍塌事故、触电事故、火灾事故、病毒防疫、食物中毒、有毒气体泄露、环境破坏事件、群体打架斗殴、劳动纠纷事件、群体上访事件、恐怖袭击事件处置方案。

①建立应急组织架构

总指挥由项目管理组主任担任,副总指挥由项目管理组副主任、全过程工程咨询项目负责人、总监理工程师、施工总承包单位项目经理担任。应急工作小组由技术组、应急保障组、通信与信息组、应急指挥中心、安全保卫组、事故处理协调组、事故调查组组成。

②预警及信息报告

预警:根据项目监测监控系统数据变化状况、事故险情紧急程度和发展势态或有关部门及业主质量安全管理微信群中发布的预警信息进行预警。预警信息由通信与信息组在××纪念馆项目群项目质量安全管理微信群中发布,10分钟内发布预警防御措施清单,同时项目应急指挥中心通过广播的形式发布预警信息,安全保卫组组织人员及时撤离。

信息报告：由全过程工程咨询单位综合部每周五17:30前将各单位本周24小时应急值班人员（具备应急处置工作的能力）名单及电话上传至业主工程管理平台指挥调度系统，同时发至××纪念馆项目群项目质量安全管理微信群。由应急值班人员1分钟内向副总指挥报告，副总指挥5分钟内向总指挥报告。

灾害天气信息报告由通信与信息组在业主质量安全管理微信群中完成，响应启动后30分钟内完成信息更新及首次报送。主要报送内容为"在建项目灾害天气信息确认表"、对应级别的"应急响应措施销项清单"扫描件或照片。关注级应急响应启动后每6小时更新报送一次；Ⅳ级、Ⅲ级应急响应启动后每3小时更新报送一次；Ⅱ级、Ⅰ级应急响应启动后每小时更新报送一次。现场信息有任何更新变动可随时报送，应急响应结束后终止信息报送。

③应急响应

针对自然灾害、生产安全事故、公共卫生、社会安全事件危害程度、影响范围、事故级别的发展态势和生产经营单位控制事态的能力，对事故应急响应进行分级，并分级启动应急响应，由通信与信息组发布灾害事故应急响应清单。

当发生灾害或险情时，项目管理组应组织应急工作小组，在第一时间内对灾情采取紧急措施，防止进一步恶化，同时及时报告业主安全领导小组和相应的区政府三防指挥部，简报内容应包括险情灾情、处置情况及三防指挥部指令通知落实的总体情况。

应急结束，应急救援小组彻查现场，险情得到控制方可由通信与信息组在××纪念馆项目群项目质量安全管理微信群中发布结束预警信号。根据复工检查要点清单销项排查整治，确保无安全隐患。

④保障措施

通信与信息组负责记录应急救援信息台账，包含应急管理人员的姓名、联系方式、救援医院和派出所名称及联系电话。在施工现场设置公示牌，明确可为项目提供应急保障的相关单位及人员通信联系方式和方法，并提供备用方案。同时，维护信息通信系统（网络）及应急广播，确保应急期间信息通畅。

应急队伍保障由项目经理明确应急响应的人力资源，包括应急专家技术组、专业应急队伍、兼职应急队伍等。

物资装备保障，施工总承包单位设立应急救援物资储备库，备齐必需的应急救援物资、器材，建立应急物资管理台账，明确建筑工程在建项目的应急物资和装备的类型、数量、性能、存放位置、运输及使用条件、管理责任人及其联系方式等内容。

⑤应急预案管理

应急预案培训：施工总承包单位编制的应急预案中应明确对项目人员开展的应急预案培训计划方式和要求，使有关人员了解相关应急预案内容，熟悉应急职责、应急程序和现场处置方案。如果应急预案涉及社区和居民，要做好宣传教育和预先告知等工作。

应急预案演练：根据编制的应急预案，应由施工总承包单位编制应急演练计划。

根据本项目实施阶段结合自然灾害、生产安全事故、公共卫生事件、社会安全事件风险的特点，自然灾害、公共卫生事件、社会安全事件应急演练每年不少于一次；生产安全事故结合项目进展每季度不少于一次。演练内容需进行影像留存，并将演练情况报送××市建筑工程安全监督站。由施工总承包单位组织应急总指挥、副总指挥、应急工作小组、项目所有部门及分包负责人、作业班组长及安全员参与演练活动。

应急预案修订：应急演练结束后，由应急指挥部及施工总承包单位应急预案编制人员对演练效果进行分析、评估，找出存在的问题，提出相应的改进建议，修改并完善应急预案。应急预案评估修订可以邀请相关专业机构或者有关专家、有实际应急救援工作经验的人员参加，必要时可以委托安全生产技术服务机构实施。

（四）材料设备管理策划

1.管理原则

按照"性能优越、环保耐用、美观精致"的原则选用建筑材料设备。建立材料设备采购管控的组织保障体系，完善材料设备管理体系，包括重要材料设备战略合作、材料设备品牌库、非品牌库材料设备黑名单、第三方材料设备巡查等制度。

2.材料设备采购清单及计划

（1）甲供材料设备

根据本项目概算批复内容和《业主单位材料设备分类管理目录》的要求，结合工程总进度计划，项目管理组、全过程工程咨询单位、造价咨询单位对项目群项目材料设备进行归类和概算分解，采购前期将按照年度提前编制采购计划，并与材料设备处提前对接，确定具体采购方式（集采、预选招标、单独招标）。同时，可利用业主集中采购管理的优势，确保提前采购到位，供应及时。

（2）甲控乙供材料设备

本项目施工总承包和专业分包供应的甲控乙供材料设备，需要在确定供应单位前报项目管理组、全过程工程咨询单位审查备案。

3.材料设备质量保证制度

（1）材料设备准入制度：严格执行《业主单位材料设备参考品牌库管理办法》《业主单位非品牌库材料设备管理办法》等，设立材料设备门槛。按照《业主材料设备进场验收监督管理办法》《业主单位设备监造管理办法》，落实全过程工程咨询单位、施工单位、材料设备商的主体责任。

（2）材料设备工厂抽查及驻场制度：根据承包商选定材料品牌，落实材料设备生产工厂不定期抽查，部分重大材料安排监理工程师驻场监造。

（3）材料现场进场验收制度：严格落实业主及主管部门要求，做好材料设备品牌报审、资料审核、封样、抽检、日常巡检及进场验收制度。

（4）材料设备第三方抽检制度：全力配合业主材料设备处相关检查工作，严厉打击承包商虚报造假行为。

二、高品位——设计管理策划

（一）原则——统筹规划设计

如图 4-5 所示。

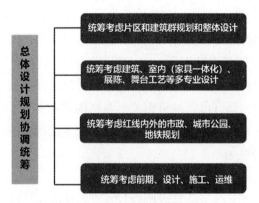

图 4-5　总体设计规划协调统筹

1. 统筹考虑片区和项目群规划和整体设计

首先，片区规划范围包括北、中、南三个片区，片区规划打造为一个融汇国际交流、高端金融、文化创意、商业休闲等功能，兼具国际品质与地区特色的"城市新客厅"，各片区功能安排如下：

（1）北区：宁静的城市公园和国际交流中心，围绕营造原真生态的滨湖环境，国际交流中心等相关配套功能镶嵌其中。

（2）中区：融合金融总部、文化艺术、商业休闲的都会街区。以山海绿廊为中轴线，对称布局一馆两中心，以及两侧聚合文化艺术、特色商业街区。

（3）南区：健康主题的运动休闲公园，通过中区绿廊的延续，形成开放的运动休闲公园。

其次，片区将打造为市金融街及国际交流中心，融汇国际交流、高端金融、文化创意、商业休闲等功能，成为兼具国际品质与地区特色的"城市新客厅"，成为"一带一路"经济带与全球创新资源的配置枢纽。

2. 统筹考虑室内（家具一体化）、展陈、舞台工艺建筑等多专业设计

（1）在室内设计全阶段，保持与建筑设计的无缝连接与及时沟通，力求尊重并发挥原建筑的设计特色；

（2）展陈项目具有流线、空间、功能等特殊要求，会对建筑空间造型等各方面产生要求，需提前介入提资；

（3）舞台工艺设计作为剧院项目的关键工作，上承建筑方案设计，下接舞台工艺设备，其在剧院项目建设的各个阶段都发挥着至关重要的作用；

（4）建筑声学设计的重点是对建筑设计、空间形状和内装材质进行把控，同时做好室内声学设计、建筑隔声设计、隔振和噪声控制设计。

因此，统筹考虑室内设计、展陈设计、舞台工艺、建筑设计、建筑声学等专业设计。

3.统筹考虑红线内外的市政、城市公园、地铁规划

（1）规划倡导营造多角度城市美景，统筹考虑项目群与城市公园的生态效益，主体建筑与景观有机融合，并响应片区打造的"山海绿廊"景观带的建设愿景，保持观景视野的延续性。山海绿廊的建设将串联起北区城市公园、中区超级城市公园以及南区运动休闲公园三大区域的景观资源。

（2）统筹考虑项目群与周边片区的城市关系和景观环境进行一体化研究，满足片区中心绿轴的联通性。

（3）统筹考虑项目群地下空间的贯通链接，同时预留出口，与轨道站点的贯通。项目周边轨道站点丰富，交通便捷。设计应考虑与周边文化设施、商务办公及市政公用的地下空间关系，合理布局，提升空间的适应性和灵活性。地下空间满足对地铁影响范围的退线要求。

4.统筹考虑前期规划、设计、施工、运维

该纪念馆项目群项目以"改革创新、创造一流、打造精品、实现政府工程高质量发展"作为行动方案，加强信息化管理，坚持"模型为基准、质量为主线、管理为重点、平台为支撑"，强化规划、设计、施工、运维的全周期信息化管控。

（二）保障措施——依靠多种资源、保障提升设计品质

1.项目管理团队主控设计效果落地

全过程工程咨询服务单位与业主方项目管理组合署办公，充分发挥各自技术与管理优势。全过程工程咨询单位组织其内部专家资源进行技术支持。

2.建筑方案采取国际竞赛，邀请国内外设计大师

项目立足品质、对标国际，在规划设计阶段，为了选择更优秀的设计方案与团队，将设计招标的范围从常规的全国范围扩大到全球，并且优中选优，高规格、严要求的评标为质量把关。

3.建筑方案彰显地域性

"地域"是文化形成的地理背景，地域文化是在一定的地域环境中与环境融合，具有地域烙印的独特文化。纪念馆项目群需彰显该市的地域特色，适合该市的历史发展。广泛考虑建筑与城市历史、场所、社会、生态、经济、治理等维度的关系，做出全面和均衡的响应。既重视标志性的形式创造，又系统考虑建筑的全生命周期的策划、设计、建设、运营和维护等各个环节的内容。

4.发挥全过程工程咨询及第三方专家团队的优势

全过程工程咨询单位对设计进度进行管控和协调；负责组织使用单位、设计、施工、厂家之间线上线下多维度、高频率沟通，充分了解各方需求，减少因沟通不到位引起的设计反复。

全过程工程咨询单位组织内部专家及其他各类专家进行评审，进行技术支持。设计

成果文件请第三方专家或专业组进行审查，召开专家评审会。

（三）特征之美

通过精细化设计管理，实现建筑功能、实用、便利的特征之美。纪念馆、剧院、文化中心三座公共文化类建筑的形态和风貌应既具备其各自的标识性，又能够和谐共容。

（四）价值之美

通过对项目调研需求、实地调研考察相关案例、精细化管理等手段实现项目群文化、艺术、形式的价值之美。

1. 价值之美——需求管理

如表4-1所示。

需求管理方法　　　　　　　　　　　　　　　　　　　　　　　　　表4-1

需求管理方法	具体举措
业内专家座谈会	博物馆、纪念馆的展陈及运营团队；剧院运营团队、音乐家及演奏家等
公众调研	人大代表、政协委员、各界代表、普通百姓
单位交流	运营单位、使用单位、咨询顾问

2. 价值之美——实地调研考察

对纪念馆、剧院、文化中心于202×年×月分别进行对标调研，借鉴高标准做法，提高品质、品位（表4-2）。

实地调研考察　　　　　　　　　　　　　　　　　　　　　　　　　表4-2

纪念馆	了解国内类似项目的建设标准、设计特色、运营需求及新材料做法等。 拟调研项目：州博物馆、博物院、博物馆东馆、天文馆
剧院	了解和学习国内外知名剧院项目舞台工艺咨询（顾问）设计、建筑声学（顾问）设计、舞台工艺设备的技术发展趋势，了解剧院建设最新发展动态、最新工艺技术和演出运营新理念。 拟调研项目：大剧院、市音乐厅等
文化中心	了解国内类似项目的建设标准、设计特色、运营需求、会议功能配套。 拟调研项目：国际会议中心、金融峰会等

3. 价值之美——精细化设计管理

高标准改进设计管理体系，提升项目设计品质。加强精细化设计管理。坚持工艺先行，引进高水平专项工艺咨询团队配合使用单位，并梳理需求，开展技术论证，实现需求落地（图4-6、图4-7）。

4. 价值之美——设计品控

满足使用需求，提升设计质量，防治设计质量通病，减少设计变更，确保设计效果落地，高品质、高品位、高效能打造政府工程精品。精心设计，力争大奖。

（1）全国优秀勘察设计行业奖；

（2）全国博物馆十大陈列展览精品奖；

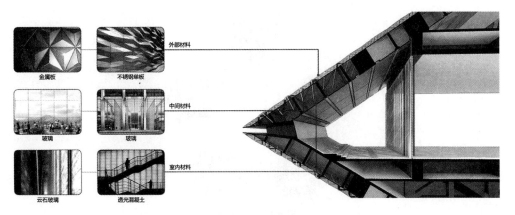

图 4-6 文化中心幕墙精细化设计

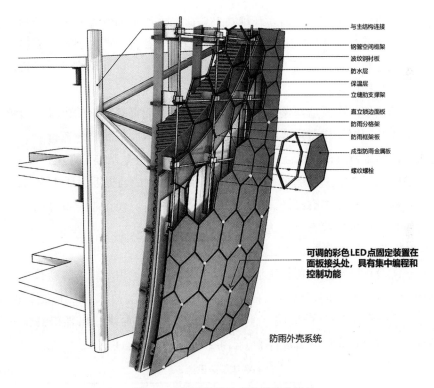

图 4-7 剧院防雨外壳系统精细化设计

（3）中国风景园林学会"科学技术奖"规划设计奖；

（4）中国室内设计大奖赛金奖；

（5）World Architecture Festival 世界建筑节；

（6）World Architecture News Awards 世界建筑新闻大奖；

5. 价值之美——展陈设计管理

（1）展陈设计管理策略（图 4-8）。

图 4-8 管理策略

展陈展览项目不同于常规项目,在项目开始阶段就应提前介入,由于展陈项目具有流线、空间、功能等特殊性要求,会对建筑空间造型等各方面产生要求,需提前介入提资,防止后期对建筑的二次改造。并在室内与建筑设计统一设计风格,一以贯之,减少不必要的设备与结构的调整。

避免大量的建筑二次改造与调整,并在前期考虑可能提高造价的内容进行评估,可以在不浪费成本的同时,将费用放在更重要的内容中,从而控制整体造价。

针对工程的施工特点,为保证计划工期的落实,采取分基础施工、主体施工(建筑)、装修施工(展陈)三个阶段进行控制,在确保阶段目标实现的前提下保证总计划目标。

展陈设计前置应均衡考虑经济、环境、使用等方面,以便于思考设计引导和满足消费需求,并维持需求的持续满足,达到可持续设计的目标。

(2)展陈前沿技术——多媒体展陈设计

多媒体展陈设计已完全颠覆传统展柜、展架等形式,运用新媒体、新技术等方式营造展览氛围,创新幻影空间,通过巨幕投影展示、虚拟现实技术、三维立体全息成像、沉浸互动体验等多媒体设计的应用,使展览形象生动,从而烘托出轻松愉悦的观展气氛,使参观者拥有身临其境的沉浸体验(表4-3)。

多媒体展陈设计 表4-3

多媒体展陈设计手段		
触摸类	触摸屏、触摸桌、触摸墙、触摸膜	
投影类	互动式投影、弧幕投影、超短焦投影	
全息类	全息投影柜、空气成像、全息投影台、雾幕成像	
互动技术类	液晶屏及触摸、LED拼接、数字沙盘交互、滑轨电视体感游戏	
VR类	桌面虚拟现实、沉浸的虚拟现实、分布式虚拟现实、增强现实性的虚拟现实	

6. 价值之美——舞台工艺和建筑声学专项设计管理

舞台工艺设计作为剧院项目的关键工作,上承建筑方案设计,下接舞台工艺设备,其在剧院项目建设的各个阶段都发挥着至关重要的作用,并且其工作主要集中在建筑方案设计、扩大初步设计两个阶段。为实现与建筑方案设计的协调与配合，舞台工艺设计越早介入，对项目建设越有利。

建筑声学效果的优劣，决定了剧院建设的成败。建筑声学效果不理想，难以通过后期电声进行有效弥补。建筑声学设计的重点是对建筑设计、空间形状和内装材质进行把控，同时做好室内声学设计、建筑隔声设计、隔振和噪声控制设计。为实现剧场、音乐厅的建筑声学效果达到国际顶级、世界一流水平，在开展建筑方案设计之前，通过招标选择专业的、国际著名的建筑声学设计顾问，自建筑方案设计阶段开始与建筑方案设计单位协调与配合，在实施期进行全面的声学咨询很有必要。

舞台工艺设备涉及舞台机械、舞台灯光、音视频、通信与监督等，系统繁多，工艺复杂，专业性强，投资额度大。在本项目计划进行舞台工艺设计招标、舞台工艺设计先行的情况下，有必要对舞台工艺设备的深化设计、供货、安装等进一步调研，经充分论证后再确定其发包模式，舞台机械供应商进场时间以不影响舞台基础设备预留预埋为准（图4-9）。

图4-9　舞台工艺设计、建筑声学设计包含内容

（五）融合之美

（1）建筑符号与建筑功能的融合：注重建筑符号和建筑特征，表达文化和艺术的相互融合。

（2）项目群与片区周边建筑的融合：项目群设计应符合该市及片区城市规划的要求，充分考虑项目与该片区的整体协调关系，从空间形态、建筑界面、交通网络、组合方式、景观环境等方面综合考量，对周边城市生态环境、人居环境的发展产生积极的引领作用。

（3）交通功能融合：统筹考虑项目群地下空间的贯通连接，同时预留出口，与轨道站点的贯通。项目周边轨道站点丰富，交通便捷。设计应考虑与周边文化设施、商务办公及市政公用的地下空间关系，合理布局，提升空间的适应性和灵活性。地下空间满足对地铁影响范围的退线要求。建筑设计预留适量的交通缓冲区域，实现快速分流。另外，城市公园广场空间需考虑解决大量人流集散。

（4）景观融合：规划倡导营造多角度城市美景，注重纪念馆与城市公园的生态效益，主体建筑与景观有机融合，并响应片区打造的"山海绿廊"景观带的建设愿景，保持观景视野的延续性。设计应对项目群建筑与周边片区的城市关系和景观环境进行一体化研究，保证设计方案既能满足纪念馆和环境的亲和力，又能满足片区中心绿轴的联通性。

（5）建筑与家具的融合：倡导建筑、室内、家具、灯光一体化设计。在方案构思阶段全面考虑建筑与城市的关系；在室内设计全阶段保持与建筑设计的无缝连接与及时沟通，力求尊重并发挥原建筑的设计特色；在建筑与室内功能布局方面充分发挥家具和灯光的技术优势。

（六）绿色之美

纪念馆项目群设计应当充分考虑设计区域要重建生态型景观廊道的计划并与之有良好衔接，并利用好基地原有树木等生态资源。建筑应合理使用绿色技术和绿色环保材料，适应该市地方气候特征，减少能源消耗，降低对各方面环境的生态冲击，达到相关绿建的规范标准。摒弃华而不实的绿色建筑措施，切实利用自然环境，因地制宜科学合理的使用建筑材料，打造一个实用高效的绿色建筑。满足"碳达峰"和"碳中和"的设计理念，提升绿建标准，提升"碳达峰"和"碳中和"节能减排标准，力争绿色三星+LEED铂金级认证；贯彻规划、设计、施工、运维四阶段统一，实现全周期绿色建筑。

（1）为实现绿色建筑目标，在设计管理中的保证措施有：委托专业的绿色咨询团队（具备新标准绿色咨询经验和LEED认证能力）；绿色三星标准贯穿规划设计、方案设计、施工图设计；引导开展"四节一环保"绿色施工，充分利用余气、余热、余压、余水、余料，提高再生利用率；运营过程节能、环保遵守绿色设计要求，数据清晰可追溯，真正实现低碳、节能、绿色。

（2）绿色建筑通过"主动式设计、控制能耗、低碳"等策划，打造成可落地、可持续、可参与、可体验、可推广、可示范的绿色建筑标杆（图4-10、图4-11）。

图4-10 照明系统碳减排示意

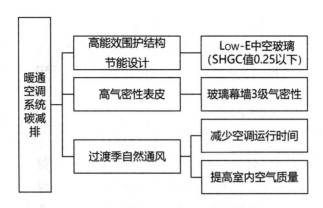

图4-11 暖通空调系统碳减排示意

（七）精神之美

将"秀美、精致、卓越"精神贯彻在纪念馆、剧院、文化中心项目建设中。项目群建筑设计应统一和谐，因此，设计需充分体现该市公共建筑对全社会的欢迎和服务精神，基于公众视角，结合建筑空间赋予市民充足的公共活动内容，充分提高项目群的可达性、开放友好程度及服务品质，营造出开放友好的公共文化建筑形象。

三、高效能

（一）招标采购策划

为了确保项目的总体建设进度，项目管理组和全过程工程咨询单位在充分考虑成本可控、择优、廉政等方面原则的情况下，根据项目建设特点和情况，在项目前期阶段及施工阶段对整个项目的主要招标内容进行了规划和划分，并根据工程总进度计划，设置了相应的招标计划。以业主综合评判体系为原则，制定综合评价和精细化考核标准，针对各项目特点设置清标要素（图4-12）。

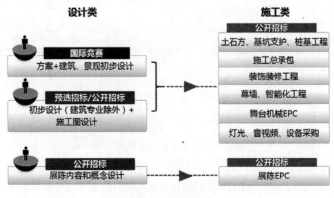

图4-12 招标采购

（二）进度管理策划

全周期统筹进度管理，在设计、施工、试运行、验收移交、结算全阶段制定节点目标，落实强化过程管控。根据6个统筹法则，强化研判分析，并根据合同工期分别制定总进度计划、年计划、季计划、月计划、周计划、日计划,以日保周、以周保月、以月保季、以季保年、以年保总进度。实施进度预警机制,及时纠偏。全面落实"信息化管控、合同保障、分期交付"的管控目标,有效加强项目管控力度,提高项目科学管理水平。

根据合同工期、工程实施的需要,对项目进度的管理建立工程进度总进度计划管理、月进度计划(或单项工程、重要分部分项工程的进度计划)进行管理,实现对工程建设施工过程的进度有效管控。

工程施工进度总计划是针对总工期目标,根据项目工程量、施工工序、现场情况和社会环境等因素综合平衡后制定的施工进度总计划。

建设总进度(一级节点)计划。确定主体施工图、施工总承包招标、基础开工、地下室封顶、主体封顶、竣工等里程碑事件的计划进度目标,是项目的一级节点目标,以指导实施总体部署及项目子系统进度计划的编制。

项目子系统进度计划。在里程碑计划的基础上编制各项目子系统的二级节点计划,包含设计管理计划、招标和采购管理计划、工程实施计划三大计划,以指导项目全过程的进度控制。

各参与方需在本工程总进度计划系统的指导下,编制各自的工作进度计划(三级节点计划),以确保各项工作有序开展。

(1)纪念馆总控计划节点,如图4-13所示。

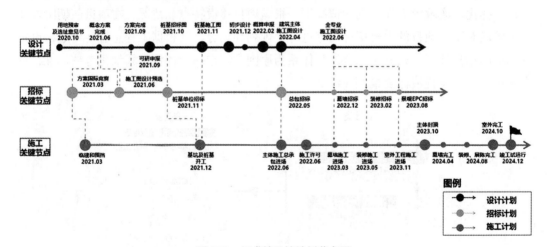

图4-13 纪念馆总控计划节点图

(2)剧院总控计划节点,如图4-14所示。

(3)文化中心总控计划节点,如图4-15所示。

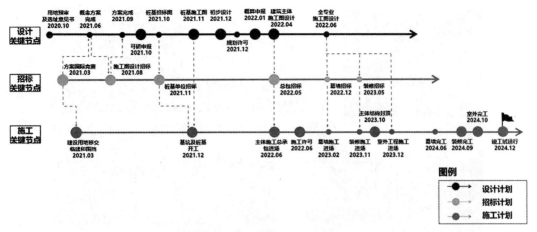

图4-14 剧院总控计划节点图

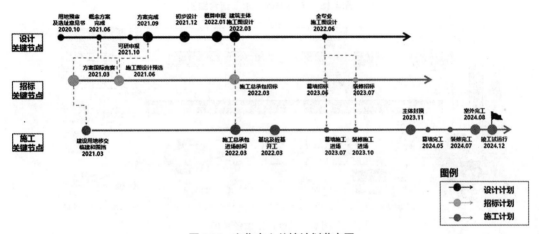

图4-15 文化中心总控计划节点图

1. 多措并举，加强进度管控

（1）措施一：市政先行、永临结合。解决项目最后冲刺阶段室外工程施工周期短的问题。

大型群体性工程借助市政先行、永临结合技术，优化道路管网，先行施工，以室外管线工程代替部分临水临电，以永久道路代替临时施工道路。于施工前完成场外管线综合深化设计及与场内管线接驳模拟，在正式施工前进行虚拟建造，提前发现问题并解决问题。本技术在加快施工进度、降低成本、环保等方面效果明显、技术先进，有明显的社会效益和经济效益（图4-16）。

（2）措施二：实行材料设备的订货生产动态管控。

精细化管理材料设备进场时间，采用数字化管理品牌报审，承包商采购合同，将制造商接入数据系统，实时跟进制造进度、质量验收、发货动态、进场报验（图4-17）。

图 4-16 市政先行、永临结合图例

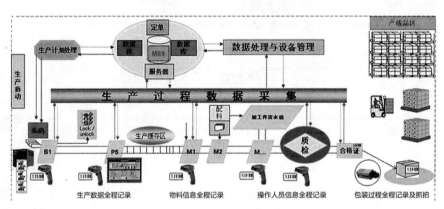

图 4-17 生产动态管控图

（3）措施三：创新备用"三收"承包商。

在招标文件中设置相关条款，招标清单中单列收尾、收边、收口工程量。在合同中设置"三收"惩罚条款，项目先行确定一家备用"三收"承包商，如果某家参建单位在工程收尾阶段推进不利，直接由备用承包商收尾（图 4-18）。

图 4-18 "三收"部分图例

（三）投资管理策划

1. 目标与要求

投资控制目标与要求：根据批复投资要求在各个阶段进行限额设计，严格控制项目总投资不超出概算要求。

（1）决策阶段

投资估算是工程项目投资管理的龙头，只有抓好估算才能真正做到宏观控制，而搞好投资估算的前提是项目决策科学化和合理的投资估算指标。

建设项目经济评价是在项目决策前的可行性研究和评估中，采用现代化经济分析方法，对拟建项目计算期（包括建设期和生产期）投入产出诸多因素进行调查、预测、研究、计算和论证，选择推荐最佳方案作为决策项目的重要依据。项目经济评价是项目可行性研究和评估的核心内容，目的在于最大程度提高投资效益。

（2）设计阶段

提高设计人员的综合素质。工程项目设计应本着"统一规划、合理布局、因地制宜、综合开发、配套建设"的原则，做到安全、适应、经济、在适当条件下注重美观。

采用限额设计。按照批准的投资估算控制初步设计，按照批准的初步设计总概算控制施工图设计。

严格控制设计变更的发生。严格控制由于设计存在缺陷或设计图纸与现场地形、地质情况不符而无法按照设计图纸施工等情况发生。

（3）招标阶段

招标投标阶段是一个承上启下的阶段，是核实工程投资规模的依据，是确定工程施工合同价款的一个重要阶段，它对今后的施工乃至工程竣工结算都有着直接的影响。

招标文件作为招标投标过程乃至工程项目实施全过程的纲领性文件，是整个工程项目造价控制的关键，招标文件的主要条款，例如招标内容、合同范围、招标图纸、工程量清单描述、材料供应的方式、计价原则、付款方式等都是造价控制的直接因素，因此招标文件的编制直接影响项目投资的控制。

（4）实施阶段

施工阶段投资控制的主要内容和方法。加强对建设项目的投资、进度和质量的管理，确保工程按质按期完成。严把设计变更关：确保工程变更程序的规范性、变更签证的责任性、变更造价的及时性。严把签证关：签证不仅是现场确认施工质量的重要环节，也是日后维护和修复、结算时的原始资料，一旦涉及合同价变化时，它还是调整或换算定额的重要依据，因此要严格签证程序，并做到及时签证，及时处理，及时核实工程变更的内容是否与现场实际施工情况相符，工程量的签证是否合理准确。基本方法是：合同中已有适用于变更工程的价格，按合同已有的价格计算，变更合同价款；合同中只有类似于变更工程的价格，可以参照此价格确定变更价格，变更合同价款；合同中没有适用或类似于变更工程的价格，由承包人提出适当的变更价格，经建设单位确认后执行。严把材料价格关：材料控制也是影响投资控制的重要环节，要密切关注市场行情，了解价格动态，认真核对现场所用材料设备的品牌、规格、型号是否与投标文件一致。严把工程进度款支付关：严格按程序办理工程进度款。

（5）结算阶段

项目竣工结算阶段是工程实际造价的最终形成阶段，应做好工程结算资料的归纳整理。深入施工现场，掌握施工动态，重点把握好初审关，通过核对合同条款，审查隐蔽工程验收记录，审查设计变更、工程变更，审核工程量，审核预算单价的套用，审核各项取费等措施来加强结算阶段的投资控制，严格把关。

为了加快结算工作，要求各参建单位在合同签订后90天内，提交清标所有资料。

为深化工程建设项目管理体制改革，积极探索房屋工程施工过程预结算模式，创新和完善工程项目结算管理制度，提高工程建设管理水平和整体效益，根据《省住房和城乡建设厅关于房屋建筑和市政基础设施工程施工过程结算的若干指导意见》的规定，项目管理组计划推行施工过程预结算。

①按已完成的分部工程为单位，对该分部工程完成的工程内容（包括现场签证、工程变更、索赔等）开展工程价款计算、调整、确认。

②施工过程预结算的资料应包括但不限于施工合同、补充协议、中标通知书、施工图纸、工程招标投标文件、施工方案、工程量及其单价以及各项费用计算、经确认的工程变更、现场签证、工程索赔等资料。

③招标文件、施工合同应明确约定施工过程预结算节点、计量计价方法、风险范围、验收要求以及价款支付时间、程序、方法、比例等内容。

④施工过程预结算暂定意见。对施工过程结算不能达成一致意见的，可按照全过程工程咨询单位和造价咨询单位提出的意见作为预结算意见。最终结算价格以《市财政投资评审中心评审报告》的评审结论或甲方指定的第三方机构的审定（审核）结论为准。

⑤施工过程预结算有争议的，可就有争议部分共同提请该市造价管理部门、工程造价社会组织进行指导协调。

2.投资控制审批流程

如图4-19所示。

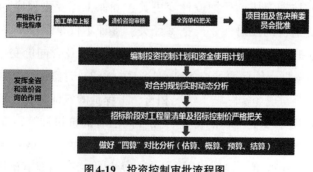

图4-19 投资控制审批流程图

第五章 信息化与标准化管理

一、信息化管理

（一）数字化建造——BIM管理

1. BIM实施指导思想

加强信息化管理，坚持"模型为基准、质量为主线、管理为重点、平台为支撑"，强化规划、设计、施工、运维的全周期信息化管控。围绕贯彻落实《政府投资公共建筑工程BIM实施指引》《政府公共工程BIM实施标准》及《政府工程建筑信息模型（BIM）体系化应用行动方案（2020—2022年）》，着力提高工程建设质量、效率及效益。

2. BIM实施管理目标

（1）将新技术应用的"四化"（数字化、信息化、智能化、智慧化）贯穿项目的全周期，为实现科学运维奠定基础。

（2）从设计、施工、运维全周期的角度，实现进度、质量、成本、信息全维度运营BIM管理。

（3）项目群及周边环境建设BIM协同建设管理、统一建模标准、共享同一模型、同一平台管理。

（4）用BIM实现进度、质量、成本、信息实时控制。

（5）BIM模型各阶段无障碍承接和交付，辅助解决方案反复调整、材料选择难、现场变更多等决策难题。

（6）增加BIM运维模型，实现项目全周期BIM管理（设计+施工+运维）。

（7）BIM创优目标：争创创新杯一等奖（图5-1）。

图5-1　BIM咨询三阶段关系示意图

3. BIM在设计阶段的应用

项目群项目从方案阶段启用BIM辅助设计手段。

（1）设计策划

①《设计BIM实施方案》编制及评审；

② 虚拟仿真漫游分析；

③ 专业冲突检测及管线综合；

④ 净空净高分析；

⑤ 交通组织分析;
⑥ BIM成果辅助设计汇报;
⑦ 建筑经济指标分析;
⑧ 设计阶段BIM履约评价。
(2) 方案设计阶段应用
① 场地分析;
② 方案设计模型创建、审核及优化;
③ 设计方案比选。
(3) 初步设计阶段应用
① 模型构建及检查优化;
② 净空净高分析;
③ 人员疏散模拟;
④ 声环境仿真分析;
⑤ 光环境仿真分析;
⑥ 热模拟仿真分析;
⑦ 工程量统计分析。
(4) 施工图设计阶段应用
① 模型构建及检查优化;
② 结构预留预埋;
③ 机电深化设计;
④ 工程量统计分析。
(5) 设计BIM成果移交
① 设计BIM成果交底、移交;
② 设计BIM成果归档。

4. BIM在施工阶段的应用
(1) 施工BIM模型
① 设计BIM成果接收与审核;
②《施工BIM实施方案》编制及评审;
③ 施工BIM模型创建及深化设计;
④ 设计变更对比分析;
⑤ 施工场地规划模拟。
(2) BIM在施工阶段的应用
① 施工进度模拟;
② 虚拟仿真漫游;
③ 工程量统计;

④ 管线洞口预留预埋；

⑤ 综合支吊架深化设计；

⑥ 基于BIM的可视化施工交底；

⑦ 基于BIM的现场施工指导。

（3）BIM成果移交

① 竣工BIM模型的整合与审核；

② 施工BIM成果归档；

③ 施工BIM成果移交；

④ 参建单位BIM实施履约评价；

⑤ 移交运维管理配合模型调整。

（二）档案管理

对档案进行专业化、规范化管理，使档案信息资源共享并高效利用，实现"过程全监管、数据大服务、结果全记录"的工作科学管理目标。项目管理组、全过程工程咨询单位、施工单位设置专职档案资料员，负责本项目建设上所形成的所有工程文件资料的收集、整理和移交归档工作。并且通过线上EIM平台上传、存档资料，线下签收、收发资料的运行模式。对工程开工前期、开工过程中、收尾后阶段的所有工程资料进行规范性、专业性管理。

（1）EIM平台上的界面信息收集分类包括：G1建设方文件、G2监理单位文件、G3施工单位文件、G4声像文件。每天进行文件收集，把线上收集完善的纸质版资料进行归档，重要的文件如招采工程资料则需要移交到工程档案中心进行保管，次要文件则保存到项目管理组的资料档案室中。

（2）建立项目公用系统网盘，将项目管理组档案文件根据EIM平台分类基础上进行归类，每一类大目录都分支出各种分部工程小目录。对每日产生的工程资料电子档、纸质档即时存档。

（3）为防止网络系统瘫痪故障，或者突发自然灾害导致工程资料丢失，定期对档案工程资料进行光盘保存，确保资料档案的安全性。

（4）工程文档的下发、发放、接收、移交过程均进行台账跟踪记录，对于设计更改的文件也会进行回收台账记录，并且对存在问题的档案进行回收，统一进行规范处理（尤其是工程图纸），不断更新以保证文档的准确性和有效性。

二、智慧工地策划

（一）智能化建造

根据《市住房和建设局关于进一步推进"建设工程智能监管平台"运用工作的通知》中对"智慧工地"设备的配置要求，安装实名制闸机、用电监测系统、环境监测设备、车辆识别设备、视频监控系统。全过程工程咨询单位牵头落实现场设备相关数据接入系统的手续办理工作。施工单位设置项目系统专职系统管理员，由全过程工程咨询单位督促做好信息录入及维护工作。

1. 项目看板、工程看板

（1）每日安排专人登录市业主智慧工地联网监测系统智慧工地工程看板，对人员实名制考勤、视频监控、环境监测、配电箱监测、车辆出入管理进行巡检工作。

（2）在每日巡检中，当日9点左右进入专项监测模块，查看是否存在项目巡检通知单，并在当天12点前处理闭环。

（3）智慧工地监测设备如需申请离线，填写并提交《智慧工地监测设备离线申请表》，经项目管理组和工程站智慧工地负责人审批通过后方可办理离线。监测设备离线申请须至少于计划离线时间前一天完成审批，并通过市业主"OA"信息化需求申请管理流程进行报备。设备恢复在线后，应及时在"智慧工地保障工作群"反馈。

（4）如遇突发情况，监测设备出现异常离线，第一时间在"智慧工地保障工作群"报备，清楚说明离线原因、整改措施和计划修复时间，并同时向项目管理组和住宅工程管理站智慧工地负责人报备。完成突发情况下的报备后，立即按照第3项流程执行智慧工地监测设备离线备案。

（5）督促和监督施工单位加强工地现场的安全文明施工，杜绝野蛮施工及破坏监测设备和网络线路。

（6）实时噪声和扬尘监控。每周安排一次项目现场无人机航拍，并上传至业主管理云图。

2. 审核流程

（1）考虑到参建单位人员流动性较大，为保障项目现场人员考勤的有效准确性，及时为已离职员工办理申请退场流程。未完工项目关键岗位人员不允许办理退场，必须在工程完工后才可申请退场。

（2）参建单位管理人员因参加与承建项目有关的会议、考察或出差等工作原因无法在项目现场考勤时，需提前在业主智慧工地联网监测系统审核流程模块进行人员外出备案。

三、标准化建设

（一）功能、设计、选材用材、绿色节能等产品标准

（1）BIM技术应用管控标准；

（2）设计安全审核要点；

（3）设计文件质量管理规定；

（4）工程项目BIM普及应用指引；

（5）方案设计成果评审要点；

（6）初步设计任务书模板。

（二）需求研究、前期策划、招标采购、验收交付、履约评价、运行维护等政府工程管理标准

（1）招标文件BIM条款编制规范；

（2）安全文明标准化手册。

（三）建造工艺标准

（1）重大安全隐患判定导则；

（2）混凝土裂缝预防措施工作指引。

（四）课题研究

（1）研究展陈类项目建设指引；

（2）研究舞台机械、舞台音响、舞台灯光项目建设指引。

第六章 全周期管理

一、运维管理策划

因该纪念馆项目群项目管理组和全过程工程咨询单位介入较早，全过程工程咨询公司从项目前期即对整个项目进行了整体策划，在策划设计阶段延伸思考，如纪念馆智慧博物馆运维管理、剧院舞台设备运维管理、文化中心金融博物馆、多功能厅运维管理。本着全生命周期管理的理念，项目管理组组织使用单位、全过程工程咨询单位、设计单位、咨询专家团队对建筑方案、机电系统进行了多轮次的论证，并多次到全国各地著名的纪念馆、剧院、博物馆进行市场调研，对运维管理出现的问题进行了深入沟通。

目前，在整个管理过程中，项目管理组和全过程工程咨询单位将充分体现以运维人员为中心，以精细化管理为手段，科学合理地考虑项目的运维管理（图6-1）。

图6-1 运维管理平台示意

二、技术创新

根据纪念馆项目群项目建设管理目标，项目要打造节能环保建筑，确保通过绿色三星认证，争创中国建筑工程"鲁班奖"。工程建设项目通过推广新技术、新材料、新工艺和新设备，可实现工程建设项目高质量建造和可持续发展，推进工程快速建设，实现项目"新型、节能、科技、绿色"的建设目标，并使项目施工由传统的劳动密集型向科技型转变，将项目建成应用四新技术的样板工程。

1. 推动技术创新，创新工艺工法

根据片区规划和周边环境状况，组织专家共同论证选用创新设计方案。

（1）减隔震新技术应用

协调地铁采用主动措施，铁道床采用浮置板、轨道扣件采用双弹性垫层设计空间（图6-2）。

图6-2　减隔震新技术应用

（2）地下空间综合利用

打造地下项目群公共区域（图6-3）。

图6-3　地下空间综合利用

（3）立体绿化

呼应片区的城市绿核定位，用现代科技手段打造立体景观绿化系统（图6-4）。

图6-4　立体绿化

（4）海绵城市

打造自然存积、自然渗透、自然净化的海绵城市项目群（图6-5）。

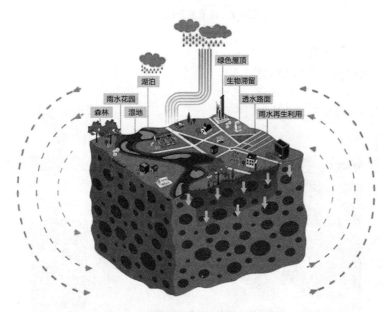

图6-5　海绵城市

2.施工新技术、新工艺、新设备、新材料应用

(1)工程量自动测量技术

对结构复杂、人工计量工程量难度大的部位,采用BIM等辅助手段,进行工程量自动计量或核验,提高准确性。

(2)装配式内装修技术

装配式内装修通过采用设计、生产、施工一体化建造方式,能够减少耗损与浪费,缩短工期,降低施工噪声、粉尘污染,助力"碳达峰、碳中和"目标实现。

(3)装配式模板工艺

使用装配式铝模板、塑料模板、钢模板,无须找平、平整光洁、轻便易装、防水抗蚀、脱模便捷、稳定耐用、利于养护、节能环保。

(4)数控钢筋弯曲机

工业计算机精确控制弯曲,如图6-6所示。

图6-6 数控钢筋弯曲机

(5)屋面新材料

强度高、耐蚀性好、耐热性高、成形性好、不易沾挂雨渍(图6-7)。

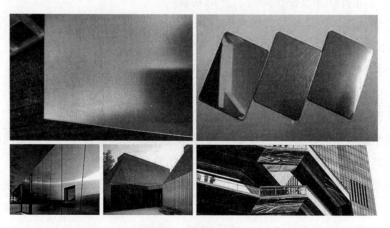

图6-7 屋面新材料

第七章 党建引领、公共信息管理

一、党建引领

习近平总书记在党的十九大报告中指出:"党的基层组织是确保党的路线方针政策和决策部署贯彻落实的基础。要把基层党组织建设成为宣传党的主张、贯彻党的决定、领导基层治理、团结动员群众、推动改革发展的坚强战斗堡垒"。

(一)党建工作的初心和使命

(1)体现在老百姓对政府工程的满意度上。

(2)体现在为用户和参建各方的服务上。

(3)体现在对工程建设者的关爱上。

(4)体现在对项目周边居民和谐关系的构建上。

(二)党建组织建设

支部建在项目上,党旗飘在工地上。

(1)以"党建引领"推进项目廉洁、高效、专业、精品。

(2)围绕项目找准共建单位,开展党建共建,实现党建与业务"双融双促"。

(3)狠抓党风廉政建设。定期分析参建单位所有岗位的廉政风险,制定廉政风险清单,做到警钟长鸣,保持警觉惊醒。

(三)学党史、悟思想、办实事、开新局

学史明理、学史增信、学史崇德、学史力行,不断提高政治判断力、政治领悟力、政治执行力,真正做到学党史、悟思想、办实事、开新局,以昂扬姿态奋力推动政府工程高质量发展,开启全面建设社会主义现代化国家新征程。

(四)党建与项目管理相互促进、齐抓共管

推动党建创新,把党建与管理结合起来,发挥党建引领作用,为现场管理提供有力支撑(图7-1)。

二、公共信息管理

(一)公共信息管理内容

业主在改革创新领导小组全体会议中提出,加强改革创新成果的整理汇编、推广、宣传,形成手册、标准、制度、规章等管理体系化成果,形成"可复制、可推广"的项目经验,这离不开项目团队对内的总结,和对外的分享和交流。

纪念馆项目群项目规模庞大,国内很少有类似项目。总体投资大,建设周期长,涉及环节多,专业要求高。整个信息文档种类多、数量大、特点突出,可以说本项目文档管理工作是一项挑战极高的系统工程。因此,除了做好项目信息包括数据、表格、文

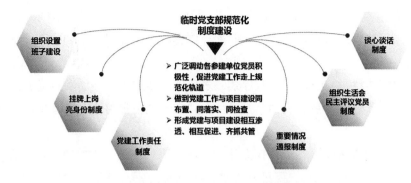

图7-1 临时党支部规范化制度建设

字、图纸、影像、电子文件等资料的管理,对于项目在建设过程中经验的整理、总结、推广和宣传也是至关重要的一环。

针对本项目,宣传内容包括以下五个方面:

(1)一本方案汇编:记录建筑方案设计国际竞赛过程及文件。

(2)一本专著:记录项目群大事件、重要节点、重大政务活动,设计理念,施工先进技术、工艺的创新。

(3)一个纪录片:视频记录介绍项目建设全过程影像,挖掘项目建设过程中的人物及感人事迹,市内外媒体对项目重大建设节点进行播报。

(4)一本故事集:宣传先进典型、弘扬榜样力量,挖掘项目建设过程中的人物故事、感人事迹,包括建管故事(项目建设管理)、建筑故事(建筑文化、建筑艺术)、建造故事(项目建设过程记录),并通过拍摄视频、制作微信推文等方式进行宣传推广,展现建设者们"低调务实、埋头苦干、敢于创新、精益求精"的精神风貌。

(5)一个展览:图文并茂地宣传展览项目过程中的汗水与拼搏、欢笑和喜悦。将建造过程的影像资料纳入纪念馆临时展厅。

(二)公共信息管理方式及媒介

本项目的宣传报道,通过业主官方网站及微信公众号、新闻媒体和主要参建单位官方网站等媒介进行建设经验总结和推广,树立业主政府工程良好的正面形象。

1.高效运营公众号

通过业主官方微信公众号,推送项目阶段性建设知识、进度、亮点、活动等内容,增加工程的公开度和透明度。

2.新闻媒体及主要参建单位官方网站

通过学习强国、人民网、南方日报、晚报、第一现场等权威媒体渠道,以及全过程工程咨询、设计、施工等主要参建单位官方网站,宣传报道重要活动。

3.项目宣传员

参建单位成立对外宣传员联合工作小组,定人定岗,负责宣传工作的策划、组织、编辑和发布。

聚焦项目重点，积极创新，通过抖音、微电影、Vlog等大众喜闻乐见的新形式，直观展示本项目建设风采和建设成果，向社会传递政府工程建设领域的正能量。

4.党建+宣传

通过党建宣传栏、"互联网+"等形式，多角度、多层次地开展项目党支部的宣传工作，推动党建工作顺利开展，助力打造业主把"支部建在项目上，党旗飘在工地上"的特色党建品牌。

党建工作的重心在基层、活力在支部、力量的源泉在党员。本项目计划通过"党员先锋模范作用"的人物采访、"哪里有困难，哪里有需要，哪里有短板，党建+就开展到哪里"的"党建+"系列活动报道和"哪里有党员群众，组织温暖就传递到哪里"的党建活动阵地建设，助力党建工作推进，进一步擦亮党建招牌。

第八章　请示决策事项

一、建管模式

建管模式：方案竞赛+施工图设计+全过程工程咨询+施工总包（其中纪念馆和剧院项目基坑和桩基工程先行）+展陈、舞台专项EPC+专业设备采购。

二、进度管控目标

(1)202×年×月，纪念馆和剧院基坑和桩基单位进场，202×年×月，文化中心施工总包进场；

(2)202×年×月，纪念馆和剧院主体出地面，202×年×月，文化中心主体出地面；

(3)202×年×月，项目群主体结构封顶；

(4)202×年×月，项目群完成精装修，×月完成室外景观，×月完成展陈、剧场等专项；

(5)力争202×年×月前项目群同步完工。

第三节 履约服务评价

附件1 前期阶段评价表

全过程工程咨询（前期阶段）自评表
（工程咨询单位自评、提供证明材料，由业主项目管理组复核认可） 附表1-1

序号	评价项目	评价内容评分标准	合理缺项	应得分	自评分	复核分
1	人员到岗履职	应按合同要求及项目需要配置相关负责人员，制定人员进退场计划，保证项目人员到岗履职，未经业主许可，不可变更驻场人员。 主要岗位人员缺勤一天扣1分；一般岗位人员缺勤一天扣0.5分		5		
2	策划管理	1.制订项目管理具体目标，编制项目总体进度计划，体现总体管理要求。 2.应按项目实际情况分解具体工作内容："项目管理组织管理、设计管理、报批报建管理、进度管理、合同管理、招标采购管理、质量管理、投资管理、风险管理、信息管理以及其他专项咨询管理"等策划内容。各项工作策划中应明确工作流程、成果文件、界面划分等。 以上工作任一项未按期完成扣1分/项		5		
3	勘察管理	1.制定勘察管理工作大纲，明确勘察管理的工作目标、管理模式等。 2.协助确定勘察单位。 3.组织编制勘察任务书。 4.审查勘察方案。 5.检查勘察工作质量、进度、安全文明施工情况，并留存工作记录。 6.审查确认勘察报告。 以上工作任一项未按期完成扣1分/项		5		
4	设计管理	1.制定设计管理实施方案，明确设计管理工作目标、管理模式等。 2.落实设计基础条件。 3.组织编制设计任务书，明确设计范围，划分设计界面。 4.组织设计例会、技术评审会、交底会等各种相关会议，并留存相关工作记录		20		

续表

序号	评价项目	评价内容评分标准	合理缺项	应得分	自评分	复核分
4	设计管理	5.组织设计单位编制技术措施、进度计划等控制文件。 6.督促设计单位按进度计划提交设计过程文件（包括各专业专项互提资料文件和记录单、设计校审记录单等）和成果文件。 7.建立设计问题跟踪表，跟进落实设计问题解决情况。 以上工作任一项未按期完成扣2分		20		
5	设计质量管理	总体要求： 1.检查设计文件按业主相关指引标准制定执行，并得出具检查结论。 2.及时发现设计缺陷，提出优化意见，避免过度设计，出具审核报告。 3.检查设计单位质量保证体系文件，并出具检查结论。 4.检查设计文件各方评审（审核）意见修改落实情况，并出具审核报告。 5.根据各方评审意见和审核意见，复核修改后设计文件的执行情况。 6.对特殊结构、复杂技术、关键工序、超过一定规模的危险性较大的分部分项工程等技术措施和方案进行审核。 7.对新工艺、新技术、新材料进行论证研究。 8.对于项目潜在风险的预判，评估及解决方案。 9.协助项目管理组完成设计样板确认封样。 10.协助提出科研课题，开展科研课题研究编写。 以上工作任一项未按期完成扣2分。 招标采购管理及合同管理扣分上限为20分。 方案设计阶段： 1.对设计效果的落地性提出优化意见。 2.对建筑方案（如规划指标、消防、人防、交通流线、平面布局等）提出合理建议和优化意见。 3.对各专业的关键技术论证、比选文件及计算文件等（如基础选型、结构体系、复杂机电系统方案比选文件）提出合理建议和优化意见。 4.对各专项设计方案的论证文件（如绿色建筑、海绵城市、装配式建筑、节能设计、舞台工艺、医疗工艺、展陈工艺等）提出合理建议和优化意见。 以上工作任一项未按期完成扣2分。 招标采购管理及合同管理扣分上限为10分。 初步设计阶段： 1.对各专业初步设计成果进行精细化审查，并出具精细化审查报告。 2.跟踪审查意见的落实修改情况，对修改后的设计文件进行复审。 3.审核限额设计，配合申报概算		30		

续表

序号	评价项目	评价内容评分标准	合理缺项	应得分	自评分	复核分
5	设计质量管理	以上工作任一项未按期完成扣2分。 招标采购管理及合同管理扣分上限为10分。 施工图设计阶段： 1.对各专业施工图设计进行全面精细化审查（包括设计深度、质量、品质、功能、造价、可实施性等），并出具精细化审查报告。 2.跟踪审查意见的落实修改情况，对修改后的图纸进行复审。 以上工作任一项未按期完成扣2分。 招标采购管理及合同管理扣分上限为10分。		30		
6	前期投资管理	1.编制工程项目投资控制管理方案；确定各阶段投资控制具体目标。 2.审核项目估算及设计概算，组织设计单位进行工程设计优化、技术经济方案比选，对限额设计进行有效控制。 3.编制勘察、设计及咨询用款计划，审核月度、年度付款计划；建立设计变更、预结算台账。 以上工作任一项未按期完成扣2分		10		
7	前期沟通协调管理	1.对项目前期阶段策划、勘察、设计等工作中存在的问题进行协调处理，减小对于工程进展的影响。 2.协助委托人开展前期工程项目管理及相关活动，并留存相关工作记录。 3.定期提交工作报告，工作报告包含不限于：日志、周报、月报、专家评审报告等。 以上工作任一项未按期完成扣1分		5		
8	专项管理	（一）项目报批报建管理 1.梳理报批报建的专题研究和相关手续；制定相应的工作计划和岗位职责。 2.按时完成项目需要的专项评审（如卫生防疫评审；环境影响评价、节能评估审查；防雷装置设计审核；防辐射评审；抗震评审；交通评审；轨道交通评审以及深基坑围护评审；智能化系统评审等）。 3.按时完成项目配套报审（项目选址意见书；建设用地规划许可证；建设工程规划许可证；用电、给水排水、燃气和通信等项目配套条件征询；项目节能审批；项目社会稳定风险审批；项目卫生监督、环境影响、民防等职能部门审批；施工许可证；其他建设专项审查，包括：绿化、消防、交通、防雷和水务等）。 以上工作任一项未按期完成扣1分/项。 项目报批报建管理扣分上限为5分。		20		

续表

序号	评价项目	评价内容评分标准	合理缺项	应得分	自评分	复核分
8	专项管理	（二）招标采购管理及合同管理 1.策划标段划分、招标方式、招标时间节点；制订招标采购计划、编制招标文件。 2.审核造价咨询报告中报价原则、工程量清单、标底、上限价等经济技术指标；反馈审核结果并督促整改。 3.按招标文件组织招标答疑与现场踏勘；按计划协助招标人完成招标工作。 4.按计划完成勘察设计及专业咨询合同起草、谈判，协助委托单位签订合同。 5.对勘察设计及专业咨询合同履约、变更、索赔、后评价进行有效管理。 以上工作任一项未按期完成扣1分/项。 招标采购管理及合同管理扣分上限为8分。 （三）前期信息档案管理 1.建立工程项目信息档案管理体系，统一文档管理制度与具体业务标准。 2.借助信息管理软件或信息技术平台，建立信息沟通机制。 3.对勘察设计文件及时进行整理、分发。 4.定期提交工作报告，工作报告包含不限于：日志、周报、月报、专家评审报告等。 5.配合业主各类信息化系统的应用。 以上工作任一项未按期完成扣2分/项。 前期信息档案管理扣分上限为10分。 （四）BIM管理 （1）BIM实施准备阶段 ①制定《项目总体BIM实施方案》。 ②组织设计单位编制《设计BIM实施方案》。 以上工作任一项未按期完成扣2分。 （2）设计阶段BIM应用管理工作 ①负责向设计单位宣贯业主BIM实施的标准与要求，并建立项目BIM协同工作模式。 ②协助项目管理组负责编制《设计任务书BIM专项要求》，检查设计单位落实执行情况，并出具审核报告。 ③组织设计单位建立设计模型，并进行相关BIM技术应用和辅助设计汇报。 ④审核设计单位提交的BIM相关文件，并出具审核报告。 ⑤负责BIM设计成果汇总、移交、归档工作。 ⑥组织设计单位向施工总包单位进行BIM成果交底工作。 ⑦协助项目管理组对设计单位的BIM实施情况进行考核评价。 以上工作任一项未按期完成扣2分		20		

续表

序号	评价项目	评价内容评分标准	合理缺项	应得分	自评分	复核分
8	专项管理	（3）设计阶段BIM实施成果的总结与推广 ①组织设计单位编制《设计BIM实施经验总结》。 ②编制BIM设计管理经验总结报告。 ③组织参建单位申报BIM应用大赛奖项。 以上工作任一项未按期完成扣2分/项。 BIM管理扣分上限为10分		20		

注：本表应得分总值为100分，采用扣减分值法，扣减分值数字超过本项内的应得分值时，本项的实得分数计为零分。

评价人员：

评价日期： 年 月 日

全过程工程咨询（前期阶段）业主项目管理组综合评价表

附表1-2

序号	评价项目	分值	阶段/专项内容	序号	评价内容	评价等级				得分
						好	中	差	无此项	
一	人员配置	20	/	1	按合同要求配置相关负责人员					
				2	制定人员进退场计划					
				3	到岗人员专业配备齐全					
				4	到岗人员能力匹配度					
				5	到岗人员稳定性					
二	策划管理	5	/	1	策划项目建设目标、组织模式					
				2	建立健全项目管理制度体系					
				3	组织编制项目建议书、可行性研究报告、环境影响评价、节能评估、安全评价、社会稳定风险评价、地质灾害危险性评估、水土保持评价、交通影响评价、绿色建筑评价等报告，并配合业主报送相应的政府各主管部门进行审批					
三	勘察管理	5	/	1	制定勘察管理实施方案，明确勘察管理的工作目标、管理模式等					
				2	协助确定勘察单位					
				3	组织编制勘察任务书					
				4	审查勘察方案					
				5	检查勘察工作质量、进度、安全文明施工情况，并留存工作记录					
				6	审查确认勘察报告					
				7	定期编制提交勘察管理工作进展情况周报、月报及总结报告					

续表

序号	评价项目	分值	阶段/专项内容	序号	评价内容	评价等级				得分
						好	中	差	无此项	
四	设计管理	20	/	1	制定设计管理实施方案,明确设计管理工作目标、管理模式等					
				2	协助确定设计单位					
				3	落实设计基础条件					
				4	组织编制设计任务书,明确设计范围,划分设计界面					
				5	组织设计例会、技术评审会、交底会等各种相关会议,做好会务工作					
				6	组织设计单位编制技术措施、进度计划等控制文件					
				7	督促设计单位按进度计划提交设计过程文件(包括各专业专项互提资料文件和记录单、设计校审记录单等)和成果文件					
				8	建立设计问题跟踪表,跟进落实设计问题解决情况					
				9	根据项目需求,组织邀请权威专家开展专家论证会					
				10	协助项目管理组编制相关汇报文件					
				11	提升设计品质,争取工程创优,打造精品工程					
				12	定期编制提交设计管理工作进展情况周报、月报和总结报告					
五	设计质量管理	30	总体要求	1	全过程跟踪控制设计文件质量,全面审核全过程设计文件,及时发现设计缺陷,提出优化意见,避免过度设计,出具审核报告,对审核报告负责					
				2	检查设计文件按业主相关指引标准制定执行,并出具检查结论					
				3	检查设计单位质量保证体系文件,并出具检查结论					
				4	检查设计文件各方评审(审核)意见修改落实情况,并出具审核报告					
				5	根据各方评审意见和审核意见,复核修改后设计文件的执行情况					
				6	对特殊结构、复杂技术、关键工序、超过一定规模的危险性较大的分部分项工程等技术措施和方案进行审核					

续表

序号	评价项目	分值	阶段/专项内容	序号	评价内容	评价等级				得分
						好	中	差	无此项	
五	设计质量管理	30	总体要求	7	对新工艺、新技术、新材料进行论证研究					
				8	对于项目潜在风险的预判、评估及解决方案					
				9	协助项目管理组完成设计样板确认封样					
				10	协助提出科研课题，开展科研课题研究编写					
			方案设计阶段	1	对设计效果的落地性提出优化意见					
				2	对建筑方案（如规划指标、消防、人防、交通流线、平面布局等）提出合理建议和优化意见					
				3	对各专业的关键技术论证、比选文件及计算文件等（如基础选型、结构体系、复杂机电系统方案比选文件）提出合理建议和优化意见					
				4	对各专项设计方案的论证文件（如绿色建筑、海绵城市、装配式建筑、节能设计、舞台工艺、医疗工艺、展陈工艺等）提出合理建议和优化意见					
			初步设计阶段	1	对各专业初步设计成果进行精细化审查，并出具精细化审查报告，跟踪审查意见的落实修改情况，对修改后的设计文件进行复审					
				2	审核限额设计，配合申报概算					
			施工图设计阶段	1	对各专业施工图设计进行全面精细化审查（包括设计深度、质量、品质、功能、造价、可实施性等），并出具精细化审查报告，跟踪审查意见的落实修改情况，对修改后的图纸进行复审					
六	规范性管理	20	统筹协调	1	信息沟通的及时性					
				2	督办事宜的执行力					
				3	工作配合度					
				4	管理报告、日志等的及时性和准确性					
				5	其他					
			需求管理	1	组织同类项目调研、使用需求调研及相关政策的调研，整理调研资料，转化需求设计条件，跟进落实设计成果					

续表

序号	评价项目	分值	阶段/专项内容	序号	评价内容	评价等级 好	中	差	无此项	得分
六	规范性管理	20	需求管理	2	设计全过程沟通使用需求，协调使用单位对设计成果进行需求确认					
			BIM管理	1	制定《项目总体BIM实施方案》					
				2	组织设计单位编制《设计BIM实施方案》					
				3	组织设计单位建立设计模型，并进行相关BIM技术应用和辅助设计汇报					
				4	审核设计单位提交的BIM相关文件，并出具审核报告					
				5	负责BIM设计成果汇总、移交、归档工作					
				6	编制BIM设计管理经验总结报告，组织参建单位申报BIM应用大赛奖项					
			前期投资管理	1	编制工程项目投资控制管理方案					
				2	确定各阶段投资控制具体目标					
				3	审核项目估算及设计预算					
				4	编制勘察、设计及咨询用款计划，审核月度、年度付款计划					
				5	建立设计变更、预结算台账					
			项目报批报建管理	1	梳理报批报建的专题研究和相关手续					
				2	制定相应的工作计划和岗位职责					
				3	按时完成项目需要报审的专项评审					
				4	按时完成项目配套报审					
			招标采购及合同管理	1	策划标段划分、招标方式、招标时间节点					
				2	制订招标采购计划、编制招标文件					
				3	审核造价咨询报告中经济技术指标					
				4	反馈审核结果并督促整改					
				5	按招标文件组织招标答疑与现场踏勘					
				6	按计划协助招标人完成招标工作					
				7	按计划完成勘察设计及专业咨询合同签订合同					
				8	对合同履约、变更、索赔、后评价进行有效管理					

续表

序号	评价项目	分值	阶段/专项内容	序号	评价内容	评价等级 好	评价等级 中	评价等级 差	评价等级 无此项	得分
六	规范性管理	20	信息档案管理	1	配合业主各类信息化系统的应用					
				2	借助信息管理软件或信息技术平台，建立信息沟通机制					
				3	对勘察设计文件及时进行整理、分发					
				4	定期提交工作报告，含日志、周报、月报、专家评审报告等					
七	特殊情形		/	1	若咨询单位自评表中出现虚报、瞒报、谎报等情形，则在主观评分表总分基础上，每出现一项，扣10分					
				2	若咨询单位技术负责人出现更换、无故缺席重要会议等情形，则在主观评分表总分基础上，每出现一项，扣5分					
合计										

注：(1) 评价等级分为好、中、差3个等级，评价项目的评价要素能满足合同要求为好，评价项目的评价要素基本满足合同要求为中，评价项目的评价要素不能满足合同要求为差。
(2) 评分时，在"评价内容"对应栏勾选"评价等级"，若不涉及某项"评价内容"，则勾选"无此项"。
(3) 好、中、差等级对应分数分别为5分、3分、1分，最终得分根据对应分值及是否缺项，换算成百分制。
(4) 若某项评价内容超出工程咨询单位合同工作范围，则该评价结果不参与计算得分率。

季度激励情形加分清单　　　　　　　　　　　　　　　　　　　附表1-3

序号	情形	加分分值	是否加分
1			
2			
3			
4			
5			
6			
7			

加分说明：

注：本表仅供季度履约评价加分使用，履约单位当季度符合表中所列情形时，评价人员在"是否加分"栏中打钩，必要时在加分说明栏中补充说明加分情形及分值。同一情形在同一季度出现多次时，不进行累计加分。

评价人员：
评价日期：　　　年　　月　　日

季度负面情形扣分清单　　　　　　　　　　　　　　　　　　　　　　　　附表 1-4

序号	情形	扣分分值	是否扣分
1	合同履约单位因自身原因，在平台完成评价结果签收工作但超出规定期限的	1分/次	
2	合同履约单位因自身原因，未在平台完成评价结果签收工作的	2分/次	
	……		
	……		
	其他业主认定的负面情形，由业主各处室制定具体细则，或根据具体情况一事一议提交业主履约评价管理委员会审定	/	

直接判定为不合格（55分）的情形

序号	情形	是否触发
1	参加承包人的宴请、收受承包人或供应商提供或给予的任何利益、花红、有价证券、折扣、贿赂、贷款、宴请、旅游，在承包人单位报销费用的	
2	向承包人推荐分包队伍或设备材料供应商的	
3	利用工作便利，向委托人建议在招标文件中设置倾向某企业或某品牌的各种业绩、资质、认证及技术参数的	
4	从事与本建设项目有关的第二职业、商务活动并领取报酬的	
5	违反合同为承包人办理工程变更、现场签证和支付工程款的	
6	利用工作便利为亲属或特定关系人谋取不正当利益的	
7	在没有得到相应许可的情况下，对外公开涉及项目机密的资料	
8	由于质量问题造成不良社会影响，情节特别严重的	
9	行贿累计数额在20万元（含）以上的	
10	……	
11	……	
	其他业主认定的负面情形，由业主各处室制定具体细则，或根据具体情况一事一议提交业主履约评价管理委员会审定	

直接判定为0分的情形

序号	情形	是否触发
1	串通施工、咨询等单位弄虚作假的	
2	在履行其义务时，违反国家法律和行政法规的	
3	向业主工作人员3人（含）以上行贿或导致业主工作人员受到党纪政务处分、司法处理等的情节恶劣的	
	……	
	……	
	其他业主认定的负面情形，由业主各处室制定具体细则，或根据具体情况一事一议提交业主履约评价管理委员会审定	

续表

扣分/直接判定为不合格/直接判定为0分情况说明：

注：本表仅供季度履约评价扣分使用，履约单位当季度符合表中所列情形时，评价人员在"是否扣分/是否触发"栏中打钩，必要时在说明栏中补充说明扣分情形及分值、直接判定情形及结果。同一情形在同一季度出现多次时，不进行累计扣分。

评价人员：

评价日期： 年 月 日

附件2 在建阶段评价表

全过程工程咨询（建设期阶段）自评表
（咨询单位自评、提供证明材料，由业主项目管理组复核认可） 附表2-1

序号	评价项目	评价要素 评分标准	合理缺项	应得分	自评分	复核分
\multicolumn{7}{l}{一票否决项：监理单位应按法律法规要求合规经营，不得越级监理，转让监理业务；不得与被监理施工单位及材料、构配件、设备供应单位有隶属关系或其他利害关系}						
1	人员到岗履职	应按合同要求及项目需要配置相关负责人员，制定人员进退场计划，保证项目人员到岗履职，未经业主许可，不可变更驻场人员。保证项目人员按时参与工程竣工预验收、竣工验收工作。 主要岗位人员缺勤一天扣1分；一般岗位人员缺勤一天扣0.5分		10		
2	进度管理	确定进度管理目标及关键节点目标，编制项目进度计划及控制措施，分析影响进度的主要因素；审核施工总进度计划和年/月/周等阶段性进度计划；定期比较计划值和实际值，根据需要采取措施并督促落实；判断进度偏差影响，调整和优化项目总控计划；审批、处理工程停工、复工及工期变更事宜；协调各参建单位的施工进度矛盾；定期提交项目工期分析研判报告。 以上工作任一项未按期完成扣1分/项		5		
3	风险管理	编制覆盖项目各阶段的风险识别清单；进行工程项目风险评估和制定应对措施，进行风险主动管理。对项目质量风险、安全风险、进度风险、社会风险、投资风险、廉政风险等过程管理留存记录；定期向项目管理组提交风险管理报告。 以上工作任一项未按期完成扣1分/项		5		
4	投资管理	编制项目资金使用计划并动态调整；审核工程计量与合同价款；协助进行甲供材料和设备的询价与核价工作；审核工程变更、工程索赔和工程签证；动态管理项目投资工作，提供分析报告；定期提交变更台账。 以上工作任一项未按期完成扣1分/项		5		
5	沟通协调管理	（1）对项目内部参建单位之间存在的问题及时进行协调处理，留存协调记录。 如因本项工作影响工程进展，则一次扣1分/项。 （2）对与工程项目相关的外部质监、安监、巡查、抽检、督察等工作进行有组织的管理与协调；对委托人组织的工程项目管理及相关活动进行有效协调，留存协调记录。 （3）按规定定期提交各项报告，包含不限于：日志、周报、月报、专项报告、风险评估报告等。 以上工作任一项无记录扣1分/项		5		

续表

序号	评价项目	评价要素 评分标准	合理缺项	应得分	自评分	复核分
6	设计管理	(1)施工图设计。 　　落实设计阶段质量管理审核制度，对施工图设计情况进行检查落实，组织施工图审查工作，编写施工图设计专业的审核意见报告，提出图纸优化意见。 　　以上工作：施工图设计进度延误，咨询方未识别处置，一次扣1分；未按期组织完成施工图审查，一次扣2分/项。 (2)施工过程。 1)组织设计交底和图纸会审，对各方审图意见落实追踪，保证意见闭合。督促专业单位为施工现场提供技术服务；进行施工现场的技术协调和界面管理；进行工程材料设备选型和技术管理；根据施工需求组织或实施设计优化工作；组织关键施工部位的设计验收管理。 　　以上工作应留存记录，一项工作未按期完成扣1分/项。 2)审核、处理设计变更、工程洽商、签证的技术问题，严禁"未批先建"。 　　以上工作应留存记录，一项工作未按期完成扣1分/项；"未批先建"扣5分/单		15		
7	质量管理	(1)协助完成施工场地条件准备工作；协助进行场地(包括坐标、高程、临电、临水、毗邻建筑物和地下管线等)移交和规划验线；组织召开第一次工地会议，跟踪落实会议；组织开展工程样板评审工作。 　　任一项未及时完成扣1分/项。 (2)应监测的项目，应进行监测方案报审、监测点布设及验收、过程监测的监督。 　　任一项未及时完成扣1分/项。 (3)对用于工程实体的建筑材料、构配件、设施设备等进行审查，实施见证取样制度、平行检测，平行检测频率应符合合同约定。 　　任一项未进行扣2分/项；任何一项中有违反规定情况扣1分/项。 (4)按规范要求执行测量复核。 　　复测记录缺一份扣1分。 (5)对重点工序、关键环节采用旁站、巡视和实施独立的平行检验。 　　旁站、巡视、平行检验记录缺一份扣1分。 (6)及时组织隐蔽工程验收，签认合格工程量；对施工现场检查发现质量问题及时签发通知单，跟踪落实，不能有效制止的，及时报告主管部门；合同范围外新增工程量正确审核。 　　任一项未及时完成扣1分/项。 (7)组织关键工序、关键部位中间节点等验收工作。 　　任一项未及时完成扣1分/项。 (8)参与处理质量缺陷和质量事故，跟踪处理闭环。 　　任一项未及时完成扣1分/项。 (9)配合使用业主"e工务"App质量管理模块。 　　任一项不配合使用扣2分/项。		20		

续表

序号	评价项目	评价要素 评分标准	合理缺项	应得分	自评分	复核分
8	安全生产与文明施工管理	（1）协助提供地下管线资料等有关资料。 任一项未及时完成扣1分/项。 （2）审核、监管安全文明措施费专款专用情况。 任一项未及时完成扣1分/项。 （3）对施工现场进场设施设备的质量、安全等符合性、针对性进行审查，发现问题应识别处置。 未进行审查扣5分，经抽检大型特种设施设备审核不符要求，发现一项扣2分；一般设施设备审核不符要求，发现一项0.5分。 （4）检查安全专项施工方案的执行情况。对于发现的安全问题应及时签发通知单，跟踪落实，不能有效制止的，应及时报告主管部门、安全监督机构。 任一项未及时完成扣1分/项。 （5）督促参建单位建立应急预案、应急资源配备和应急演练。 任一项未及时完成扣1分/项。 （6）组织检查和评估安全生产标准化建设实施情况。 任一项未及时完成扣1分/项。 （7）参与处理安全隐患和安全事故，跟踪处理闭环。 任一项未及时完成扣1分/项。 （8）配合使用业主"e工务"App安全管理模块。 任一项不配合使用扣2分		15		
9	专项管理	（一）管理体系与制度的建立及运行 （1）分别建立工程项目"投资、进度、质量、安全、文明施工、环境保护、HSE"相对应的管理体系；设定相对应的管理制度和岗位职责；落实相对应的责任制。 每缺少一项管理体系与制度，扣1分；未按职责或超越职责履行时，发现1项扣1分。 （2）编制质量管理规划，确定质量管理目标，明确质量管理重点与要点；建立施工许可、工程竣工验收备案、质量事故处理、质量投诉等制度；建立设计交底、图纸会审、施工组织设计审查、开工条件审核等制度。 （3）编制安全生产与文明施工管理规划，确定安全生产与文明施工目标，明确安全管理重点与要点；建立设计阶段建筑结构安全审核制度，协调组织相关审核工作。 以上工作任一项未按期完成扣1分/项。 管理体系与制度的建立及运行扣分上限为5分。 （二）BIM管理 建立项目级BIM实施协同体系；协助项目管理组审核参建单位提交的《BIM实施方案》，并出具审核意见；编制BIM应用点的实施技术标准，检查参建单位的落实情况；对参建单位的BIM模型创建进度、质量、深度等进行系统性检查，提供书面检查意见与优化建议，指导并督促落实；负责开展所承接项目设计阶段BIM实施成果汇总、移交、归档工作；负责组织设计单位向施工总包单位进行BIM技术应用交底工作，保证设计阶段BIM实施成果向施工阶段有效沿用；协助项目管理组对设计单位的BIM实施情况进行考核评价；利用BIM模型的工程量清单核对，避免出现缺项漏项，辅助项目投资管理		20		

续表

序号	评价项目	评价要素 评分标准	合理缺项	应得分	自评分	复核分
9	专项管理	以上工作任一项未按期完成扣1分/项。 BIM管理扣分上限为5分。 （三）HSE管理 　　编制项目实施阶段HSE管理实施方案；对工程项目实施过程中HSE进行有效管理，留存相应的管理资料。 　　以上工作任一项无记录扣1分/项。 　　HSE管理扣分上限为5分。 （四）监理规划与监理细则 　　（1）应编制监理规划，制定质量通病的治理及风险防范监理监控措施、安全监理方案和安全应急预案，明确监理旁站方案。 　　任一项缺失扣5分/项。 　　（2）对应施工方案应编制相应的监理细则。 　　缺一项扣1分/项。 　　（3）规划和细则的内容应满足监理规范和安全监理规程的要求，并对工程实际情况有针对性。 　　任一项不满足扣1分/项。 　　（4）规划和细则应按程序审批后，对全体人员交底。 　　审批程序不全或未交底，一项扣1分。 　　（5）应根据实际情况，及时调整监理规划和监理细则。 　　发现施工方案已变化而监理规划和细则未调整，一项扣1分。 　　监理规划与监理细则扣分上限为5分。 （五）对施工单位条件审查 　　（1）对施工单位的质量、安全、文明施工保证体系进行检查，保证执行；对施工组织设计及必须有的施工方案（含安全、投资、进度）进行审核，参与重大技术方案评审，提出意见并督促闭合。 　　缺少任一项检查扣5分/项；任一项未及时闭合扣1分/项。 　　（2）对施工单位的开工申请进行条件审核；对分包单位资质审核。 　　缺少任一项检查扣2分/项；任一项存在问题未识别处置扣1分/项。 　　（3）参加勘察或设计交底及图纸会审，提出意见并督促闭合。 　　任一项存在问题未识别处置扣1分/项。 　　对施工单位条件审查扣分上限为5分。 （六）合同管理 　　按计划完成施工图设计、施工、材料设备采购、检测咨询及相关的专业合同起草、谈判，协助委托单位签订合同；对各类合同履约风险进行分析并制定应对措施；对合同履约、变更、索赔、后评价进行有效管理。 　　以上工作任一项未按期完成扣1分/项。 　　合同管理扣分上限为5分。 （七）工程预验收与竣工验收 　　（1）编制专业工程验收工作计划（工程档案、规划验收、消防验收、建筑节能、电梯验收、防雷验收、人防验收等），协调相关单位开展专业工程验收，取得专业工程验收报告。 　　（2）总监理工程师组织工程预验收工作，出具预验收报告，跟踪落实整改问题，填写竣工验收报告		20		

续表

序号	评价项目	评价要素 评分标准	合理缺项	应得分	自评分	复核分
9	专项管理	（3）协助委托单位组织工程竣工验收，编写竣工验收质量评估报告。 以上每项未按时完成扣2分/项。 工程预验收与竣工验收扣分上限为5分。 （八）工程移交管理 按计划要求完成项目移交工作；对于运营单位提出的相关问题跟踪落实整改。 以上每项未按时完成扣1分/项。 工程移交管理扣分上限为5分。 （九）工程档案管理 （1）未建立工程项目文档管理体系，统一文档管理制度与具体业务标准。 （2）未借助信息管理软件或信息技术平台，建立信息沟通机制。 （3）未实现对工程建设过程中如质量、安全、文明施工等信息进行高效分享、传递、监督、反馈、管理。 （4）未对项目信息资料进行监督、检查、指导和协调；未按时通过档案资料的竣工验收以及移交。 以上每项未按时完成扣2分/项。 工程档案管理扣分上限为5分。 （十）信息化管理 配合业主各类信息化系统的应用。 以上每个信息化模块未配合使用扣2分/项。 信息化管理扣分上限为5分		20		

注：本表应得分总值为100分，采用扣减分值法，扣减分值数字超过本项内的应得分值时，本项的实得分计为零。

评价人员：
评价日期： 年 月 日

全过程工程咨询（建设期阶段）业主项目管理组综合评价表

附表2-2

序号	评价项目	分值	阶段/专项内容	评价要素	评价等级				得分
					好	中	差	无此项	
一	人员配置	20	/	人员配置与投标文件的偏差，人员能力匹配度、稳定性					
二	配合与协调	20	/	沟通的时效性、督办的执行力、工作的配合度、准确度，服务质量					
三	规范性管理	60	管理体系与制度的建立及运行	管理体系、制度的完整性，质量安全规划的合理性，管理责任落实的执行度，目标任务完成的及时性					

续表

序号	评价项目	分值	阶段/专项内容	评价要素	评价等级 好	中	差	无此项	得分
三	规范性管理	60	进度管理	总进度计划和阶段进度计划的完整性，工期研判报告的质量，进度纠偏、调整和优化的能力，对各参建单位施工进度矛盾的协调能力					
			风险管理	风险评估准确度、应对措施有效性、过程文件留存完整性、风险管理报告质量					
			投资管理	项目资金使用计划的完整性，工程计量与合同价款的准确性，工程变更、索赔和签证的及时性和有效性，项目投资分析报告的准确性、变更台账的完整性					
			设计管理	对设计图纸的审查质量，设计交底、图纸会审落实的有效性，施工现场技术协调、工程材料设备选型、技术管理的质量，设计优化工作、设计验收管理的质量，审核处理变更设计的及时性					
			BIM管理	BIM实施体系审核的质量，检查参建单位落实技术标准的有效性，对成果汇总、移交、归档的完整性和及时性，对BIM模型的工程量清单核对的准确度					
			质量管理	协助场地准备、移交、规划验线工作的有效性，组织开展工程样板评审质量，对建材、设施设备的检查质量，测量复核的准确性，重点工序、关键环节检验的准确性，组织隐蔽施工验收的及时性，对质量问题签发通知单的及时性，对质量缺陷和事故处理的及时性和有效性，配合使用业主"e工务"App质量管理模块的积极性					
			安全生产与文明施工管理	安全文明措施费审核、监管的严谨性，现场进场设施设备的质量、安全等符合性、针对性，安全专项施工方案的执行情况，对安全问题签发通知单及时性，安全生产标准化建设实施情况，配合使用业主"e工务"App安全管理模块的积极性					
			6S管理	将"6S"的理念融入施工管理主要内容的程度，"6S"管理工作的细致性，重点围绕人员管理、材料管理、机械管理、场地管理4个方面的情况					
			HSE管理	项目实施阶段HSE管理实施方案的质量，项目实施过程中HSE管理的有效性，相应管理资料的完整性					

续表

序号	评价项目	分值	阶段/专项内容	评价要素	评价等级 好	评价等级 中	评价等级 差	评价等级 无此项	得分
三	规范性管理	60	监理规划与监理细则	质量通病的治理等监控措施、安全监理方案和安全应急预案的完整性和有效性，规划和细则的内容满足相关规程的情况，根据实际情况调整监理规划和监理细则的及时性					
			对施工单位条件审查	对施工组织设计及必须有的施工方案进行审核的情况，对重大技术方案评审提出意见并督促闭合的有效性，对分包单位资质审核的严谨性					
			合同管理	按计划完成各专业合同起草、谈判，协助委托单位签订合同的及时性；对各类合同履约风险进行分析并制定应对措施的有效性；对合同履约、变更、索赔、后评价管理的及时性和有效性					
			工程预验收与竣工验收	专业工程验收工作计划的完整性，协调相关单位开展专业工程验收的有效性，组织工程预验收、出具预验收报告、跟踪整改问题、填写竣工验收报告的及时性					
			工程移交管理	按计划要求完成项目移交工作的及时性，对于运营单位提出的相关问题跟踪落实整改的有效性					
			档案管理	项目信息档案管理体系的完整性，文档管理制度与业务标准的统一性，对勘察设计文件整理、分发的及时性，提交工作报告，含日志、周报、月报、专家评审报告的及时性和完整性					
			信息化管理	配合业主各类信息化系统的应用的积极性					
四	特殊情形			若咨询单位自评表中出现虚报、瞒报、谎报等情形，则在履约单位自评分总分基础上，每出现一项，扣10分					

评价人员：　　　　　　　　　　　　　　评价日期：

评价人员角色（在对应角色后打钩）：项目管理组主任□　副主任□　各专业工程师□　业主档案室□

注：(1) 评价等级分为好、中、差3个等级，评价项目的评价要素能满足合同要求为好，评价要素基本满足合同要求为中，评价要素不能满足合同要求为差。
(2) 评分时，在"评价内容"对应栏勾选"评价等级"，若不涉及某项"评价内容"，则勾选"无此项"。
(3) 好、中、差等级对应分数分别为5分、3分、1分，最终得分根据对应分值及是否缺项，换算成百分制。

季度激励情形清单（建设期阶段） 附表2-3

序号	情形	加分分值	是否加分
1	季度房建/市政工程监理单位质量安全综合排名第一且得分大于等于85的	3分/次	
2	季度房建/市政工程监理单位质量安全综合排名第二且得分大于等于85的	2分/次	
3	季度房建/市政工程监理单位质量安全综合排名第三且得分大于等于85的	1分/次	
4	合同所涉及项目在质量或安全方面被纳入观摩工地，观摩级别为国家级	3分/次	
5	合同所涉及项目在质量或安全方面被纳入观摩工地，观摩级别为省、市、业主级	2分/次	
6	合同履约单位受到行政主管部门通报表扬，且该表扬已在当季度获得质量安全评估体系加分的，如列入住建局"亮剑行动"红榜等情形	1分/次	
7	其他业主、直属单位认定的激励情形，由各处室或直属单位制定具体细则，或根据具体情况一事一议提交署履约评价管理委员会审定	/	

加分说明：

注：本表仅供季度履约评价加分使用，履约单位当季度符合表中所列情形时，评价人员在"是否加分"栏中打钩，必要时在加分说明栏中补充说明加分情形及分值。同一情形在同一季度出现多次时，不进行累计加分。

评价人员：

评价日期： 年 月 日

季度负面情形清单（建设期阶段） 附表2-4

序号	扣分情形	扣分分值	是否扣分
1	季度房建/市政工程监理单位质量安全综合排名倒数第一且得分低于等于80的	3分/次	
2	季度房建/市政工程监理单位质量安全综合排名倒数第二且得分低于等于80的	2分/次	
3	季度房建/市政工程监理单位质量安全综合排名倒数第三且得分低于等于80的	1分/次	
4	合同履约单位所在项目受省、市政府行政部门质量或安全问题通报批评的	5分/次	
5	合同履约单位因自身原因，在平台完成评价结果签收工作但超出规定期限的	1分/次	
6	合同履约单位因自身原因，未在平台完成评价结果签收工作的	2分/次	
7	其他业主、直属单位认定的负面情形，由各处室或直属单位制定具体细则，或根据具体情况一事一议提交业主履约评价管理委员会审定	/	

续表

直接判定为不合格（55分）的情形			
序号	情形	是否触发
1	参加承包人的宴请、收受承包人或供应商提供或给予的任何利益、花红、有价证券、折扣、贿赂、贷款、宴请、旅游，在承包人单位报销费用的	
2	向承包人推荐分包队伍或设备材料供应商	
3	利用工作便利，向委托人建议在招标文件中设置倾向某企业或某品牌的各种业绩、资质、认证及技术参数	
4	从事与本建设项目有关的第二职业、商务活动并领取报酬	
5	违反合同为承包人办理工程变更、现场签证和支付工程款的	
6	利用工作便利为亲属或特定关系人谋取不正当利益的	
7	在没有得到相应许可的情况下，对外公开涉及项目机密的资料	
8	当季度发生一般质量、安全事故	
9	监理单位转让监理业务的	
10	由于质量问题造成不良社会影响，情节特别严重的	
11	施工质量存在重大结构隐患或结构、功能缺陷的	
12	发生一般火灾事故，造成人员死亡的，或发生较大及以上火灾事故的	
13	行贿累计数额在20万元（含）以上的	
14	其他业主认定的负面情形，由各处室制定具体细则，或根据具体情况一事一议提交业主履约评价管理委员会审定	
直接判定为0分的情形			
序号	情形	是否触发
1	串通施工、咨询等单位弄虚作假	
2	在履行其义务时，违反国家法律和行政法规的	
3	向业主工作人员3人（含）以上行贿或导致业主工作人员受到党纪政务处分、司法处理等的情节恶劣的	
4	其他业主认定的负面情形，由各处室制定具体细则，或根据具体情况一事一议提交署履约评价管理委员会审定	

扣分/直接判定为不合格/直接判定为0分情况说明：

注：本表仅供季度履约评价扣分使用，履约单位当季度符合表中所列情形时，评价人员在"是否扣分/是否触发"栏中打钩，必要时在说明栏中补充说明扣分情形及分值、直接判定情形及结果。同一情形在同一季度出现多次时，不进行累计扣分。

评价人员：

评价日期：　　年　　月　　日

附件3 保修阶段评价表

全过程工程咨询(保修阶段)自评表
(建设工程咨询单位自评、提供证明材料,由业主项目管理组复核认可)　　附表3-1

序号	评价项目	评价内容评分标准	合理缺项	应得分	自评分	复核分
1	人员到岗履职	按合同要求,保证项目人员按时参与维保阶段相关工作。相关专业人员缺勤,一次扣5分		10		
2	工程竣工备案	按时办理工程竣工备案;组织办理资产权属登记工作。以上每项未按时完成扣1分/项		10		
3	项目结算与决算	负责工程结算的审核并配合审计局审定;负责项目工程造价经济指标分析,负责提交结算审核事项表;参与结算资料整理归档;配合财务办理竣工决算;负责审核结算款、保修款。以上每项未按时完成扣1分/项		10		
4	质量缺陷记录分析及核定修复费用	(1)检查和记录工程质量缺陷,并对缺陷原因进行调查分析,界定责任归属。 (2)督促承包人对工程质量缺陷进行整改,并审核修复方案,对整改过程进行跟踪、落实。 (3)对修复费用进行审核,提出审核意见。 (4)督促承包人按照合同约定进行回访。 (5)协助运营单位收集、整理、归档修复工程资料。 以上任一项工作未按期完成扣5分/项		20		
5	运营管理技术服务及设计问题反馈	(1)收集、整理、分析运营过程中发现的设计问题与缺陷。 (2)反馈设计问题、分析原因、总结经验。 (3)二年辅助运营管理期内,协助使用单位开展机电运维管理、设施设备管理。 以上任一项工作未按期完成扣5分/项		20		
6	竣工图编制管理	按合同约定日期在竣工验收后,完成并交付竣工图。以上任一工作未按期完成扣5分		10		
7	档案移交管理	按合同要求,负责项目移交工作的管理,包括质量监督、档案验收、项目审计、财务决算、环境保护、卫生监督、劳动安全、消防。以上任一项工作未按期完成扣5分/项		10		
8	工程管理总结	项目竣工后3个月内完成并提交项目竣工总结报告。以上工作未按期完成扣5分		10		

注:本表应得分总值为100分,采用扣减分值法,扣减分值数字超过本项内的应得分值时,本项的实得分计为零。

评价单位:
评价日期:　　年　　月　　日

全过程工程咨询（保修阶段）业主项目管理组综合评价表　　　　附表 3-2

序号	评价项目	分值	阶段/专项内容	评价要素	评价等级 好	评价等级 中	评价等级 差	无此项	得分
一	人员配置	20	/	人员配置与投标文件的偏差，人员能力匹配度、稳定性、考勤率					
二	配合与协调	20	/	沟通的时效性、督办的执行力、工作的配合度、准确度、服务质量					
三	规范性管理	60	工程竣工备案	办理工程竣工备案、组织办理资产权属登记工作的及时性					
			项目结算与决算	工程结算的审核的准确性，项目工程造价经济指标分析的质量，结算资料整理归档的完整性，配合财务办理竣工决算的积极性，审核结算款、保修款的准确性					
			质量缺陷记录分析及核定修复费用	对缺陷原因进行调查分析、界定责任归属的准确性，督促承包人对质量缺陷进行整改的有效性，对修复费用进行审核的有效性，督促承包人按照合同约定进行回访的及时性，协助运营单位收集、整理、归档修复工程资料的完整性					
			运营管理技术服务及设计问题反馈	收集、整理、分析运营过程中发现的设计问题与缺陷的完整性，反馈设计问题、分析原因、总结经验的及时性，协助使用单位开展机电运维管理、设施设备管理的积极性					
			竣工图编制管理	竣工图编制的及时性					
			BIM管理	项目BIM模型移交工作管理的及时性和有效性					
			档案移交管理	负责项目移交工作的管理，包括质量监督、档案验收、项目审计、财务决算、环境保护、卫生监督、劳动安全、消防					
			工程管理总结	竣工总结报告提交的及时性和质量					
四	特殊情形	/	/	若咨询单位自评表中出现虚报、瞒报、谎报等情形，则在主观评分表总分基础上，每出现一项，扣10分					

评价人员：　　　　　　　　　　　　　　　　　　评价日期：

评价人员角色（在对应角色后打钩）：项目管理组主任□　副主任□　各专业工程师□　业主档案室□

注：（1）评价等级分为好、中、差3个等级，评价项目的评价要素能满足合同要求为好，评价要素基本满足合同要求为中，评价要素不能满足合同要求为差。

（2）评分时在"评价内容"对应栏勾选"评价等级"，若不涉及某项"评价内容"，则勾选"无此项"。

（3）好、中、差等级对应分数分别为5分、3分、1分，最终得分根据对应分值及是否缺项，换算成百分制。

季度激励情形清单（保修阶段） 附表3-3

序号	情形	加分分值	是否加分
1	季度房建/市政工程监理单位质量安全综合排名第一且得分大于等于85的	3分/次	
2	季度房建/市政工程监理单位质量安全综合排名第二且得分大于等于85的	2分/次	
3	季度房建/市政工程监理单位质量安全综合排名第三且得分大于等于85的	1分/次	
4	合同所涉及项目在质量或安全方面被纳入观摩工地，观摩级别为国家级	3分/次	
5	合同所涉及项目在质量或安全方面被纳入观摩工地，观摩级别为省、市、业主级	2分/次	
6	合同履约单位受到行政主管部门通报表扬，且该表扬已在当季度获得质量安全评估体系加分的，如列入住建局"亮剑行动"红榜等情形	1分/次	
7	其他业主、直属单位认定的激励情形，由各处室或直属单位制定具体细则，或根据具体情况一事一议提交署履约评价管理委员会审定	/	

加分说明：

注：本表仅供季度履约评价加分使用，履约单位当季度符合表中所列情形时，评价人员在"是否加分"栏中打钩，必要时在加分说明栏中补充说明加分情形及分值。同一情形在同一季度出现多次时，不进行累计加分。

评价人员：
评价日期： 年 月 日

季度负面情形清单（保修阶段） 附表3-4

序号	扣分情形	扣分分值	是否扣分
1	季度房建/市政工程监理单位质量安全综合排名倒数第一且得分低于等于80的	3分/次	
2	季度房建/市政工程监理单位质量安全综合排名倒数第二且得分低于等于80的	2分/次	
3	季度房建/市政工程监理单位质量安全综合排名倒数第三且得分低于等于80的	1分/次	
4	合同履约单位所在项目受省、市政府行政部门质量或安全问题通报批评的	5分/次	
5	合同履约单位因自身原因，在平台完成评价结果签收工作但超出规定期限的	1分/次	
6	合同履约单位因自身原因，未在平台完成评价结果签收工作的	2分/次	
7	其他业主认定的负面情形，由各处室制定具体细则，或根据具体情况一事一议提交业主履约评价管理委员会审定	/	

续表

直接判定为不合格（55分）的情形		
序号	情形	是否触发
1	参加承包人的宴请、收受承包人或供应商提供或给予的任何利益、花红、有价证券、折扣、贿赂、贷款、宴请、旅游，在承包人单位报销费用的	
2	向承包人推荐分包队伍或设备材料供应商	
3	利用工作便利向委托人建议在招标文件中设置倾向某企业或某品牌的各种业绩、资质、认证及技术参数	
4	从事与本建设项目有关的第二职业、商务活动并领取报酬	
5	违反合同为承包人办理工程变更、现场签证和支付工程款的	
6	利用工作便利为亲属或特定关系人谋取不正当利益的	
7	在没有得到相应许可的情况下，对外公开涉及项目机密的资料	
8	当季度发生一般质量、安全事故	
9	监理单位转让监理业务的	
10	由于质量问题造成不良社会影响，情节特别严重的	
11	施工质量存在重大结构隐患或结构、功能缺陷的	
12	发生一般火灾事故，造成人员死亡，或发生较大及以上火灾事故的	
13	行贿累计数额在20万元（含）以上的	
14	其他业主、直属单位认定的负面情形，由各处室或直属单位制定具体细则，或根据具体情况一事一议提交业主履约评价管理委员会审定	
直接判定为0分的情形		
序号	情形	是否触发
1	串通施工、咨询等单位弄虚作假	
2	在履行其义务时，违反国家法律和行政法规的	
3	向业主工作人员3人（含）以上行贿或导致业主工作人员受到党纪政务处分、司法处理等的情节恶劣的	
4	其他业主认定的负面情形，由各处室制定具体细则，或根据具体情况一事一议提交业主履约评价管理委员会审定	

扣分/直接判定为不合格/直接判定为0分情况说明：

注：本表仅供季度履约评价扣分使用，履约单位当季度符合表中所列情形时，评价人员在"是否扣分/是否触发"栏中打钩，必要时在说明栏中补充说明扣分情形及分值、直接判定情形及结果。同一情形在同一季度出现多次时，不进行累计扣分。

评价人员：
评价日期：　　年　　月　　日

▶▶▶ 第三部分

国家部委和北京市政府关于工程咨询行业的相关政策法规

一、财政部关于印发《基本建设项目建设成本管理规定》的通知

(财建〔2016〕504号)

党中央有关部门,国务院各部委、各直属机构,军委后勤保障部,武警总部,全国人大常委会办公厅,全国政协办公厅,高法院,高检院,各民主党派中央,有关人民团体,各中央管理企业,各省、自治区、计划单列市财政厅(局),新疆生产建设兵团财务局:

为推动各部门、各地区进一步加强基本建设成本核算管理,提高资金使用效益,针对基本建设成本管理中反映出的主要问题,依据《基本建设财务规则》,现印发《基本建设项目建设成本管理规定》,请认真贯彻执行。

附件:
附件1:基本建设项目建设成本管理规定
附件2:项目建设管理费总额控制数费率表

财政部
2016年7月6日

附件:

附件1:基本建设项目建设成本管理规定

第一条 为了规范基本建设项目建设成本管理,提高建设资金使用效益,依据《基本建设财务规则》(财政部第81号令),制定本规定。

第二条 建筑安装工程投资支出是指基本建设项目(以下简称"项目")建设单位按照批准的建设内容发生的建筑工程和安装工程的实际成本,其中不包括被安装设备本身的价值,以及按照合同规定支付给施工单位的预付备料款和预付工程款。

第三条 设备投资支出是指项目建设单位按照批准的建设内容发生的各种设备的实际成本(不包括工程抵扣的增值税进项税额),包括需要安装设备、不需要安装设备和为生产准备的不够固定资产标准的工具、器具的实际成本。

需要安装设备是指必须将其整体或几个部位装配起来,安装在基础上或建筑物支架上才能使用的设备。不需要安装设备是指不必固定在一定位置或支架上就可以使用的设备。

第四条 待摊投资支出是指项目建设单位按照批准的建设内容发生的,应当分摊计入相关资产价值的各项费用和税金支出。主要包括:

（一）勘察费、设计费、研究试验费、可行性研究费及项目其他前期费用；

（二）土地征用及迁移补偿费、土地复垦及补偿费、森林植被恢复费及其他为取得或租用土地使用权而发生的费用；

（三）土地使用税、耕地占用税、契税、车船税、印花税及按规定缴纳的其他税费；

（四）项目建设管理费、代建管理费、临时设施费、监理费、招标投标费、社会中介机构审查费及其他管理性质的费用；

（五）项目建设期间发生的各类借款利息、债券利息、贷款评估费、国外借款手续费及承诺费、汇兑损益、债券发行费用及其他债务利息支出或融资费用；

（六）工程检测费、设备检验费、负荷联合试车费及其他检验检测类费用；

（七）固定资产损失、器材处理亏损、设备盘亏及毁损、报废工程净损失及其他损失；

（八）系统集成等信息工程的费用支出；

（九）其他待摊投资性质支出。

项目在建设期间的建设资金存款利息收入冲减债务利息支出，利息收入超过利息支出的部分，冲减待摊投资总支出。

第五条 项目建设管理费是指项目建设单位从项目筹建之日起至办理竣工财务决算之日止发生的管理性质的支出。包括：不在原单位发工资的工作人员工资及相关费用、办公费、办公场地租用费、差旅交通费、劳动保护费、工具用具使用费、固定资产使用费、招募生产工人费、技术图书资料费（含软件）、业务招待费、施工现场津贴、竣工验收费和其他管理性质开支。

项目建设单位应当严格执行《党政机关厉行节约反对浪费条例》，严格控制项目建设管理费。

第六条 行政事业单位项目建设管理费实行总额控制，分年度据实列支。总额控制数以项目审批部门批准的项目总投资（经批准的动态投资，不含项目建设管理费）扣除土地征用、迁移补偿等为取得或租用土地使用权而发生的费用为基数分档计算。具体计算方法见附件。

建设地点分散、点多面广、建设工期长以及使用新技术、新工艺等的项目，项目建设管理费确需超过上述开支标准的，中央级项目，应当事前报项目主管部门审核批准，并报财政部备案，未经批准的，超标准发生的项目建设管理费由项目建设单位用自有资金弥补；地方级项目，由同级财政部门确定审核批准的要求和程序。

施工现场管理人员津贴标准比照当地财政部门制定的差旅费标准执行；一般不得发生业务招待费，确需列支的，项目业务招待费支出应当严格按照国家有关规定执行，并不得超过项目建设管理费的5%。

第七条 使用财政资金的国有和国有控股企业的项目建设管理费，比照第六条规定执行。国有和国有控股企业经营性项目的项目资本中，财政资金所占比例未超过50%的项目建设管理费可不执行第六条规定。

第八条 政府设立（或授权）、政府招标产生的代建制项目，代建管理费由同级财政部门根据代建内容和要求，按照不高于本规定项目建设管理费标准核定，计入项目建设成本。

实行代建制管理的项目，一般不得同时列支代建管理费和项目建设管理费，确需同时发生的，两项费用之和不得高于本规定的项目建设管理费限额。

建设地点分散、点多面广以及使用新技术、新工艺等的项目，代建管理费确需超过本规定确定的开支标准的，行政单位和使用财政资金建设的事业单位中央项目，应当事前报项目主管部门审核批准，并报财政部备案；地方项目，由同级财政部门确定审核批准的要求和程序。

代建管理费核定和支付应当与工程进度、建设质量结合，与代建内容、代建绩效挂钩，实行奖优罚劣。同时满足按时完成项目代建任务、工程质量优良、项目投资控制在批准概算总投资范围3个条件的，可以支付代建单位利润或奖励资金，代建单位利润或奖励资金一般不得超过代建管理费的10%，需使用财政资金支付的，应当事前报同级财政部门审核批准；未完成代建任务的，应当扣减代建管理费。

第九条 项目单项工程报废净损失计入待摊投资支出。

单项工程报废应当经有关部门或专业机构鉴定。非经营性项目以及使用财政资金所占比例超过项目资本50%的经营性项目，发生的单项工程报废经鉴定后，报项目竣工财务决算批复部门审核批准。

因设计单位、施工单位、供货单位等原因造成的单项工程报废损失，由责任单位承担。

第十条 其他投资支出是指项目建设单位按照批准的项目建设内容发生的房屋购置支出，基本畜禽、林木等的购置、饲养、培育支出，办公生活用家具、器具购置支出，软件研发及不能计入设备投资的软件购置等支出。

第十一条 本规定自2016年9月1日起施行。《财政部关于切实加强政府投资项目代建制财政财务管理有关问题的指导意见》（财建〔2004〕300号）同时废止。

附件2：项目建设管理费总额控制数费率表

项目建设管理费总额控制数费率表（万元）

工程总概算	费率（%）	算例	
		工程总概算	项目建设管理费
1000以下	2	1000	1000×2%=20
1001~5000	1.5	5000	20+(5000-1000)×1.5%=80
5001~10000	1.2	10000	80+(10000-5000)×1.2%=140
10001~50000	1	50000	140+(50000-10000)×1%=540
50001~100000	0.8	100000	540+(100000-50000)×0.8%=940
100000以上	0.4	200000	940+(200000-100000)×0.4%=1340

二、《国家发展改革委关于放开部分建设项目服务收费标准有关问题通知》

(发改价格〔2014〕1573号)

国务院有关部门、直属机构,各省、自治区、直辖市发展改革委、物价局:

为贯彻落实党的十八届三中全会精神和国务院关于进一步简政放权、推进职能转变的要求,根据当前市场竞争情况,经住房城乡建设部同意,决定放开部分建设项目服务收费标准。现就有关事项通知如下:

放开除政府投资项目及政府委托服务以外的建设项目前期工作咨询、工程勘察设计、招标代理、工程监理等4项服务收费标准,实行市场调节价。采用直接投资和资本金注入的政府投资项目,以及政府委托的上述服务收费,继续实行政府指导价管理,执行规定的收费标准;实行市场调节价的专业服务收费,由委托双方依据服务成本、服务质量和市场供求状况等协商确定。

各级价格主管部门要强化市场价格监测,加强市场价格行为监管和反价格垄断执法,依法查处各类价格违法行为,维护正常的市场秩序,保障市场主体合法权益。

在放开收费标准过程中遇到的问题和建议,请及时报告我委(价格司)。

上述规定自2014年8月1日起执行。此前有关规定与本通知不符的,按本通知规定执行。

国家发展改革委
2014年7月10日

三、《国家发展改革委关于进一步放开建设项目专业服务价格的通知》

(发改价格〔2015〕299号)

国务院有关部门、直属机构,各省、自治区、直辖市发展改革委、物价局:

为贯彻落实党的十八届三中全会精神,按照国务院部署,充分发挥市场在资源配置中的决定性作用,决定进一步放开建设项目专业服务价格。现将有关事项通知如下:

一、在已放开非政府投资及非政府委托的建设项目专业服务价格的基础上,全面放开以下实行政府指导价管理的建设项目专业服务价格,实行市场调节价。

(一)建设项目前期工作咨询费,指工程咨询机构接受委托,提供建设项目专题研究、编制和评估项目建议书或者可行性研究报告,以及其他与建设项目前期工作有关的咨询等服务收取的费用。

(二)工程勘察设计费,包括工程勘察收费和工程设计收费。工程勘察收费,指工程勘察机构接受委托,提供收集已有资料、现场踏勘、制定勘察纲要,进行测绘、勘探、取样、试验、测试、检测、监测等勘察作业,以及编制工程勘察文件和岩土工程设计文件等服务收取的费用;工程设计收费,指工程设计机构接受委托,提供编制建设项目初步设计文件、施工图设计文件、非标准设备设计文件、施工图预算文件、竣工图文件等服务收取的费用。

(三)招标代理费,指招标代理机构接受委托,提供代理工程、货物、服务招标,编制招标文件、审查投标人资格,组织投标人踏勘现场并答疑,组织开标、评标、定标,以及提供招标前期咨询、协调合同的签订等服务收取的费用。

(四)工程监理费,指工程监理机构接受委托,提供建设工程施工阶段的质量、进度、费用控制管理和安全生产监督管理、合同、信息等方面协调管理等服务收取的费用。

(五)环境影响咨询费,指环境影响咨询机构接受委托,提供编制环境影响报告书、环境影响报告表和对环境影响报告书、环境影响报告表进行技术评估等服务收取的费用。

二、上述5项服务价格实行市场调节价后,经营者应严格遵守《中华人民共和国价格法》《关于商品和服务实行明码标价的规定》等法律法规规定,告知委托人有关服务项目、服务内容、服务质量,以及服务价格等,并在相关服务合同中约定。经营者提供的服务,应当符合国家和行业有关标准规范,满足合同约定的服务内容和质量等要求。不得违反标准规范规定或合同约定,通过降低服务质量、减少服务内容等手段进行恶性竞争,扰乱正常市场秩序。

三、各有关行业主管部门要加强对本行业相关经营主体服务行为监管。要建立健全服务标准规范,进一步完善行业准入和退出机制,为市场主体创造公开、公平的市场竞争环境,引导行业健康发展;要制定市场主体和从业人员信用评价标准,推进工程建设服务市场信用体系建设,加大对有重大失信行为的企业及负有责任的从业人员的惩戒力度。充分发挥行业协会服务企业和行业自律作用,加强对本行业经营者的培训和指导。

四、政府有关部门对建设项目实施审批、核准或备案管理,需委托专业服务机构等中介提供评估评审等服务的,有关评估评审费用等由委托评估评审的项目审批、核准或备案机关承担,评估评审机构不得向项目单位收取费用。

五、各级价格主管部门要加强对建设项目服务市场价格行为监管,依法查处各种截留定价权,利用行政权力指定服务、转嫁成本,以及串通涨价、价格欺诈等行为,维护正常的市场秩序,保障市场主体合法权益。

六、本通知自2015年3月1日起执行。此前与本通知不符的有关规定,同时废止。

国家发展改革委
2015年2月11日

四、国家发展改革委办公厅关于进一步做好《必须招标的工程项目规定》和《必须招标的基础设施和公用事业项目范围规定》实施工作的通知

(发改办法规〔2020〕770号)

各省、自治区、直辖市、新疆生产建设兵团发展改革委、公共资源交易平台整合牵头部门：

为加强政策指导，进一步做好《必须招标的工程项目规定》(国家发展改革委2018年第16号令，以下简称"16号令")和《必须招标的基础设施和公用事业项目范围规定》(发改法规规〔2018〕843号，以下简称"843号文")实施工作，现就有关事项通知如下：

一、准确理解依法必须招标的工程建设项目范围

（一）关于使用国有资金的项目。16号令第二条第（一）项中"预算资金"，是指《中华人民共和国预算法》规定的预算资金，包括一般公共预算资金、政府性基金预算资金、国有资本经营预算资金、社会保险基金预算资金。第（二）项中"占控股或者主导地位"，参照《中华人民共和国公司法》第二百一十六条关于控股股东和实际控制人的理解执行，即"其出资额占有限责任公司资本总额百分之五十以上或者其持有的股份占股份有限公司股本总额百分之五十以上的股东；出资额或者持有股份的比例虽然不足百分之五十，但依其出资额或者持有的股份所享有的表决权已足以对股东会、股东大会的决议产生重大影响的股东"；国有企业事业单位通过投资关系、协议或者其他安排，能够实际支配项目建设的，也属于占控股或者主导地位。项目中国有资金的比例，应当按照项目资金来源中所有国有资金之和计算。

（二）关于项目与单项采购的关系。16号令第二条至第四条及843号文第二条规定范围的项目，其勘察、设计、施工、监理以及与工程建设有关的重要设备、材料等的单项采购分别达到16号令第五条规定的相应单项合同价估算标准的，该单项采购必须招标；该项目中未达到前述相应标准的单项采购，不属于16号令规定的必须招标范畴。

（三）关于招标范围列举事项。依法必须招标的工程建设项目范围和规模标准，应当严格执行《中华人民共和国招标投标法》第三条和16号令、843号文规定；法律、行政法规或者国务院对必须进行招标的其他项目范围有规定的，依照其规定。没有法律、行政法规或者国务院规定依据的，对16号令第五条第一款第（三）项中没有明确列举规定的服务事项、843号文第二条中没有明确列举规定的项目，不得强制要求招标。

（四）关于同一项目中的合并采购。16号令第五条规定的"同一项目中可以合并进行的勘察、设计、施工、监理以及与工程建设有关的重要设备、材料等的采购，合同估

算价合计达到前款规定标准的，必须招标"，目的是防止发包方通过化整为零方式规避招标。其中"同一项目中可以合并进行"，是指根据项目实际，以及行业标准或行业惯例，符合科学性、经济性、可操作性要求，同一项目中适宜放在一起进行采购的同类采购项目。

（五）关于总承包招标的规模标准。对于16号令第二条至第四条规定范围内的项目，发包人依法对工程以及与工程建设有关的货物、服务全部或者部分实行总承包发包的，总承包中施工、货物、服务等各部分的估算价中，只要有一项达到16号令第五条规定相应标准，即施工部分估算价达到400万元以上，或者货物部分达到200万元以上，或者服务部分达到100万元以上，则整个总承包发包应当招标。

二、规范规模标准以下工程建设项目的采购

16号令第二条至第四条及843号文第二条规定范围的项目，其施工、货物、服务采购的单项合同估算价未达到16号令第五条规定规模标准的，该单项采购由采购人依法自主选择采购方式，任何单位和个人不得违法干涉；其中，涉及政府采购的，按照政府采购法律法规规定执行。国有企业可以结合实际，建立健全规模标准以下工程建设项目采购制度，推进采购活动公开透明。

三、严格执行依法必须招标制度

各地方应当严格执行16号令和843号文规定的范围和规模标准，不得另行制定必须进行招标的范围和规模标准，也不得做出与16号令、843号文和本通知相抵触的规定，持续深化招标投标领域"放管服"改革，努力营造良好市场环境。

国家发展改革委办公厅
2020年10月19日

2018年3月30日，国家发展改革委印发《必须招标的工程项目规定》（国家发展改革委令第16号），对实施18年的《工程建设项目招标范围和规模标准规定》进行大修改！

2018年6月6日，必须招标的工程项目再增加5类。铁路、公路、管道、城市轨道交通等，要求必须招标。

国家发展改革委令第16号：
《必须招标的工程项目规定》

第一条 为了确定必须招标的工程项目，规范招标投标活动，提高工作效率、降低企业成本、预防腐败，根据《中华人民共和国招标投标法》第三条的规定，制定本规定。

第二条 全部或者部分使用国有资金投资或者国家融资的项目包括：

（一）使用预算资金200万元人民币以上，并且该资金占投资额10%以上的项目；

（二）使用国有企业事业单位资金，并且该资金占控股或者主导地位的项目。

第三条 使用国际组织或者外国政府贷款、援助资金的项目包括：

（一）使用世界银行、亚洲开发银行等国际组织贷款、援助资金的项目；

（二）使用外国政府及其机构贷款、援助资金的项目。

第四条 不属于本规定第二条、第三条规定情形的大型基础设施、公用事业等关系社会公共利益、公众安全的项目，必须招标的具体范围由国务院发展改革部门会同国务院有关部门按照确有必要、严格限定的原则制订，报国务院批准。

第五条 本规定第二条至第四条规定范围内的项目，其勘察、设计、施工、监理以及与工程建设有关的重要设备、材料等的采购达到下列标准之一的，必须招标：

（一）施工单项合同估算价在400万元人民币以上；

（二）重要设备、材料等货物的采购，单项合同估算价在200万元人民币以上；

（三）勘察、设计、监理等服务的采购，单项合同估算价在100万元人民币以上。同一项目中可以合并进行的勘察、设计、施工、监理以及与工程建设有关的重要设备、材料等的采购，合同估算价合计达到前款规定标准的，必须招标。

第六条 本规定自2018年6月1日起施行。

必须招标的基础设施和公用事业项目范围规定

第一条 为明确必须招标的大型基础设施和公用事业项目范围，根据《中华人民共和国招标投标法》和《必须招标的工程项目规定》，制定本规定。

第二条 不属于《必须招标的工程项目规定》第二条、第三条规定情形的大型基础设施、公用事业等关系社会公共利益、公众安全的项目，必须招标的具体范围包括：

（一）煤炭、石油、天然气、电力、新能源等能源基础设施项目；

（二）铁路、公路、管道、水运，以及公共航空和A1级通用机场等交通运输基础设施项目；

（三）电信枢纽、通信信息网络等通信基础设施项目；

（四）防洪、灌溉、排涝、引（供）水等水利基础设施项目；

（五）城市轨道交通等城建项目。

第三条 本规定自2018年6月6日起施行。

五、北京市发展改革委政府投资项目初步设计概算投资构成[公共建筑工程部分(含住宅建筑)]

序号	费用名称	计费依据	说明	备注
一	工程费			
(一)	建筑安装工程	执行2004年《北京市建设工程概算定额》及相关费用规定		
1	建筑工程	执行2004年《北京市建设工程概算定额》及相关费用规定		固定资产投资
2	装饰工程	执行2004年《北京市建设工程概算定额》及相关费用规定		固定资产投资
3	给水排水工程	执行2004年《北京市建设工程概算定额》及相关费用规定		固定资产投资
4	采暖工程	执行2004年《北京市建设工程概算定额》及相关费用规定		固定资产投资
5	通风空调工程	执行2004年《北京市建设工程概算定额》及相关费用规定		固定资产投资
6	电气工程	执行2004年《北京市建设工程概算定额》及相关费用规定		固定资产投资
7	电梯工程	执行2004年《北京市建设工程概算定额》及相关费用规定		固定资产投资
8	燃气工程	执行2004年《北京市建设工程概算定额》及相关费用规定		固定资产投资
(二)	室外工程	执行2004年《北京市建设工程概算定额》及相关费用规定		固定资产投资
(三)	市政配套工程	执行2004年《北京市建设工程概算定额》及相关费用规定		固定资产投资
二	工程建设其他费			
1	征地拆迁补偿等费用	《北京市城市房屋拆迁管理办法》(北京市人民政府第87号令)		固定资产投资
		《北京市集体土地房屋拆迁管理办法》(北京市人民政府第124号令)		固定资产投资
		北京市人民政府《关于北京市城市房屋拆迁补助费用有关规定批复》		固定资产投资
		《北京市建设征地补偿安置办法》(北京市人民政府第148号令)		固定资产投资

续表

序号	费用名称	计费依据	说明	备注
2	"三通一平"费	一般根据项目现场实际工程量估算	水、电、气、暖、热等前期施工费用	固定资产投资
3	项目建设管理费	关于印发《北京市基本建设财务管理规定》的通知(京财经二〔2003〕305号)(已废止)按《基本建设项目建设成本规定》(财建〔2016〕504号)执行		固定资产投资
4	工程监理费	国家发展改革委、建设部关于印发《建设工程监理与相关服务收费管理规定》的通知(发改价格〔2007〕670号)		固定资产投资
5	招标代理服务费	转发国家计委关于印发《招标代理服务收费管理暂行办法》的通知[京价(收)〔2002〕480号]	自行招标的,可计入标底编制费	固定资产投资
		国家计委关于印发《招标代理服务费管理暂行办法》(计价格〔2002〕1980号)		固定资产投资
6	建设工程施工及设备招标投标交易服务费	北京市物价局《关于建设工程施工和设备招标投标交易服务费收费标准的函》[京价(收)字〔1999〕第042号]		固定资产投资
	建设工程勘察设计招标投标交易服务费	北京市物价局《关于建设工程勘察设计招标投标交易服务费收费标准的函》[京价(收)字〔2003〕第196号]		固定资产投资
	建设工程监理招标投标交易服务费	北京市物价局《关于建设工程监理招标投标交易服务费收费标准的函》[京价(收)字〔2003〕第195号]		固定资产投资
7	工程勘察费	国家计委、建设部关于发布《工程勘察设计收费管理规定》(计价格〔2002〕10号)		固定资产投资
8	工程设计费	国家计委、建设部关于发布《工程勘察设计收费管理规定》(计价格〔2002〕10号)		固定资产投资
9	竣工图编制费	国家计委、建设部关于发布《工程勘察设计收费管理规定》(计价格〔2002〕10号)		固定资产投资
		北京市城乡建设委员会《关于编制基本建设工程竣工图取费标准的批复》(京建规字1986年97号)		固定资产投资
10	项目建议书编制费	北京市计划委员会《关于建设项目前期工作咨询收费的补充通知》[京价(房)字〔1999〕第487号]	3000万元以下执行	固定资产投资
		国家计委《关于印发建设工程前期工作咨询收费暂行规定的通知》(计价格〔1999〕1283号)	3000万元以下执行	固定资产投资

续表

序号	费用名称	计费依据	说明	备注
11	可行性研究报告编制费	北京市计划委员会《关于建设项目前期工作咨询收费的补充通知》(京价(房)字〔1999〕第487号)	3000万元以下执行	固定资产投资
		国家计委《关于印发建设工程前期工作咨询收费暂行规定的通知》(计价格〔1999〕1283号)	3000万元以下执行	固定资产投资
12	环境影响咨询报告编制费	国家计委国家环境保护总局《关于规范环境影响咨询收费有关问题的通知》(计价格〔2002〕125号)		固定资产投资
13	施工人员意外伤害保险费	关于印发《北京市实施建设工程施工人员意外伤害保险办法(试行)》的通知(京建法〔2004〕243号)		固定资产投资
14	施工图设计文件审查费	北京市规划委、北京市建委《关于开展施工图设计文件审查工作的通知》(市规发〔2001〕761号)	市场价4.5元/建筑平方米	固定资产投资
15	城市基础设施建设费	关于印发《北京市征收城市基础设施建设费暂行办法》的通知(京计投资字〔2002〕1792号)	市、区发展改革委收缴	固定资产投资
		《北京市人民政府关于同意北京市经济适用住房建设减免行政事业性收费问题的批复》(京政函〔1998〕第68号)	经济适用房和危改住房减半收取	固定资产投资
16	防洪工程建设维护	《北京市征收防洪工程维护管理费暂行规定》(2004年9月26日北京市人民政府第21号令)		固定资产投资
		《北京市人民政府关于同意北京市经济适用住房建设减免行政事业性收费问题的批复》(京政函〔1998〕第68号)	经济适用房和危改住房减半收取	固定资产投资
17	新型墙体专项资金	财政部国家经贸委关于印发《新型墙体材料专项资金征收和使用管理办法》(财综〔2002〕55号)	该费用竣工后返还	固定资产投资
		《关于调整建筑节能与发展新型墙体材料专项基金返退标准的通知》(京建材〔2000〕0244号)		固定资产投资
18	散装水泥专项资金	关于贯彻《北京市散装水泥专项资金管理实施细则》(京建材字〔2003〕3号)	该费用竣工后返还	固定资产投资
19	地下水资源养蓄基金	《北京市地下水资源养蓄基金征收办法》(1989年7月)	用于自备井工程	国家没有强制性规定,在部分建设项目中可能发生的取费
20	房屋安全鉴定费	《北京市物价局调整我市房屋安全鉴定收费标准的通知》[京价(房)字〔2002〕309号]	用于改造工程	
21	防空地下室易地建设费	《关于规范防空地下室易地建设收费的规定的通知》(计价格〔2000〕474号)	根据人防办规定	

续表

序号	费用名称	计费依据	说明	备注
22	交通影响评价	北京市规划委员会《关于对部分新建项目进行交通影响评价的通知》(市规发〔2001〕1001号)	一般甲、乙双方议价,根据项目复杂性1～3元/建筑平方米	国家没有强制性规定,在部分建设项目中可能发生的取费
23	地震安全性评价费用	北京市物价局《关于地震安全性评价收费(试行)的函》[京价(收)字〔2002〕361号]		
24	地质灾害性评价	按实际发生甲乙双方协商定价		
25	洪水影响评价报告编制费	甲乙双方协商定价		
三	预备费			固定资产投资
1	基本预备费	《北京市建设工程费用》(1997年)	一般取概算总投资的3%～5%	固定资产投资
2	涨价预备费	国家计委《关于加强对基本建设大中型项目概算中"价差预备费"管理有关问题的通知》(计投资〔1999〕1340号)		固定资产投资
四	建设期贷款利息	根据商业银行贷款利率测算		固定资产投资
五	总投资	一至四项合计		

北京市发展改革委政府投资项目初步设计概算投资构成
（城市道路工程部分）

序号	费用名称	计费依据	说明	备注
一	工程费			
1	道路工程	执行2004年《北京市建设工程概算定额》及相关费用规定		固定资产投资
2	桥梁工程	执行2004年《北京市建设工程概算定额》及相关费用规定		固定资产投资
3	隧道工程	执行2004年《北京市建设工程概算定额》及相关费用规定		固定资产投资
4	绿化工程	执行2004年《北京市建设工程概算定额》及相关费用规定		固定资产投资
5	照明工程	执行2004年《北京市建设工程概算定额》及相关费用规定		固定资产投资
6	交通工程	参照市场价格		固定资产投资
7	雨水管线工程	执行2004年《北京市建设工程概算定额》及相关费用规定		固定资产投资
8	污水管线工程	执行2004年《北京市建设工程概算定额》及相关费用规定		固定资产投资

续表

序号	费用名称	计费依据	说明	备注
9	再生水管线工程	执行2004年《北京市建设工程概算定额》及相关费用规定		固定资产投资
10	给水管线工程	执行2004年《北京市建设工程概算定额》及相关费用规定		固定资产投资
11	电力管线工程	执行2004年《北京市建设工程概算定额》及相关费用规定		固定资产投资
12	电信管线工程	《通信建设工程预算定额》《通信建设工程概算、预算编制办法及费用定额》		固定资产投资
13	有线电视工程			固定资产投资
14	燃气管线工程	执行2004年《北京市建设工程概算定额》及相关费用规定		固定资产投资
15	泵站工程	执行2004年《北京市建设工程概算定额》及相关费用规定		固定资产投资
二	工程建设其他费			
1	征地、拆迁、补偿等费用	《北京市城市房屋拆迁管理办法》(北京市人民政府第87号令)		固定资产投资
		《北京市集体土地房屋拆迁管理办法》(北京市人民政府第124号令)		
		北京市人民政府《关于北京市城市房屋拆迁补助费用有关规定批复》		
		《北京市建设征地补偿安置办法》(北京市人民政府第148号令)		
2	工程改移费	按照《北京市建设工程概算定额》《北京市建设工程概算费用定额》以及北京市建设工程造价管理办法的有关规定文件		固定资产投资
3	建设单位管理费	关于印发《北京市基本建设财务管理规定》的通知		固定资产投资
4	工程监理费	国家发展改革委、建设部关于印发《建设工程监理与相关服务收费管理规定》的通知(发改价格〔2007〕670号)		固定资产投资
5	招标代理服务费	转发国家计委关于印发《招标代理服务收费管理暂行办法》的通知[京价(收)〔2002〕480号]	自行招标的,计入标底编制费	固定资产投资
		国家计委关于印发《招标代理服务费管理暂行办法》(计价格〔2002〕1980号)		固定资产投资
6	建设工程施工及设备招标投标交易服务费	北京市物价局《关于建设工程施工和设备招标投标交易服务费收费标准的函》[京价(收)字(1999)第042号]		固定资产投资

续表

序号	费用名称	计费依据	说明	备注
6	建设工程勘察设计招标投标交易服务费	北京市物价局《关于建设工程勘察设计招标投标交易服务费收费标准的函》[京价（收）字（2003）第196号]		固定资产投资
	建设工程监理招标投标交易服务费	北京市物价局《关于建设工程监理招标投标交易服务费收费标准的函》[京价（收）字（2003）第195号]		固定资产投资
7	工程勘察费	国家计委、建设部关于发布《工程勘察设计收费管理规定》（计价格〔2002〕10号）		固定资产投资
8	工程设计费	国家计委、建设部关于发布《工程勘察设计收费管理规定》（计价格〔2002〕10号）		固定资产投资
9	竣工图编制费	国家计委、建设部关于发布《工程勘察设计收费管理规定》（计价格〔2002〕10号）		固定资产投资
		北京市城乡建设委员会《关于编制基本建设工程竣工图取费标准的批复》(京建规字〔1986〕97号)		固定资产投资
10	项目建议书编制费	北京市计划委员会《关于建设项目前期工作咨询收费的补充通知》[京价（房）字〔1999〕第487号]	3000万元以下执行	固定资产投资
		国家计委《关于印发建设工程前期工作咨询收费暂行规定的通知（计价格〔1999〕1283号）	3000万元以下执行	固定资产投资
11	可行性研究报告编制费	北京市计划委员会《关于建设项目前期工作咨询收费的补充通知》[京价（房）字〔1999〕第487号]	3000万元以下执行	固定资产投资
		国家计委《关于印发建设工程前期工作咨询收费暂行规定的通知》（计价格〔1999〕1283号）	3000万元以下执行	固定资产投资
12	环境影响咨询报告编制费	国家计委国家环境保护总局《关于规范环境影响咨询收费有关问题的通知》(计价格〔2002〕125号)		固定资产投资
13	施工人员意外伤害保险费	关于印发《北京市实施建设工程施工人员意外伤害保险办法（试行）》的通知（京建法〔2004〕243号）		固定资产投资
14	施工图设计文件审查费	《关于开展施工图设计文件审查工作的通知》（市规发〔2001〕761号）	市场价位以设计费的5%～10%计算	固定资产投资
15	地震安全性评价费用	北京市物价局关于《地震安全性评价收费标准（试行）的函》[京价（收）字〔2002〕361号]		国家没有强制性规定，在部分建设项目中可能发生的取费
16	地质灾害性评价费	按实际发生甲乙双方协商定价		

续表

序号	费用名称	计费依据	说明	备注
17	压覆矿产资源储量核查评估报告编制费	甲乙双方协商定价		国家没有强制性规定，在部分建设项目中可能发生的取费
18	洪水影响评价报告编制费	甲乙双方协商定价		
19	水土保持咨询服务费	水利部《关于开发建设项目水土保持咨询服务费用计列的指导意见》(保监〔2005〕22号)		
20	环境卫生设施	《关于印发北京市道路环境卫生交接工作管理办法的通知》(京政管字〔2007〕14号)		固定资产投资
三	预备费			固定资产投资
1	基本预备费	《北京市建设工程费用收费标准（1997年版）》	一般取概算总投资3%～5%	固定资产投资
2	涨价预备费	国家计委《关于加强对基本建设大中型项目概算中"价差预备费"管理有关问题的通知》(计投资〔1999〕1340号)		固定资产投资
四	建设期贷款利息	根据商业银行贷款利率测算		固定资产投资
五	总投资	一至四项合计		

北京市发展改革委政府投资项目初步设计概算投资构成（公路工程部分）

序号	费用名称	计费依据	说明	备注
一	工程费			
（一）	路线工程			固定资产投资
1	路基	《公路基本建设工程概算、预算编制办法》(交工路发〔1996〕612号)；《公路基本建设工程交通工程概(预)算编制的规定》(公设技字〔2000〕285号)；《公路工程概算定额》(交工发〔1992〕65号)；《公路工程机械台班费用定额》(交工路发〔1996〕610号)		固定资产投资
2	路边			固定资产投资
3	桥梁涵洞			固定资产投资
4	交叉工程			固定资产投资
5	隧道			固定资产投资
6	其他工程及沿线设施			固定资产投资
7	临时工程			固定资产投资
8	管理、养护及服务房屋			固定资产投资
9	施工技术装备费			固定资产投资
10	计划利润			固定资产投资
11	税金			固定资产投资

续表

序号	费用名称	计费依据	说明	备注
（二）	独立桥梁			固定资产投资
1	引导工程	《公路基本建设工程概算、预算编制办法》（交工路发〔1996〕612号）；《公路基本建设工程交通工程概（预）算编制的规定》（公设技字〔2000〕285号）；《公路工程概算定额》（交工发〔1992〕65号）；《公路工程机械台班费用定额》（交工路发〔1996〕610号）		固定资产投资
2	路基			固定资产投资
3	下部结构			固定资产投资
4	上部结构			固定资产投资
5	沿线设施			固定资产投资
6	调治及其他工程			固定资产投资
7	临时工程			固定资产投资
8	施工技术装备费			固定资产投资
9	计划利润			固定资产投资
10	税金			固定资产投资
二	设备、工具、器具及家具购置费			
1	设备购置费	《公路基本建设工程交通工程概（预）算编制的规定》（公设技字〔2000〕285号）		固定资产投资
2	工器具购置费	《公路基本建设工程交通工程概（预）算编制的规定》（公设技字〔2000〕286号）		固定资产投资
3	办公及生活用家具购置费	《公路基本建设工程概算、预算编制办法》（交工路发〔1996〕612号）	建设单位自筹或商其他部门解决	不属于固定资产投资
三	工程建设其他费			固定资产投资
1	征地、拆迁、补偿等费用	《北京市城市房屋拆迁管理办法》（北京市人民政府第87号令）		固定资产投资
		《北京市集体土地房屋拆迁管理办法》（北京市人民政府第124号令）		
		北京市人民政府《关于北京市城市房屋拆迁补助费用有关规定批复》		
		《北京市建设征地补偿安置办法》（北京市人民政府第148号令）		
2	建设单位管理费	《关于完善公路基本建设工程概算预算编制办法有关内容的通知》（交公路发〔2005〕230号）		固定资产投资
3	工程监理费	国家发展改革委、建设部关于印发《建设工程监理与相关服务收费管理规定》的通知（发改价格〔2007〕670号）		固定资产投资
4	施工图设计文件审查费	《关于完善公路基本建设工程概算预算编制办法有关内容的通知》（交公路发〔2005〕230号）		固定资产投资

续表

序号	费用名称	计费依据	说明	备注
5	编制可行性研究报告、工程许可证研究报告	国家计委《关于印发建设工程前期工作咨询收费暂行规定的通知》(计价格〔1999〕1283号)	3000万元以下执行	固定资产投资
6	工程勘察费	国家计委、建设部关于发布《工程勘察设计收费管理规定》(计价格〔2002〕10号)		固定资产投资
7	工程设计费	国家计委、建设部关于发布《工程勘察设计收费管理规定》(计价格〔2002〕10号)		固定资产投资
8	环境影响咨询报告编制费	国家计委国家环境保护总局《关于规范环境影响咨询收费有关问题的通知》(计价格〔2002〕125号)		固定资产投资
9	水土保持咨询服务费	水利部《关于开发建设项目水土保持咨询服务费用计列的指导意见》(保监〔2005〕22号)		固定资产投资
10	设计、监理、施工招标文件编制施工招标标底(或造价控制值)文件编制	参照执行国家计委关于印发《招标代理服务收费管理暂行办法》的通知、北京市物价局转发国家计委关于印发《招标代理服务收费管理暂行办法》的通知[京价(收)字〔2002〕480号]		固定资产投资
11	地震安全性评价费用	北京市物价局关于《地震安全性评价收费标准(试行)的函》(京价(收)字〔2002〕361号)		固定资产投资
12	地质灾害性评价费	甲乙双方协商定价		国家没有强制性规定，在部分建设项目中可能发生的取费
13	压覆矿产资源储量核查评估报告编制费	甲乙双方协商定价		
14	洪水影响评价报告编制费	甲乙双方协商定价		
15	文物勘察费	《工程勘察设计收费标准》(计价格〔2002〕10号)		
四	建设期贷款利息	根据商业银行贷款利率测算		固定资产投资
五	预备费			固定资产投资
1	基本预备费	《关于完善公路基本建设工程概算预算编制办法有关内容的通知》(交公路发〔2005〕231号)		固定资产投资
2	涨价预备费	国家计委《关于加强对基本建设大中型项目概算中"价差预备费"管理有关问题的通知》(计投资〔1999〕1340号)		固定资产投资
六	总投资	一至四项合计		

北京市发展改革委政府投资项目初步设计概算投资构成
（市政公用工程–厂站工程部分）

序号	费用名称	计费依据	说明	备注
一	工程费			
（一）	厂区内工程			
1	建筑工程	执行2004年《北京市建设工程概算定额》及相关费用规定		固定资产投资
2	电气工程	执行2004年《北京市建设工程概算定额》及相关费用规定		固定资产投资
3	水暖、通风、空调工程	执行2004年《北京市建设工程概算定额》及相关费用规定		固定资产投资
4	工艺设备安装工程	执行2004年《北京市建设工程概算定额》及相关费用规定，缺项项目参考《全国统一安装工程预算定额》及其相关规定编制		固定资产投资
5	工艺设备	执行2004年《北京市建设工程概算定额》及相关费用规定		固定资产投资
6	厂区内室外配套工程	执行2004年《北京市建设工程概算定额》及相关费用规定	主要包括工艺管线、给水、雨水、污水、热力、电力等管线；厂区绿化、照明、道路、围墙、大门等	固定资产投资
（二）	厂外市政配套工程	执行2004年《北京市建设工程概算定额》及相关费用规定	主要包括道路、给水、雨水、污水、热力、电力等	固定资产投资
二	工程建设其他费			固定资产投资
1	征地、拆迁、补偿等费用	《北京市城市房屋拆迁管理办法》(北京市人民政府第87号令)		固定资产投资
		《北京市集体土地房屋拆迁管理办法》(北京市任命政府第124号令)		固定资产投资
		北京市人民政府《关于北京市城市房屋拆迁补助费有关规定的批复》		固定资产投资
		《北京市建设征地补偿安置办法》(北京市人民政府第148号令)		固定资产投资
2	"三通一平"费	一般根据项目现场情况估算	水、电、气、暖、热等前期施工费用	固定资产投资
3	建设单位管理费	关于印发《北京市基本建设财务管理规定》的通知(京财经二〔2003〕305号)		固定资产投资
4	工程监理费	国家发展改革委、建设部关于印发《建设工程监理与相关服务收费管理规定》的通知(发改价格〔2007〕670号)		固定资产投资

续表

序号	费用名称	计费依据	说明	备注
5	招标代理服务费	转发国家计委关于印发《招标代理服务收费管理暂行办法》的通知[京价(收)〔2002〕480号]	自行招标的,可计入标底编制费	固定资产投资
		国家计委关于印发《招标投标代理服务费管理暂行办法》(计价格〔2002〕2980号)		
6	建设工程施工及设备招标投标交易服务费	北京市物价局《关于建设工程施工和设备招标投标交易服务费收费标准的函》[京价(收)字(1999)第042号]		固定资产投资
	建设工程勘察设计招标投标交易服务费	北京市物价局《关于建设工程勘察设计招标投标交易服务费收费标准的函》[京价(收)字(2003)第196号]		
	建设工程监理招标投标交易服务费	北京市物价局《关于建设工程监理招标投标交易服务费收费标准的函》[京价(收)字(2003)第195号]		
7	工程勘察费	国家计委、建设部关于发布《工程勘察设计收费管理规定》(计价格〔2002〕10号)		固定资产投资
8	工程设计费	国家计委、建设部关于发布《工程勘察设计收费管理规定》(计价格〔2002〕10号)		固定资产投资
9	竣工图编制费	国家计委、建设部关于发布《工程勘察设计收费管理规定》(计价格〔2002〕10号)		固定资产投资
		北京市城乡建设委员会《关于编制基本建设工程竣工图若干非标准的平批复》(京建规字1986年97号)		
10	项目建议书编制费	北京市计划委员会《关于建设项目前期工作咨询收费的补充通知》[京价(房)字〔1999〕第487号]		固定资产投资
		国家计委《关于印发建设项目前期工作咨询收费暂行规定的通知》(计价格〔1999〕1283号)		
11	可行性研究报告编制费	北京市计划委员会《关于建设项目前期工作咨询收费的补充通知》[京价(房)字〔1999〕第487号]		固定资产投资
		国家计委《关于印发建设项目前期工作咨询收费暂行规定的通知》(计价格〔1999〕1283号)		
12	环境影响咨询报告编制费	国家计委国家环境保护总局《关于规范环境影响咨询收费有关问题的通知》(计价格〔2002〕125号)		固定资产投资
13	施工人员意外伤害保险费	关于印发《北京市实施建设工程施工人员意外伤害保险办法(试行)》的通知(京建法〔2004〕243号)		固定资产投资
14	施工图设计文件审查费	《关于开展施工图设计文件审查工作的通知》(市规发〔2001〕761号)	市场价位4.5元/建筑平方米	固定资产投资

续表

序号	费用名称	计费依据	说明	备注
15	城市基础设施建设费	关于印发《北京市征收城市基础设施建设费暂行办法》的通知（京计投资〔2002〕1792号）	市、区发展改革委收缴	固定资产投资
16	防洪工程建设维护费	《北京市征收防洪工程维护管理费暂行规定》（1994年9月26日北京市人民政府第21号令发布）		固定资产投资
17	新型墙体专项基金	财政部国家经贸委关于印发《新型墙体材料专项基金征收和使用管理办法》（财综〔2002〕55号）	该费用竣工后部分返还	固定资产投资
		《关于调整建筑节能与发展新型墙体材料专项基金返退标准的通知》（京建材〔2002〕0244号）		固定资产投资
18	散装水泥专项基金	关于贯彻《北京市散装水泥专项资金管理实施细则》（京建材字〔2003〕3号）	该费用竣工后部分返还	固定资产投资
19	工器具及生产家具购置费	《北京市建设工程用费》（1997年版）		固定资产投资
20	联合试运转费	《北京市建设工程用费》（1997年版）		固定资产投资
21	生产职工培训	《北京市建设工程用费》（1997年版）		
22	办公及生活家具购置费	《北京市建设工程用费》（1997年版）	建设单位自筹或商其他部门解决	
23	交通影响评价	北京市规划委员会《关于对部分新建项目进行交通影响评价的通知》（市规发〔2001〕1001号）	一般甲、乙双方议价，根据项目复杂性1～3元/建筑平方米	不属于固定资产投资国家没有强制性定，在部分建设项目中可能发生的取费
24	地震安全性评价费用	北京市物价局《关于地震安全性评价收费标准（试行）的函》[京价（收）字〔2002〕361号]		
25	地质灾害性评价	按实际发生甲乙双方协商定价		
26	洪水影响评价报告编制费	甲乙双方协商定价		
27	研究试验费	按预计发生工作量估算		
三	预备费			
1	基本预备费	《北京市建设工程用费》（1997年）		固定资产投资
2	涨价预备费	国家计委《关于加强对基本建设大中型项目概算中"价差预备费"管理有关问题的通知》（计投资〔1999〕1340号）		固定资产投资
四	建设期贷款利息	根据商业银行贷款利率测算		固定资产投资
五	铺底流动资金		建设单位自筹或商有关部门解决	不属于固定资产投资
六	总投资	一至五项合计		

北京市发展改革委政府投资项目初步设计概算投资构成
（轨道交通工程部分）

序号	费用名称	计费依据	说明	备注
一	工程费			
1	车站工程	执行2004年《北京市建设工程概算定额》及相关费用规定		固定资产投资
2	车间工程	执行2005年《北京市建设工程概算定额》及相关费用规定		
3	轨道工程	执行2006年《北京市建设工程概算定额》及相关费用规定		
4	通信工程	执行2007年《北京市建设工程概算定额》及相关费用规定		
5	信号工程	执行2008年《北京市建设工程概算定额》及相关费用规定		
6	供电工程	执行2009年《北京市建设工程概算定额》及相关费用规定		
7	综合监控工程	执行2010年《北京市建设工程概算定额》及相关费用规定		
8	火灾报警系统工程	执行2011年《北京市建设工程概算定额》及相关费用规定		
9	环境与设备监控系统	执行2012年《北京市建设工程概算定额》及相关费用规定		
10	安全门系统	执行2013年《北京市建设工程概算定额》及相关费用规定		
11	通风、空调与采暖工程	执行2014年《北京市建设工程概算定额》及相关费用规定		
12	给水排水与校方系统	执行2015年《北京市建设工程概算定额》及相关费用规定		
13	自动售检票系统	执行2016年《北京市建设工程概算定额》及相关费用规定		
14	自动扶梯及电梯工程	执行2017年《北京市建设工程概算定额》及相关费用规定		
15	运营控制中心工程	执行2018年《北京市建设工程概算定额》及相关费用规定		
16	车辆段与停车场工程	执行2019年《北京市建设工程概算定额》及相关费用规定		
17	人防工程	执行2020年《北京市建设工程概算定额》及相关费用规定		
二	工程建设其他费			
1	征地、拆迁、补偿等费用	《北京市城市房屋拆迁管理办法》（北京市人民政府第87号令）		

续表

序号	费用名称	计费依据	说明	备注
1	征地、拆迁、补偿等费用	《北京市集体土地房屋拆迁管理办法》(北京市人民政府第124号令)		
		北京市人民政府《关于北京市城市房屋拆迁补助费有关规定的批复》		
		《北京市建设征地补偿安置办法》(北京市人民政府第148号令)		
2	施工准备费	按照施工现场实际情况估算		
3	建设单位管理费	目前暂按照工程费用与车辆购置费的50%之和的1.5%计算		
4	工程监理费	国家发展改革委、建设部关于印发《建设工程监理于相关服务收费管理规定》的通知(发改价格〔2007〕670号)		
5	招标代理服务费	国家计委关于印发《招标代理服务收费管理暂行办法》的通知[京价(收)〔2002〕480号]	自行招标的,计入标底编制费	
		国家计委关于印发《招标投标代理服务费管理暂行办法》(计价格〔2002〕1980号)		
6	建设工程施工及设备招标投标交易服务费	北京市物价局《关于建设工程施工和设备招标投标交易服务费收费标准的函》[京价(收)字〔1999〕第042号]		
	建设工程勘察设计招标投标交易服务费	北京市物价局《关于建设工程勘察设计招标投标交易服务费收费标准的函》[京价(收)字〔2003〕第196号]		
	建设工程监理招标投标交易服务费	北京市物价局《关于建设工程监理招标投标交易服务费收费标准的函》[京价(收)字〔2003〕第195号]		
7	工程勘察费	国家计委、建设部关于发布《工程勘察设计收费管理规定》(计价格〔2002〕10号)		
8	工程设计费	国家计委、建设部关于发布《工程勘察设计收费管理规定》(计价格〔2002〕10号)		
9	竣工图编制费	国家计委、建设部关于发布《工程勘察设计收费管理规定》(计价格〔2002〕10号)		
		北京市城乡建设委员会《关于编制基本建设工程竣工图去非标准的批复》(京建规字〔1986〕97号)		
10	项目建议书编制费	北京市计划委员会《关于建设项目前期工作咨询收费的补充通知》[京价(房)字〔1999〕第487号]	300万元以下执行	
		国家计委《关于印发建设项目前期工作咨询收费暂行规定的通知》(计价格〔1999〕1283号)	300万元以下执行	

续表

序号	费用名称	计费依据	说明	备注
11	可行性研究报告编制费	北京市计划委员会《关于建设项目前期工作咨询收费的补充通知》(计价格〔1999〕第487号)	300万元以下执行	
		国家计委《关于印发建设项目前期工作咨询收费暂行规定的通知》(计价格〔1999〕1283号)	300万元以下执行	
12	环境影响咨询报告编制费	国家计委国家环境保护总局《关于规范环境影响咨询收费有关的通知》(计价格〔2002〕125号)		
13	施工人员以外伤害保险费	关于印发《北京市实施建设工程施工人员意外伤害保险办法(试行)》的通知(京建法〔2004〕243号)		
14	施工图设计文件审查费	北京市规划委、北京市建委《关于开展施工图设计文件审查工作的通知》(市规发〔2001〕761号)		
15	城市基础设施建设费	关于印发《北京市征收城市基础设施建设费暂行办法》的通知(京计投资字〔2002〕1792号)		
16	防洪工程建设维护费	《北京市征收防洪工程维护管理费暂行规定》(北京市人民政府第21号令发布)		
17	工器具购置费及生产家具购置费	《北京市建设工程费用》(1997年版)		
18	联合试运转费	建设部《市政工程可行性研究投资概算编制办法》(建标〔1996〕628号)		
19	生产职工培训费	《北京市建设工程费用》(1997年版)	建设单位自筹或商其他部门解决	
20	办公、生活家居购置费	《北京市建设工程费用》(1997年版)		
21	交通影响评价	北京市规划委员会《关于对部分新建项目进行交通影响评价的通知》(市规发〔2001〕1001号)	一般甲、乙双方议价,根据项目复杂性1~3元/建筑平方米	
22	用地安全性评价费用	北京市物价局《关于地震安全性评价收费标准(试行)的函》[京价(收)字〔2002〕361号]		
23	地质灾害性评价	按实际发生甲乙双方协商定价		
24	洪水影响评价报告编制费	甲乙双方协商定价		
25	引进技术及设备其他费	建设部《市政工程可行性研究投资概算编制办法》(建标〔1996〕628号)		

续表

序号	费用名称	计费依据	说明	备注
三	预备费			
1	基本预备费	《北京市建设工程费用》(1997年)	一般取概算总投资的3%~5%	
2	涨价预备费	国家计委《关于加强对基本建设大中型项目概算中"价差预备费"管理有关问题的通知》(计投资〔19999〕1340号)		
四	车辆购置费			
五	建设期贷款利息	根据商业银行贷款利率测算		
六	铺底流动资金		建设单位自筹或商其他部门解决	
七	总投资	一至六项合计		

北京市发展改革委政府投资项目初步设计概算投资构成
（水利工程—枢纽工程）

序号	费用名称	计费依据	说明	备注
一	工程费			
1	建设工程	水利部《水利工程设计概（估）算编制规定》（水总〔2002〕116号）；《水利建筑工程概算定额》；《水利工程施工机械台时费用定额》；《北京工程造价信息》		固定资产投资
2	机电设备及安装工程			固定资产投资
3	金属结构设备安装工程			固定资产投资
4	施工临时工程			固定资产投资
二	工程建设其他费			
1	征地、拆迁、补偿等费用	《北京市城市房屋拆迁管理办法》（北京市人民政府令第87号令）		固定资产投资
		《北京市集体土地房屋拆迁管理办法》（北京市人民政府第124号令）		固定资产投资
		北京市人民政府《关于北京市城市房屋拆迁补助费有关规定的批复》		固定资产投资
		《北京市建设征地补偿安置办法》（北京市人民政府第148号令）		固定资产投资
2	工程改移费	按照《北京市建设工程概算定额》《北京市建设工程概算费用定额》以及北京市建设工程造价管理处颁发的有关文件计算		固定资产投资

续表

序号	费用名称	计费依据	说明	备注
3	建设单位管理费	水利部《水利工程设计概（估）算编制规定》（水总〔2002〕116号）		固定资产投资
4	工程建设监理费	国家发展改革委、建设部关于印发《建设工程监理与相关服务收费管理规定》的通知（发改价格〔2007〕670号）		固定资产投资
5	招标代理服务费	国家计委关于印发《招标代理服务费管理暂行办法》的通知[京价（收）〔2002〕480号]	自行招标的，计入标底编制费	固定资产投资
		国家计委关于印发《招标投标代理服务费管理暂行办法》（计价格〔2002〕1980号）		
6	建设工程施工及设备招标投标交易服务费	《北京市物价局关于建设工程施工和设备招标投标交易服务费收费标准的函》[京价（收）字〔1999〕第042号]		固定资产投资
	建设工程勘察设计招标投标交易服务费	《北京市物价局关于建设工程勘察设计招标投标交易服务费收费标准的函》[京价（收）字〔2003〕196号]		固定资产投资
	建设工程监理招标投标交易服务费	《北京市物价局关于建设工程监理招标投标交易服务费收费标准的函》[京价（收）字〔2003〕第195号]		固定资产投资
7	前期工作工程勘察费	《水利、水电、电力建设项目前期工作工程勘察收费暂行规定》的通知（发改价格〔2006〕1352号）		固定资产投资
8	勘察费	《工程勘察设计收费标准》（计价格〔2002〕10号）		固定资产投资
9	设计费	《工程勘察设计收费标准》（计价格〔2002〕10号）		固定资产投资
10	竣工图编制费	国家计委、建设部关于发布《工程勘察设计收费管理规定》（计价格〔2002〕10号）		固定资产投资
		《关于编制基本建设工程竣工图去非标准的批复》（京建规字〔1986〕97号）		固定资产投资
11	项目建议书编制费	《关于建设项目前期工作咨询收费的补充通知》[京价（房）字〔1999〕第487号]	3000万元以下执行	固定资产投资
		国家计委《关于印发建设项目前期工作咨询收费暂行规定的通知》（计价格〔1999〕1283号）	3000万元以下执行	
12	可行性研究报告编制	《关于建设项目前期工作咨询收费的补充通知》[京价（房）字〔1999〕第487号]	3000万元以下执行	固定资产投资
		国家计委《关于印发建设项目前期工作咨询收费暂行规定的通知》（计价格〔1999〕1283号）	3000万元以下执行	
13	施工人员意外伤害保险费	关于印发《北京市实施建设工程人员意外伤害保险办法（试行）》的通知（京建法〔2004〕243号）		固定资产投资
14	施工图设计文件审查	《关于开展施工图设计文件审查工作的通知》（市规发〔2001〕761号）		固定资产投资

续表

序号	费用名称	计费依据	说明	备注
15	工器具及生产家具购置费	水利部《水利工程设计概（估）算编制规定》（水总〔2002〕116号）		固定资产投资
16	联合试运转费	建设部《市政工程可行性研究投资概算编制办法》（建标〔1996〕628号）		固定资产投资
17	生产及管理单位提前进场费	水利部《水利工程设计概（估）算编制规定》（水总〔2002〕116号）	建设单位自筹	不属于固定资产投资
18	生产职工培训费	水利部《水利工程设计概（估）算编制规定》（水总〔2002〕116号）		
19	管理用具购置费	水利部《水利工程设计概（估）算编制规定》（水总〔2002〕116号）		
20	洪水影响评价报告编制费	水利部《水文专业有偿服务收费管理试行办法》（水财〔1994〕292号）		国家没有强制性规定，在部分建设项目中可能发生的取费
21	地震安全性评价费用	北京市物价局《关于地震安全性评价收费标准（试行）的函》[京价（收）字〔2002〕361号]		
22	地质灾害性评价费	甲乙双方协商定价		
23	研究试验费	按预计发生工作量估算		
24	安全鉴定费	协商确定	适用于除险加固工程	
25	水资源论证费	协商确定	适用于直接从江河、湖泊或地下取水并需申请取水许可证的新建、改建、扩建的项目	
三	预备费			固定资产投资
1	基本预备费	水利部《水利工程设计概（估）算编制规定》（水总〔2002〕116号）		固定资产投资
2	价差预备费	水利部《水利工程设计概（估）算编制规定》（水总〔2002〕116号）		固定资产投资
四	水土保持及环境保护费			
1	水土保持费	《中华人民共和国水土保持法》《开发建设项目水土保持方案编报审批管理规定》（1995年第5号令）	包括水土保持工程费和水土保持咨询服务费	固定资产投资
2	环境保护费	《水利水电工程初步设计环境保护设计规范》《水利水电工程环境保护设计概（估）算编制规定》《水利水电工程初步设计报告编制规程》	包括环境保护工程费和环境影响咨询报告编制费	固定资产投资
五	建设期贷款利息	根据商业银行贷款利率测算		固定资产投资
六	工程总投资	1～5项合计		

北京市发展改革委政府投资项目初步设计概算投资构成
（水利工程—引水工程及河道工程）

序号	费用名称	计费依据	说明	备注
一	工程费			
1	土建工程	按照2004年《北京市建设工程概算定额》及相关文件费用规定		固定资产投资
2	机电设备及安装工程			固定资产投资
3	电器设备及安装工程			固定资产投资
4	自动化系统			固定资产投资
二	建设工程其他费			
1	征地、拆迁、补偿等费用	《北京市城市房屋拆检管理办法》（北京市人民政府第87号令）		固定资产投资
		《北京市集体土地房屋拆迁管理办法》（北京市人民政府第124号令）		
		北京市人民政府《关于北京市城市房屋拆迁补助费有关规定的批复》		
		《北京市建设征地补偿安置办法》（北京市人民政府第148号令）		
2	工程改移费	按照《北京市建设工程概算定额》《北京市建设工程概算费用定额》以及北京市建设工程造价管理处颁发的有关文件计算		固定资产投资
3	建设单位管理费	关于印发《北京市基本建设财务管理规定》的通知（京财经二〔2003〕305号）		固定资产投资
4	工程监理费	国家发展改革委、建设部关于印发《建设工程监理与相关服务收费管理规定》的通知（发改价格〔2007〕670号）		固定资产投资
5	招标代理服务费	国家计委关于印发《招标代理服务收费管理暂行办法》的通知[京价（收）〔2002〕480号]	自行招标的，计入标底编制费	
		国家计委关于印发《招标投标代理无付费管理暂行办法》（计价格〔2002〕1980号）		固定资产投资
6	建设工程施工及设备招标投标交易服务费	《北京市物价局关于建设工程施工和设备招标投标交易服务收费标准的函》[京价（收）字〔1999〕第042号]		固定资产投资
	建设工程勘察设计招标投标交易服务费	《北京市物价局关于建设工程勘察设计招标投标交易服务收费标准的函》[京价（收）字〔2003〕第196号]		固定资产投资
	建设工程监理招标投标交易服务费	《北京市物价局关于建设工程监理招标投标交易服务收费标准的函》[京价（收）字〔2003〕第195号]		固定资产投资

续表

序号	费用名称	计费依据	说明	备注
7	前期工作工程勘察费	《水利、水电、电力建设项目前期工作工程勘察收费暂行规定》的通知（发改价格〔2006〕1352号）		固定资产投资
8	工程勘察费	国家计委、建设部关于发布《工程勘察设计收费管理规定》（计价格〔2002〕10号）		固定资产投资
9	工程设计费	国家计委、建设部关于发布《工程勘察设计收费管理规定》（计价格〔2002〕10号）		固定资产投资
10	竣工图编制费	国家计委、建设部关于发布《工程勘察设计收费管理规定》（计价格〔2002〕10号）		固定资产投资
		北京市城乡建设委员会《关于编制基本建设工程竣工图取费标准的批复》（京建规字〔1986〕97号）		固定资产投资
11	可行性研究报告编制费	北京市计划委员会《关于建设项目前期工作咨询收费的补充通知》[京价（房）字〔1999〕第487号]	3000万元以下执行	固定资产投资
		国家计委《关于印发建设项目前期工作咨询收费暂行规定的补充通知》（计价格〔1999〕1283号）	3000万元以下执行	固定资产投资
12	项目建议书编制费	北京市计划委员会《关于建设项目前期工作咨询收费的补充通知》[京价（房）字〔1999〕第487号]	3000万元以下执行	固定资产投资
		国家计委《关于印发建设项目前期工作咨询收费暂行规定的补充通知》（计价格〔1999〕1283号）	3000万元以下执行	固定资产投资
13	施工人员意外伤害保险费	关于印发《北京市实施建设工程施工人员意外伤害保险办法（试行）》的通知（京建法〔2004〕243号）		固定资产投资
14	施工图设计文件审查费	北京市规划委、北京市建委《关于开展施工图设计文件审查工作的通知》（市规发〔2001〕761号）		固定资产投资
15	联合试运转费	《市政工程可行性研究投资概算编制办法》（建标〔1996〕628号）		固定资产投资
16	生产及管理单位提前进厂费	《北京市建设工程费用》（1997年版）	建设单位自筹或商其他部门解决	不属于固定资产投资
17	生产职工培训费	《北京市建设工程费用》（1997年版）		
18	管理用具购置费	《北京市建设工程费用》（1997年版）		
19	工器具及生产家具购置费	《北京市建设工程费用》（1997年版）	适用于厂站、泵站工程	
20	水资源论证费	协商确定	适用于直接从江河、湖泊或地下取水并需申请取水许可证的新建、改建、扩建的建设项目	国家没有强制性规定，在部分建设项目中可能发生的取费
21	地质灾害性评价费	甲乙双方协商定价		

续表

序号	费用名称	计费依据	说明	备注
22	地震安全性评价费用	北京市物价局《关于地震安全性评价收费标准(试行)的函》(京价(收)字〔2002〕361号)		国家没有强制性规定，在部分建设项目中可能发生的取费
23	洪水影响评价报告编制费	水利部《水文专业有偿服务搜费管理试行办法》(水财〔1994〕292号)		
24	研究试验费	按预计发生工作量估算		
三	预备费			
1	基本预备费	北京市建委《北京市建设工程费用》(1997年版)	一般取概算总投资的3%～5%	固定资产投资
2	涨价预备费	国家计委《关于加强对基本建设大中型项目概算中"价差预备费"管理有关问题的通知》(计投资〔1999〕1340号)		固定资产投资
四	水土保持及环境保护费			固定资产投资
1	水土保持费	《中华人民共和国水土保持法》《开发建设项目水土保持方案编报审批管理规定》	包括水土保持工程费和水土保持咨询服务费	固定资产投资
2	环境保护费	《水利水电工程初步设计环境保护设计规》《水利水电工程环境保护设计概(估)算编制规定》《水利水电工程初步设计报告编制规程》	包括环境保护工程费和环境影响报告编制费	固定资产投资
五	建设期贷款利息	根据商业银行贷款利率测算		固定资产投资
六	总投资	一至五项合计		

北京市发展改革委政府投资项目初步设计概算投资构成（农业工程部分）

序号	费用名称	计费依据	说明	备注
一	工程费			
1	建筑安装工程	参考北京市建设委员会2004年《北京市建设工程概算定额》及相关费用规定；		固定资产投资
2	管道工程			固定资产投资
3	农田工程	参考农业部2003年《全国节水农业技术标准与投资估算指标》及相关费用规定；		固定资产投资
4	打井工程	参考农业部1995年《中低产田改造工程建设投资估算指标(试行)》及相关费用规定；		固定资产投资
5	围栏工程			固定资产投资
6	防护林带工程	参考水利部2002年《水利工程设计概(估)算编制规定》及相关费用规定；参考水利部2002年《水利水电设备安装工程概算定额》及相关费用规定；参考水利部2002年《水利工程施工机械台时费用定额》及相关费用规定；参考北京市水利局、财政局2001年《北京市不同类型节水灌溉工程投资定额(试行)》及相关费用规定；参考国土资源部、财政部2005年《土地开发整理项目预算定额标准》及相关费用规定		固定资产投资

续表

序号	费用名称	计费依据	说明	备注
二	工程建设其他费			固定资产投资
1	征地、拆迁、补偿等费用	《北京市房屋拆迁管理办法》(北京市人民政府第87号令)		固定资产投资
		《北京市集体土地房屋拆迁管理办法》(北京市人民政府第124号令)		固定资产投资
		北京市人民政府《关于北京市城市房屋拆迁补助费有关规定的批复》		固定资产投资
		《北京市建设征地补偿安置办法》(北京市人民政府第148号令)		固定资产投资
2	建设单位管理费	关于印发《北京市基本建设财务管理规定》的通知(京财经二〔2003〕305号)		固定资产投资
3	工程监理费	国家发展改革委、建设部关于印发《建设工程监理与相关服务收费管理规定》的通知(发改价格〔2007〕670号)		固定资产投资
4	招标代理服务费	转发国家计委关于印发《招标代理服务收费管理暂行办法》的通知[京价(收)〔2002〕480号]	自行招标的,计入标底编制费	固定资产投资
		国家计委关于印发《招标投标代理服务费管理暂行办法》(计价格〔2002〕1980号)		固定资产投资
5	建设工程施工及设备招标投标交易服务费	《北京市物价局关于建设工程施工和设备招标投标交易服务收费标准的函》[京价(收)字(1999)第042号]		固定资产投资
	建设工程勘察设计招标投标交易服务费	《北京市物价局关于建设工程勘察设计招标投标交易服务收费标准的函》[京价(收)字(2003)第196号]		固定资产投资
	建设工程监理招标投标交易服务费	《北京市物价局关于建设工程监理招标投标交易服务收费标准的函》[京价(收)字(2003)第195号]		固定资产投资
6	工程勘察费	国家计委、建设部关于发布《工程勘察设计收费管理规定》(计价格〔2002〕10号)		固定资产投资
7	工程设计费	国家计委、建设部关于发布《工程勘察设计收费管理规定》(计价格〔2002〕10号)		固定资产投资
8	竣工图编制费	国家计委、建设部关于发布《工程勘察设计收费管理规定》(计价格〔2002〕10号)		固定资产投资
		《关于编制基本建设工程竣工图取费标准的批复》(京建规字1986年97号)		固定资产投资
9	项目建议书编制费	北京市计划委员会《关于建设项目前期工作咨询收费的补充通知》[京价(房)字〔1999〕第487号]	3000万元以下执行	固定资产投资
		国家计委《关于印发建设项目前期工作咨询收费暂行规定的补充通知》(计价格〔1999〕1283号)	3000万元以下执行	固定资产投资
10	可行性研究报告编制费	北京市计划委员会《关于建设项目前期工作咨询收费的补充通知》[京价(房)字〔1999〕第487号]	3000万元以下执行	固定资产投资

续表

序号	费用名称	计费依据	说明	备注
10	可行性研究报告编制费	国家计委《关于印发建设项目前期工作咨询收费暂行规定的补充通知》(计价格〔1999〕1283号)	3000万元以下执行	固定资产投资
11	环境影响咨询报告编制费	国家计委国家环境保护总局《关于规范环境影响咨询收费有关问题的通知》(计价格〔2002〕125号)		固定资产投资
12	施工人员意外伤害保险费	关于印发《北京市实施建设工程施工人员意外伤害保险办法(试行)》的通知(京建法〔2004〕243号)		固定资产投资
13	施工图设计文件审查费	《关于开展施工图设计文件审查工作的通知》(市规发〔2001〕761号)	市场价位以设计费的5%~10%计算	固定资产投资
14	水资源论证费	协商确定	适用于直接从江河、湖泊或地下取水并需申请取水许可证的新建、改建、扩建的建设项目	国家没有强制性规定，在部分建设项目中可能发生的取费
15	地质灾害性评价费	甲乙双方协商定价		
16	地震安全性评价费用	北京市物价局《关于地震安全性平价收费标准(试行)的函》[京价(收)字〔2002〕361号]		
17	交通影响评价	北京市规划委员会《关于对部分新建项目进行交通影响评价的通知》(市规发〔2001〕1001号)	一般甲、乙双方议价，根据项目复杂性1~3元/建筑平方米	
18	洪水影响评价报告编制费	水利部《水文专业有偿服务搜费管理试行办法》(水财〔1994〕292号)		
三	预备费			
1	基本预备费	《北京市建设工程费用》(1997年版)	一般取概算总投资的3%~5%	固定资产投资
2	涨价预备费	国家计委《关于加强对基本建设大中型项目概算中"价差预备费"管理有关问题的通知》(计投资〔1999〕1340号)		固定资产投资
四	水土保持费	《中华人民共和国水土保持法》《开发建设项目水土保持方案编报审批管理规定》	包括水土保持工程费和水土保持咨询服务费	
五	建设期贷款利息	根据商业银行贷款利率测算		固定资产投资
六	总投资	1~5项合计		

北京市发展改革委政府投资项目初步设计概算投资构成
（园林绿化工程部分）

序号	费用名称	计费依据	说明	备注
一	工程费			
1	庭院工程	执行2004年《北京市建设工程概算定额》及相关费用规定		
2	绿化工程	执行2004年《北京市建设工程概算定额》及相关费用规定		
二	工程建设其他费			固定资产投资
1	征地、拆迁、补偿等费用	《北京市房屋拆迁管理办法》（北京市人民政府第87号令）		固定资产投资
		《北京市集体土地房屋拆迁管理办法》（北京市人民政府第124号令）		固定资产投资
		北京市人民政府《关于北京市城市房屋拆迁补助费有关规定的批复》		固定资产投资
		《北京市建设征地补偿安置办法》（北京市人民政府第148号令）		固定资产投资
2	建设单位管理费	关于印发《北京市基本建设财务管理规定》的通知（京财经二〔2003〕305号）		固定资产投资
3	工程监理费	国家发展改革委、建设部关于印发《建设工程监理与相关服务收费管理规定》的通知（发改价格〔2007〕670号）		固定资产投资
4	招标代理服务费	国家计委关于印发《招标代理服务收费管理暂行办法》的通知[京价（收）〔2002〕480号]	自行招标的，计入标底编制费	固定资产投资
		国家计委关于印发《招标投标代理服务费管理暂行办法》（计价格〔2002〕1980号）		固定资产投资
5	建设工程施工及设备招标投标交易服务费	《北京市物价局关于建设工程施工和设备招标投标交易服务收费标准的函》[京价（收）字〔1999〕第042号]		固定资产投资
	建设工程勘察设计招标投标交易服务费	《北京市物价局关于建设工程勘察设计招标投标交易服务收费标准的函》[京价（收）字〔2003〕第196号]		固定资产投资
	建设工程监理招标投标交易服务费	《北京市物价局关于建设工程监理招标投标交易服务收费标准的函》[京价（收）字〔2003〕第195号]		固定资产投资
6	工程勘察费	国家计委、建设部关于发布《工程勘察设计收费管理规定》（计价格〔2002〕10号）		固定资产投资
7	工程设计费	国家计委、建设部关于发布《工程勘察设计收费管理规定》（计价格〔2002〕10号）		固定资产投资
8	竣工图编制费	国家计委、建设部关于发布《工程勘察设计收费管理规定》（计价格〔2002〕10号）		固定资产投资

续表

序号	费用名称	计费依据	说明	备注
8	竣工图编制费	北京市城乡建设委员会《关于编制基本建设工程竣工图取费标准的批复》(京建规字〔1986〕97号)		固定资产投资
9	项目建议书编制费	北京市计划委员会《关于建设项目前期工作咨询收费的补充通知》[京价(房)字〔1999〕第487号]	3000万元以下执行	固定资产投资
		国家计委《关于印发建设项目前期工作咨询收费暂行规定的补充通知》(计价格〔1999〕1283号)	3000万元以下执行	固定资产投资
10	可行性研究报告编制费	北京市计划委员会《关于建设项目前期工作咨询收费的补充通知》[京价(房)字〔1999〕第487号]	3000万元以下执行	固定资产投资
		国家计委《关于印发建设项目前期工作咨询收费暂行规定的补充通知》(计价格〔1999〕1283号)	3000万元以下执行	固定资产投资
11	环境影响咨询报告编制费	国家计委国家环境保护总局《关于规范环境影响咨询收费有关问题的通知》(计价格〔2002〕125号)		固定资产投资
12	施工人员意外伤害保险费	关于印发《北京市实施建设工程施工人员意外伤害保险办法(试行)》的通知(京建法〔2004〕243号)		固定资产投资
13	施工图设计文件审查费	北京市规划委、北京市建委《关于开展施工图设计文件审查工作的通知》(市规发〔2001〕761号)		固定资产投资
14	城市基础设施建设费	关于印发《北京市征收城市基础设施建设费暂行办法》的通知(经济投资字〔2002〕1972号)	市、区发展改革委收缴	
15	新型墙体专项基金	财政部国家经贸委印发《新型墙体材料专项基金征收和使用管理办法》(财综〔2002〕55号)	该费用竣工后部分返还	
		《关于调整建筑节能与发展新型墙体材料专项基金返退标准的通知》(京建材〔2002〕0244号)		
16	散装水泥专项资金	关于贯彻《北京市散装水泥专项资金管理实施细则》(京建材字〔2003〕3号)	该费用竣工后部分返还	
17	防洪工程建设维护费	《北京市征收防洪工程维护管理费暂行规定》(北京市人民政府第21号发布)		国家没有强制性规定,在部分建设项目中可能发生的取费
18	交通影响评价	北京市规划委员会《关于对部分新建项目进行交通影响评价的通知》(市规发〔2001〕1001号)	一般甲、乙双方议价,根据项目复杂性1~3元/建筑平方米	
19	地质灾害性评价费	甲乙双方协商定价		
20	地震安全性评价费用	北京市物价局《关于地震安全性平价收费标准(试行)的函》[京价(收)字〔2002〕361号]		
21	洪水影响评价报告编制费	水利部《水文专业有偿服务搜费管理试行办法》(水财〔1994〕292号)		
三	预备费			固定资产投资
1	基本预备费	《北京市建设工程费用》(1997年版)	一般取概算总投资的3%~5%	固定资产投资

续表

序号	费用名称	计费依据	说明	备注
2	涨价预备费	国家计委《关于加强对基本建设大中型项目概算中"价差预备费"管理有关问题的通知》(计投资〔1999〕1340号)		固定资产投资
四	建设期贷款利息	根据商业银行贷款利率测算		固定资产投资
五	总投资	一至五项合计		

六、《北京市发展和改革委员会政府投资项目初步设计概算投资构成及计费依据现行文件汇编》目录

总则

1.《北京市城市房屋拆迁管理办法》(北京市人民政府第87号令);

2.《北京市集体土地房屋拆迁管理办法》(北京市人民政府第124号令);

3.关于《北京市集体土地房屋拆迁管理办法(草案)》的说明;

4.北京市人民政府《关于北京市城市房屋拆迁补助费有关规定的批复》(京政函〔2001〕109号);

5.《北京市建设征地补偿安置办法》(北京市人民政府第148号令);

6.北京市财政局关天印发《北京市基本建设财务管理规定》的通知;

7.关于转发国家发展改革委、建设部《建设工程监理与相关服务收费管理规定》的通知;

8.国家发展改革委、建设部关于印发《建设工程监理与相关服务收费管理规定》的通知(发改价格〔2007〕670号);

9.《北京市政府投资建设项目代建制管理办法》(试行);

10.国家计委关于印发《招标代理服务收费管理暂行办法》的通知;

11.《北京市物价局关于建设工程勘察设计招标投标交易服务收费标准(试行)的函》;

12.《北京市物价局关于建设工程监理招标投标交易服务收费标准(试行)的函》;

13.国家计委、建设部关于发布《工程勘察设计收费管理规定》的通知;

14.《工程勘察收费标准》;

15.《工程设计收费标准》;

16.《关于建设项目前期工作咨询收费的补充通知》的通知;

17.《关于建设项目前期工作咨询收费的补充通知》;

18.国家计委、国家环境保护总局《关于规范环境影响咨询收费有关问题的通知》;

19. 关于废止《北京市实施建设工程施工人员意外伤害保险办法（试行）》的通知（京建法〔2011〕1号）；

20. 《房屋建筑和市政基础设施工程施工图设计文件审查管理办法》；

21. 《中华人民共和国注册建筑师条例实施细则》；

22. 北京市发展计划委员会关于印发《北京市征收城市基础设施建设费暂行办法》的通知（京计投资字〔2002〕1792号）；

23. 《北京市征收城市基础设施建设费暂行办法》；

24. 《北京市地下水资源养蓄基金征收办法》；

25. 《北京市征收防洪工程建设维护管理费暂行规定》（1994年北京市人民政府第21号令）；

26. 《北京市关于调整建筑节能与发展新型墙体材料专项基金返退标准的通知》（京建材〔2000〕0244号）；

27. 关于贯彻《北京市散装水泥专项资金管理实施细则》有关问题的通知；

28. 《关于地震安全性评价收费标准（试行）的函》[京价（收）字〔2002〕361号]；

29. 国家计委、财政部、国家国防动员委员会、建设部印发《关于规范防空地下室易地建设收费的规定》的通知（计价格〔2000〕474号）；

30. 国家计委《关于加强对基本建设大中型项目概算中"价差预备费"管理有关问题的通知》；

31. 《关于开发建设项目水土保持咨询服务费用计列的指导意见》（水保监〔2005〕22号）；

32. 《水文专业有偿服务收费管理试行办法》（水财〔1994〕292号）；

33. 《关于完善公路基本建设工程概算预算编制办法有关内容的通知》；

34. 《水利、水电，电力建设项目前期工作勘察收费暂行规定》；

35. 《建设项目水资源论证管理办法》（水利部发布第15号令）；

36. 《水库大坝安全鉴定办法》

附件一　全过程工程咨询论文精选

第一篇　全过程工程咨询现状和发展创新趋势分析

《中国工程咨询》2021年第4期

皮德江

摘要：全过程工程咨询推行已历经四年之久，试点期结束后，未见有文章系统地对全过程工程咨询服务开展情况进行梳理和总结。本文旨在通过统计数据和图表分析的方法对全过程工程咨询推行历程、现状和下一步发展趋势进行总结、分析和预测，以利于全过程工程咨询服务在全国范围内得到进一步推广和实施。

一、现状分析

全过程工程咨询以2017年2月《国务院办公厅关于促进建筑业持续健康发展的意见》（国办发〔2017〕19号）为肇始，其后陆续有《住房城乡建设部关于开展全过程工程咨询试点工作的通知》（建市〔2017〕101号）和《国家发展改革委 住房城乡建设部关于推进全过程工程咨询服务发展的指导意见》（发改投资规〔2019〕515号）（以下简称"515号文"）发布，至今已逾四载。这四载岁月中，全过程工程咨询经历了概念提出、全国试点地区和企业名录发布、各地宣贯和试点项目落地、515号文正式发布、全国范围内陆续推广、项目落地实施等不同阶段。

至此，全过程工程咨询已结束了为期两年（2017年5月至2019年5月）的试点期，进入全面总结经验得失、建立健全相关配套法律法规、政策引领、示范地区和项目样板引路阶段，全过程工程咨询模式发展、实施情况较好的东南沿海省份和地区少数政府投资项目已竣工，进入全过程工程咨询项目总结、反思、提高和进一步探索改革创新招标委托模式、项目建设管理模式和相关配套法规保障的深水区。

1. 全过程工程咨询项目招标分析

整体上看，全过程工程咨询发展和项目落地实施情况可以归纳为：各地冷热不均、南热北冷、东热西冷，即南方省份和地区比北方省份和地区好，东部比西部好，尤其是东南沿海地区表现最佳，此发展情况与我国各省经济发展状况和地理气候条件特征恰好相符，其中以浙江、江苏、广东、山东和湖南发展最好、势头最强；山东虽地处北方且非全过程工程咨询试点地区，但其同时又属东部沿海省份和GDP大省，全过程工程咨询发展可谓后来居上；广西是后增试点地区，由于地处两广、受广东影响等缘故，加之政府重视，咨询企业踊跃参加，发展后劲不错。上海和海南等地，虽地处东部和沿海地区，全过程工程咨询发展却未见进展。难能可贵的是，不少非试点省份和地区（如内蒙古等地）以及咨询企业也积极投身全过程工程咨询项目实践；2020年，西部省份西藏和宁夏实现了全过程工程咨询项目零的突破。

2. 全过程工程咨询业务分析

各项咨询业务中，工程监理、全过程造价咨询、项目管理三项咨询业务出现频次最高，除此之外依次为招标采购和工程设计（二者较接近）。这可能说明如下五个问题：

（1）大多数项目业主比较倾向于全过程项目管理+工程监理+全过程造价咨询或三项业务两两组合模式。

（2）一部分项目业主采用将工程勘察设计与上述三项业务组合模式；与全过程工程咨询的建筑师负责制模式相近。

（3）上述数据统计验证了笔者提出并一直坚持的"1+1+N(N≥0)，一核心三主项+其他专项咨询业务"公式，适用于全过程工程咨询项目实践，即第一个"1"表示全过程工程咨询必须坚持以全过程项目管理为核心，不委托项目管理业务的不能称为全过程工程咨询；除项目管理外；第二个"1"表示必须包括工程设计、工程监理和全过程造价咨询三个主要咨询业务中至少一项；"N"为上述核心和主要咨询业务之外的其他专项咨询业务，"N"可以为0。

（4）从项目业主委托工程监理和造价咨询业务数量高于项目管理数量可以判断出，部分全过程工程咨询招标项目未委托全过程项目管理，而只采用"监理+造价咨询"组合或与其他专项咨询业务相组合，项目管理采用"业主自管"模式；据悉，江苏和江西等省采用此种模式较多；

（5）在各项咨询业务中，监理业务名列前茅，说明在全过程工程咨询服务市场，具有工程监理资质的综合性工程咨询单位目前是全过程工程咨询服务的主力军，这种现象今后将会持续相当长一段时期。目前，作为经济热点的大湾区代表和改革开放象征的深圳市，其大型、超大型政府投资项目的全过程工程咨询服务市场，云集了全国具有监理资质的顶级工程咨询单位，且基本上占据垄断地位的现象充分支持了上述观点。

3. 全过程工程咨询与GDP数据分析

全过程工程咨询开展情况与所在省份、区域经济发展状况（GDP）密切相关，如广东、江苏、山东、浙江等省份不但GDP在全国领先，而且，十分巧合的是，全过程工程咨询和项目开展情况恰好与其GDP排名高度吻合。关联性较差的是北京、上海和天津等地，尤其是位于全过程工程咨询试点地区前列的北京和上海，很少有大中型全过程工程咨询项目招标和实施，表现令人意外和费解。

4. 北京全过程工程咨询及案例简介

时至今日，由于各种原因和条件制约，大中型全过程工程咨询项目（包括政府投资项目）在北京市并未得到实施。

例外的是，北京市向建国七十周年献礼项目——香山革命纪念馆项目，由于工期紧迫、建设难度大等原因，由北京市委市政府决定项目采用全过程工程咨询服务模式，市重大项目办公室牵头组织，采用邀请招标比选方式选择全过程工程咨询服务单位，服务内容包括全过程项目管理、可研报告编制、工程监理、全过程造价咨询和招标采购五项咨询业务。

笔者有幸作为公司主管领导全程参与了该项目的全过程工程咨询服务工作。该项目已于2019年国庆节前按期竣工投入运营并获得"鲁班奖"，成为到目前为止，北京市首个，也是唯一采用全过程工程咨询服务模式进行建设管理的大型公建项目，同时也成为全国范围内，国家提出并施行全过程工程咨询服务模式后开工建设，并已竣工的具有代表性的重要公建项目。

直到2018年5月，全过程工程咨询之最基本的组合模式"管监合一"在北京仍是不被允许的。在住房和城乡建设部和北京市住房和城乡建设委员会领导考察笔者单位全过程工程咨询试点项目（中信银行信息技术研发基地）的现场调研会上，在住房和城乡建设部、市住房和城乡建设委员会领导的大力协调下，笔者多次呼吁，困扰北京工程咨询、监理企业多年的问题终获解决。实际上，允许同一项目由一家咨询单位承担项目管理和工程监理业务（需2次招标），与全过程工程咨询招标委托中的"项目管理+工程监理"模式还远不是一个概念，但毕竟朝此方向迈出了一步。

二、发展趋势展望

1."1+N"模式将成为必然趋势

关于全过程工程咨询今后的发展趋势，笔者持乐观态度。总的趋势应是由试点省份和单位向非试点省份和单位、局部省份向全国各地蔓延扩展；由经济发达、先试先行的东南沿海和南方地区逐步向北方和西部地区渗透、发展的过程。当然，发展的过程不会一帆风顺，其间会经历怀疑、徘徊、观望、争论甚至是否定等，但笔者相信，经过各级各地政府的正确引导和不断出台的相应配套的法律法规、先行省份的示范和榜样的力量以及广大工程咨询行业人员的共同努力，全过程工程咨询一定会在全国范围内循序渐进、由浅入深地逐步进入健康发展轨道，从而使我国工程咨询行业和企业不断做大做强，与国际接轨并参与国际竞争。

在全过程工程咨询的发展过程中，无论政府部门的政策引导和法律法规的完善还是配套实施意见、服务导则、示范文本的编制出台等均十分重要，往往决定全过程工程咨询的发展方向和进程。全过程工程咨询是一个系统工程，有许多问题亟待探讨，但限于本文篇幅，笔者认为，当前最急迫、最重要的是全过程工程咨询服务的"1+N"模式问题，其中"1"为全过程项目管理，"X"为其他咨询业务；"1+N"模式的核心思想是全过程工程咨询服务必须以委托全过程项目管理为核心业务和必选项，加上其他"X"项专项咨询业务（工程勘察设计、监理、全过程造价咨询等）才构成真正意义上的全过程工程咨询服务。全过程工程咨询招标时如采用"业主自管"模式而不委托项目管理，只委托其他专项咨询业务及组合，则不属于全过程工程咨询服务招标，这是关乎全过程工程咨询发展方向的核心问题，但却没有得到政府有关部门及工程咨询行业本身的足够重视和充分研讨论证。

自2020年起，住房和城乡建设部相关部门陆续组织起草和颁布了房屋建筑和市政基础设施项目《全过程工程咨询服务技术标准》（征求意见稿）和《全过程工程咨询服务合同示范文本标准》（征求意见稿）等文件，其他配套文件也在起草和制订过程中。上述征求意见稿大多未认可和强调全过程项目管理在全过程工程咨询服务的核心地位和作用，与国家提倡全过程工程咨询初心和当前全过程工程咨询服务项目实际做法和成果经验似不相符，且未呼应和吸收工程咨询行业和大多数项目业主广泛认可的"1+N"模式。

全过程工程咨询本质上是首先变"项目业主自管"为"委托项目管理"（这实际上是在为此前项目管理未得到正常发育和发展买单或补课），其次是让中标的咨询单位（咨询总包）在其资质范围内尽可能承担更多的专项咨询业务，既是为了减少业主方的管理协调界面和使项目信息链保持连续，更重要的目的是使咨询单位不但掌握业主方项目管理和咨询总包技能，同时也要精通专项咨询技术和业务，及早做大做强，具备综合咨询能力和国际竞争性。

2. 浙粤先行，树立样板

令人欣慰的是，以全过程工程咨询试点地区的浙江和广东为代表的全过程工程咨询先驱者，以敢为天下先的勇气，先试先行，在总结大量全过程工程咨询项目实践经验的基础上，浙江省住房和城乡建设厅于2020年6月发布了浙江省工程建设标准《全过程工程咨询服务标准》；2020年12月10日深圳市住房和建设局发布《深圳市推进全过程工程咨询服务发展的实施意见》及配套文件《深圳市推进全过程工程咨询服务导则》《深圳市推进全过程工程咨询招标文件》（示范文本）、《深圳市建设工程全过程工程咨询服务合同》等文件；中国建筑业协会也于2020年10月发布了团体标准《全过程工程咨询服务管理标准》。

浙江省《全过程工程咨询服务标准》规定：全过程工程咨询服务由项目建设管理和一项或多项的项目专项咨询组成的咨询服务，包括项目建设管理和项目专项咨询两部分内容。《深圳市推进全过程工程咨询服务发展的实施意见》规定：建设单位应充分认识项目管理服务对建设项目的统筹和协调作用，积极采用"以项目管理服务为基础，其他各专业咨询服务内容相组合"的全过程工程咨询模式；在其配套文件中明确规定：全过程工程咨询采用"1+N"模式，"1"指全过程项目管理，为必选项。中国建筑业协会《全过程工程咨询服务管理标准》中规定：全过程工程咨询服务模式宜采用"1+N+X"模式，"1"指全过程项目管理。此外，其他试点省份如广西、陕西、湖南等全过程工程咨询实施文件中也有类似规定和描述，不再枚举。

三、创新模式分析

1. 创新模式论据分析

从本论文前述分析和统计，可总结归纳如下几点：

（1）全过程项目管理为全过程工程咨询服务的基本内容和必选项。

（2）工程监理是近几年全过程工程咨询项目各项咨询业务组合中出现频次最高的咨询业务。

（3）以社会主义先行示范区深圳市为代表和标志的大湾区以及东南沿海地区，全过程工程咨询服务项目招标和实践大量采用"全过程项目管理+工程监理"（简称"管+监"）委托模式。

2. 创新模式提出及论证

基于上述分析和总结，笔者提出今后全过程工程咨询服务的创新模式，即原"1+N"模式的内涵发生变化，"1"不再仅指全过程项目管理，而是扩充内涵，表示"全过程项目管理+工程监理"，"1+N"模式也可升级表述为"管+监+"或"管监+"模式，后面的"+"与原模式中的"X"意义相仿，表示除项目管理和工程监理以外的其他咨询业务。"管监+"模式之所以可以成为未来创新模式，除上述因素外，还有如下原因：

（1）工程监理属国家强制推行的工程项目建设管理制度，大多数全过程工程咨询项目为政府投资的大中型项目，按照相关规定，项目必须委托监理。

（2）工程监理和业主方项目管理。当初国家引进监理制度的初衷之一就是将国外先进的项目管理模式引入国内。从业主方项目建设管理和委托合同的角度分析，监理工作其实也是施工阶段项目管理工作的一部分。二者都具有代表业主方全天候在施工现场进行管理协调（三控二管一协调一履行）的共同特征，只不过侧重点不同、职责分工不同（项目管理侧重投资、进度控制，监理侧重安全文明施工管理、质量控制），项目管理的服务范围、工作内容更广而已。

（3）采用"管监+"模式可以部分解决项目管理服务取费过低问题。目前，全过程工程咨询服务中项目管理的取费依据仍然为《基本建设项目建设成本管理规定》，该取费标准多年来已被大量项目实践证明取费过低，满足不了全过程项目管理服务的成本费用支出，同时也严重挫伤了工程咨询行业参与项目管理和全过程工程咨询服务，包括工程设计单位参与建筑师负责制项目的积极性。

为解决此问题，广东、陕西、深圳市等省市先后出台了《全过程项目管理服务取费指导意见》，将最高取费费率提高至3%。但由于各种原因，新取费标准并未得到实际执行。

因此，现实情况下采用创新的"管监+"模式，项目管理按照《基本建设项目建设成本管理规定》、监理参照《建设工程监理与相关服务收费管理规定》取费，可用本就不高的监理费用补贴亏损的项目管理支出，不失为一种权宜之计，实属无奈之举。

（4）鉴于具有监理资质的咨询单位已成为目前全过程工程咨询服务的主力军，全过程工程咨询之"项目管理+工程监理"模式也已成为主要服务模式，因此，采用"管监+"创新模式后，既顺应了当前全过程工程咨询发展的大趋势，又会大大提高这类企业的积极性，对全过程工程咨询发展具有积极意义，也是对市场选择的回应和尊重。

四、结束语

综上，全过程项目管理是全过程工程咨询的基础和灵魂，在项目建设中具有不可替代的统筹和协调作用，任何不包含项目管理的咨询业务组合均不是全过程工程咨询。

通过前述现状分析和对未来发展趋势、创新模式的展望，笔者坚信，尽管前路崎岖、曲折，但是山重水复疑无路，柳暗花明又一村，全过程工程咨询一定会沿着健康轨道，向着光明的未来快速发展！

第二篇　学习《关于推进全过程工程咨询服务发展的指导意见》（发改投资规〔2019〕515号）的几点感想和体会

《中国工程咨询》2019年第5期

皮德江

《关于促进建筑业持续健康发展的意见》（国办发〔2017〕19号）（以下简称"指导意见"）、《关于开展全过程工程咨询试点工作的通知》（建市〔2017〕101号），国家发展改革委办公厅、住房城乡建设部办公厅《关于推进全过程工程咨询服务发展的指导意见》（征求意见稿）发布四个多月后，《关于推进全过程工程咨询服务发展的指导意见》（发改投资规〔2019〕515号）（以下简称"指导意见"）于2019年3月正式颁布。对于工程咨询行业来说，真可谓翘首以盼，"千呼万唤始出来"，又恰逢春暖花开之季，真有点"忽如一夜春风来，千树万树梨花开"的感觉。通过近日对《指导意见》的学习和领会，谈几点粗浅体会和感想。

《指导意见》的正式颁布，是我国工程咨询行业，特别是全过程工程咨询领域的一件大事。对目前及下一步推广和开展全过程工程咨询服务，无论是"全过程工程咨询"试点省市企业和试点项目，还是其他地区和非试点企业及项目，均具有重大和明确的指导意义和作用。

该《指导意见》明确了目前指导范围只限于房屋建筑和市政基础设施领域。而原《征求意见稿》中还包括交通、水利和能源等领域。

明确指出全过程工程咨询服务的重点在项目决策和建设实施两个阶段，重点培育和发展"投资决策综合性咨询"和"工程建设全过程咨询"两种全过程工程咨询服务模式。而在以往文件中强调包括运维运营阶段的项目全生命周期。因为目前乃至今后相当长的时间内，建设单位对提供运维运营阶段的工程咨询需求不会很普遍，且具有提供此阶段工程咨询能力的咨询企业也不会很多。

该《指导意见》在阐述"规范投资决策综合性咨询服务方式"时，指出："投资决策综合性咨询服务可由工程咨询单位采取市场合作、委托专业服务等方式牵头提供，或由其会同具备相应资格的服务机构联合提供。牵头提供投资决策综合性咨询服务的机构，根据与委托方合同约定对服务成果承担总体责任；联合提供投资决策综合性咨询服务的，各合作方承担相应责任……"。

笔者认为：其一，上述论述不仅适用于"投资决策综合性咨询"，而且也适用于"工程建设全过程咨询"；其二，所谓"牵头提供""承担总体责任"，可以理解为"全过程工程咨询总包""承担全过程工程咨询总包责任"；而"市场合作、委托专业服务"可以理解为"专项咨询分包、转委托"。"联合提供"可以理解为各咨询机构不是全过程工程咨询总分包关系，而是联合体成员关系。要么是联合体牵头单位，要么是联合体成员单位。各合作方根据联合体协议，"承担相应责任"。

明确"工程建设全过程咨询服务"的实施方式，既可以由一家具有综合能力的咨询单位实施，也可由多家具有专项咨询业务资质和能力的咨询单位组成联合体来联合实施。当由一家咨询单位实施时，其应当自行完成自有资质证书许可范围内的业务，在保证整个工程项目完整性的前提下，按照合同约定或经建设单位同意，还可将自有资质证书许可范围外的咨询业务分包（转委托）给具有相应资质或能力的专项咨询分包单位。用"应当"这样的强调语气优先提倡和推行由一家有综合能力的咨询单位实施"全过程工程咨询"业务。

《指导意见》指出：开展"投资决策综合性咨询服务"的，应充分发挥咨询工程师（投资）的作用，鼓励其作为综合性咨询项目负责人，提高统筹服务水平。开展"工程建设全过程咨询服务"时，项目负责人应取得工程建设类注册执业资格且具有工程类、工程经济类高级职称，并具有类似工程经验。对"全过程工程咨询"的项目负责人明确提出不但要具有注册而且还必须具有高级职称，这比以往文件只要求中级以上职称更加严格。而实际上，现有很多全过程工程咨询实际案例，从项目立项阶段开始，建设单位就通过招标或委托一家全过程工程咨询单位（全过程工程咨询总包）进行咨询工作，既包含"投资决策综合性咨询"内容，又包含"工程建设全过程咨询"内容，这种情形下，如何确定项目总负责人（或称项目总咨询工程师）呢？笔者认为，为保证咨询项目总负责人的稳定性和连贯性，应按"工程建设全过程咨询"要求确定项目总负责人，而任命一位能胜任"投资决策综合性咨询"管理工作的注册咨询工程师（投资）为项目副经理（或副总咨询工程师），以利于投资决策综合性咨询工作。

前文已述，很多工程咨询项目同时包括投资、决策和建设实施两个阶段，甚至还包括运维（运营）阶段，因此既有"投资决策综合性咨询"又有"工程建设全过程咨询"，甚至还包括更多工程咨询内容。那么，这两种咨询模式的分界点在哪里呢？笔者认为，不应只从时序和阶段上划分，而主要应从咨询内容和性质上加以划分和区分。即便如此，也是你中有我，我中有你，有些咨询内容和范围是难以彻底界定和厘清的。所以，一定要强调综合性、跨阶段、协同性和集成化。

《指导意见》列出了七种专业化咨询服务业态，即投资咨询、招标代理、勘察、设计、监理、造价和项目管理。实际上，这些专项咨询服务业务，在2017年2月国务院19号文首次提出"全过程工程咨询"概念之前，均已存在20年以上，最长的工程设计可能已近百年。那么，全过程工程咨询推出什么新的咨询服务业务了吗？答案是否定的。即便是新生的BIM咨询、绿色建筑咨询也诞生于全过程工程咨询之前。既然各项咨询业务均是早已存在的，那么国家为什么还要大力推行全过程工程咨询呢？为什么不继续推行全过程项目管理呢？全过程工程咨询与全过程项目管理之间是何关系、有何区别？全过程工程咨询七项专项咨询业务是何关系？是它们的叠加和简单组合吗？

实际上，我们将全过程工程咨询诞生前的工程咨询模式称为碎片化的工程咨询模式，而将全过程工程咨询模式称为我国工程咨询行业革命性的模式创新，它创立了一种集成化和一体化的工程咨询新模式。首先，它不是将七项咨询业务简单的叠加、组合，而是融合成有机的整体。换言之，发生的是化学反应，而不是物理反应。我们称以业主为中心并由其管理各项咨询业务的模式为碎片化咨询模式。那么全过程工程咨询为何就不是碎片化而变成集成化和一体化呢？笔者认为，是通过全过程工程咨询单位（全过程工程咨询总包）实现和完成的。大家回想一下三十多年前，我国未实行施工总承包制之前，工程项目施工安装行业就是建设单位分别委托各专业施工安装队伍的碎片化管理状态。而引进国际先进的施工管理理念和做法后，实行了施工总承包制、项目经理负责制，中国的建筑施工行业马上就飞速发展，与国际接轨了。国内的施工安装企业则不断发展壮大，走出国门，参与国际竞争。

全过程工程咨询概念的提出，正是要求工程咨询行业借鉴施工总承包行业成熟和先进的经验和做法，培育一批具有综合能力的咨询骨干企业通过并购重组、联合经营等方式做大做强，像施工行业一样，与国际接轨，参与"一带一路"和国际竞争。

具体途径就是一家有综合能力的咨询企业中标或接受委托担任咨询总包，其资质范围内的咨询业务按合同约定由其自身承担；资质范围以外的可以和其他具备相应资质的企业组成联合体；也可以按合同约定并征得建设单位同意分包给有相应资质的咨询单位。咨询分包对咨询总包负责，而咨询总包对建设单位负责。这才是全过程工程咨询的精髓和核心意义。这实际与三十年前的施工行业改革如出一辙。至于说为何要用全过程工程咨询替代全过程项目管理，应该说，项目管理仍属于碎片化的咨询模式。业主只是部分授权，主要任务是协调管理，与管理协调对象均非一个企业，也无合同关系，协调力度有限，各方的关注点和工作目标并不完全一致。全过程工程咨询一个最大优点就是主要业务由一家承担，可以"将外部协调变为内部管理"，管理力度大增。即便是联合体或咨询总分包之间，也是合同关系，不像项目管理，与被管理对象绝大多数并非合同关系。

全过程工程咨询两大要素：一是"咨询总包"；二是"1+N"模式；"1"是全过程项目管理，"N"是除项目管理外的其他专项咨询业务。即开展全过程工程咨询，必须以全过程项目管理为核心内容，加上工程设计、工程监理和造价咨询业务（称为关键、主要业务）中的一项及以上，以及其他咨询业务，形成了全过程工程咨询服务的基本内容。实行咨询总包、"1+N"模式与原来碎片化咨询模式最本质的区别是：前者各咨询业务或板块之间的关系要么是一个单位内部的管理协调、领导关系，要么是合同关系；而后者的委托全过程项目管理单位与被协调管理单位是在业主授权范围内的管理与被管理关系，而非合同关系，因而不是一体的，而是碎片化的。

《指导意见》的颁布，对于全过程工程咨询整体发展来说，只不过是万里长征走完了第一步。今后的路还很长，任重而道远。

除了建立全过程工程咨询服务技术标准和合同体系外，破除制度性障碍、优化政策法规环境、破除行业壁垒、部门垄断和条块分割的机制体制，制定全过程咨询招标和委托管理办法，加强工程咨询行业供给侧结构性改革，培育和培养具有综合能力和资质，具有组织、技术、管理、经济和法律技能、知识复合型人才的咨询企业等，任务十分紧迫。所以，不能有"等、靠、要"的思想，应根据《指导意见》颁布的内容，大胆改革创新和项目实践，不断探索和总结经验教训，使全过程工程咨询沿着健康发展的道路不断前行。

第三篇 "1+N"模式中项目管理地位作用及取费新探

皮德江

在房屋建筑和市政基础设施建设领域,"1+N"模式是全过程工程咨询服务的主流模式,这已成为不争的事实。其中,"1"为全过程项目管理(此处专指"委托型"业主方项目管理,非业主自管型,下同),它是全过程工程咨询服务业务组合的核心项和招标必选项;"N"为其他专项专业咨询业务,且N≥1。尽管业内对这一模式的认可和理解还存在差异甚至争议,但是,众多先试先行省市的全过程工程咨询项目实践已给出了肯定的答案。

一、"1+N"模式执行过程中存在的主要问题和争议

1."1+N"模式中,如不规定N≥1,则可取N=0,变为"1+0"模式,还是不是全过程工程咨询服务?

如全过程工程咨询服务中只有全过程项目管理一项服务业务,而不包括任何其他专项专业咨询业务,则与我国自20世纪90年代以来引进、开展的"委托型"项目管理业务相同。此时,咨询服务模式则由全过程工程咨询服务退变为全过程项目管理服务。全过程工程咨询是国务院办公厅在《国务院办公厅关于促进建筑业持续健康发展的意见》(国办发〔2017〕19号)文中提出的工程咨询服务新的理念和模式,它是对传统建设项目管理模式的大胆创新和改革;而项目管理则是在国际上已流行七八十年,并于20世纪90年代引入我国的工程项目管理技术和服务模式。二者是包含关系,即全过程工程咨询服务包含项目管理服务,项目管理是全过程工程咨询众多服务内容中的一项。二者有本质区别,不能混为一谈。亦不能因为目前一些省市地区仍处于全过程工程咨询发展初期,或该地区原来连项目管理服务也未广泛开展过,所以就将二者不加区别的视为全过程工程咨询。当然可能还有两种情况:一种是项目业主是真不懂二者之间的区别;另一种则是项目业主为了赶时髦(全过程工程咨询是目前流行模式)而应付政府、上级领导部门开展全过程工程咨询的要求,或咨询机构为拼凑全过程工程咨询业绩而故意为之。

此外,国家发展改革委在《工程咨询行业管理办法》中明确指出:"全过程工程咨询采用多种服务方式组合,为项目决策、实施和运营提供局部或整体解决方案及管理服务"。按此,全过程工程咨询的一个重要特征就是多种服务方式组合,而单一的项目管

理服务并不符合国家发展改革委关于全过程工程咨询的定义要求，因此，其肯定不属于全过程工程咨询服务。

2."1+N"模式中，如将1变为0，变为"0+N"模式，N≥2，还是不是全过程工程咨询服务？

此种招标及实施模式，即项目业主不委托项目管理服务，而采用业主自管或其他建设管理模式（如委托政府投资建设管理平台公司等），将除项目管理以外其他两项及以上专项专业咨询服务业务（如投资决策咨询、工程勘察、设计、监理、造价咨询、招标代理等）进行组合招标，如工程设计+工程监理、工程设计+可研报告编制+工程监理、工程监理+造价咨询、招标代理+工程监理+造价咨询（简称"招监造组合"）等。

1）应该特别说明，上述做法中，如政府部门采用直接委托政府或国有投资建设管理平台公司代表业主方从事项目管理（或组建项目法人），一般来讲，该平台公司由于资质和公开招标等原因，不再或无法承担其他专项专业咨询服务业务，只是承担业主方项目管理一项咨询业务（或其本身就是项目法人）。因此，一般亦将此种做法归入业主自管或项目管理单项委托模式。

如果政府或国有投资建设管理平台公司具备工程咨询相关业务资质和能力，并通过公开招标等公平竞争方式取得全过程工程咨询服务项目（并符合"1+N"模式关于业务组合基本要求），则该项目属"1+N"模式全过程工程咨询服务无疑。

2）如果"0+N"模式中，N=1，即咨询服务业务既无项目管理，又只有一项专项或专业咨询业务，其只能称为专项或专业咨询服务单项招标或委托，更不能称为全过程工程咨询服务，道理同前，不再赘述。

3）对于"0+N"模式（N≥2）的模式和做法，由于情况比较复杂，特进行如下展开分析：

（1）目前，不少省市和地区的全过程工程咨询发展状况仍处于起步阶段甚至萌芽状态，不少项目业主包括当地政府建设行政主管部门对全过程工程咨询服务认知和理解程度不深，往往持怀疑和观望态度；

（2）全过程工程咨询是国家为了使工程咨询行业做大做强、与国际接轨，并参与"一带一路"建设，借鉴国际先进的工程咨询理念和做法，于2017年引进、提出的先进工程咨询服务理念和模式，对此，国内尚缺乏系统理论研究和探讨，更遑论项目试点和实操。由于这一新生事物及国家层面文件需要学习、宣贯、研究和讨论，各级政府需要时间制定配套试点、推广实施文件。实际上，首批全过程工程咨询试点项目实施落地已经到了2018年下半年。

（3）由于各方面条件的制约和国家层面指导意见的宏观性限制，以及无成熟模式可借鉴的现实条件，国家不可能也没必要对全过程工程咨询给出具体的操作模式及实施做法，只能走鼓励打破传统建设管理模式及行业壁垒束缚，积极改革创新发展和采用试点先试先行，及时总结经验教训，以点带面、循序渐进的发展路径。

（4）因此，《关于促进建筑业持续健康发展的意见》和《关于推进全过程工程咨询服务发展的指导意见》中均未给出全过程工程咨询的明确定义，亦未突出强调项目管理在全过程工程咨询服务中的地位和作用，虽稍感遗憾，但究其初衷和目的，就是要充分发挥地方政府、工程咨询行业和项目业主的主观能动性，遵循以发展目标和市场需求为导向、实事求是的客观态度和路径，加强供给侧改革，以试点省市和试点项目实践经验为起点和基础，不断总结和提高，逐步摸索出符合我国国情的全过程工程咨询发展道路和实施模式。但个别地区还存在以时机不成熟、条件不具备为借口，实则是懒政、不作为行为。

（5）由于上述情况，使得不少人主观上受惯性和传统思维影响，缺乏开拓进取、改革创新精神和动力，不愿开展全过程工程咨询，不愿当"出头的椽子、出头鸟"，造成客观上对全过程工程咨询的概念和理解认知模糊不清，不求甚解，未能从实质上真正领会其深刻内涵，只是望文生义、人云亦云。因此，存在对"1+N"模式心存疑虑甚至否定之声也就不足为怪了。这也是即使在房屋建筑和市政基础设施领域，"1+N"模式也未被完全认可的原因之一。

上述情况更迫切地需要我们进一步认真领会国家鼓励高质量发展和推行全过程工程咨询的精神实质，大胆改革创新、先试先行并不断总结提高，最终实现国内工程咨询行业与国际接轨、做大做强的战略目标。

4）综上，对于"0+N"模式（N≥2）的做法，如仅从国家发展全过程工程咨询的初心和使命以及业主方项目管理在工程项目建设中的重要地位和作用角度而言，可以说，凡不委托全过程项目管理的全过程工程咨询服务招标并非真正意义上的全过程工程咨询招标和服务。

同时，为促进和保护全过程工程咨询分阶段、循序渐进地健康发展，避免急于求成和一刀切，在全过程工程咨询发展初期和未充分开展全过程工程咨询的省市地区，可以兼顾考虑部分建设（业主）单位的多样化需求，认可并允许"1+N"模式中暂时采用不委托全过程项目管理而只组合其他专项专业咨询业务（"0+N"模式，N≥2）的全过程工程咨询招标和发包委托模式存在，作为准全过程工程咨询模式向真正意义上的正规全过程工程咨询模式的过渡做法。

二、项目实践是检验"1+N"模式是否为主流模式的试金石

全过程工程咨询已经开展五年，以广东深圳、浙江、江苏等地为代表的省市地区，通过不断进行理论探索和大量的全过程工程咨询项目试点、实践和经验教训总结完善，已充分证明了"1+N"模式符合以发展目标和市场需求为导向的原则和规律。

"1+N"模式在各地被广泛采用，是当地政府部门和众多项目业主投票的结果，不是国家或哪个建设行政主管部门强制推行和规定的模式和做法，而是经过市场检验和

筛选的模式和结果。虽然"1+N"模式中"N"的组合内容因各地及项目实际情况不尽相同，但"1"即全过程项目管理的地位和作用却日益牢固和加强。

三、项目业主和业主方项目管理服务及取费

1. 项目业主的地位和作用

项目建设（业主）单位，作为建设项目的内驱力和发动机，是国家规定的建设项目"四制"中"项目法人（业主）负责制"、项目投资决策、安全、质量和工期等的首要责任者。

2. 业主方项目管理

业主方项目管理是项目建设（业主）单位的主要工作内容，其既是一项贯穿项目全过程、全阶段、全方位（项目所有参建单位管理、近外层、远外层协调）的艰巨任务，同时又是一项纷繁复杂、事无巨细、专业度高、组织协调和指挥控制能力要求很高的管理工作。

1）业主方无论是选择自管还是委托项目管理，就建设项目管理业务本身而言，其工作范围和内容都是一样的，不会因委托与否而增多或减少，只不过委托项目管理后，业主方和被委托方之间的具体工作内容和界面（业主有限授权范围内）会发生相应改变和转移，工作质量和管理效果可能会有所不同甚至大相径庭，但业主方对于建设项目投资决策、安全质量、工期等的首要责任却不会改变。

2）面对如此巨大的管理协调工作量和如此之高的专业化知识体系要求，由于绝大多数建设单位并无相关建设项目管理经验，故一般来讲，委托、聘请具有相关咨询资质和丰富管理经验以及项目业绩的专业项目管理和工程咨询机构的管理效果会远好于业主自管模式。

3）前文已述，对于政府及国有投资项目业主采用委托国有投资建设（平台）公司进行全过程项目管理，而将其他专项专业咨询业务采用分别或打包组合的招标方式，项目业主（政府）一般会采用直接（非招标）委托项目管理（或代建）的方式，而国有投资建设（平台）公司往往不一定具备相应工程咨询资信评价信用等级及专业资质。

这种直接委托方式并不违法违规，因为对于工程服务类招标，国家招标投标法只规定达到一定规模的工程勘察、设计和工程监理三项业务必须进行招标，而对于项目管理、投资咨询、招标代理、造价咨询等并无硬性规定，故亦无服务费用超过100万元必须招标的规定。一般只需符合当地政府或国有企事业单位、集团等的内部规定即可。但是，此种直接委托（含合同谈判、比选、限定国有咨询机构等）方式并不符合国家推行全过程工程咨询的初衷，即工程咨询行业做大做强，与国际接轨，服务"一带一路"。此外，直接委托也不利于市场公平竞争、改善营商环境及对国有、民营企业一视同仁等政策的落实和实施。

4）采用委托国有投资建设（平台）公司进行全过程项目管理，而将其他专项专业咨询业务采用分别招标的方式，应该说，肯定不属于全过程工程咨询，而属于传统模式中

的委托项目管理模式，只是在业主完全自管模式基础上更进了一步，但仍是碎片化管理范畴（因为其他各项咨询业务还是分别委托）。

如业主采用委托国有投资建设（平台）公司进行全过程项目管理，而将其他专项专业咨询业务采用打包组合的招标方式，可归入准全过程工程咨询招标模式，或称过渡模式。

3.委托项目管理（含代建管理费）服务取费

全过程项目管理及服务取费主要分如下几种情形：

1）政府投资项目

对于政府（含行政事业单位）投资项目，全过程项目管理取费依据为《基本建设项目建设成本管理规定》（财建〔2016〕504号）（以下简称"504号文"）中的项目建设管理费。

2）国有投资项目

对于使用财政资金的国有和国有控股企业投资项目，全过程项目管理取费比照504号文中的项目建设管理费执行。

对于国有和国有控股企业经营性项目的项目资本，财政资金所占比例未超过50%时，全过程项目管理取费可不执行504号文中的项目建设管理费。

3）委托项目管理和实行代建制管理项目

当项目建设单位不实行业主自管模式，而实行委托项目管理或代建制管理模式时，一般不得同时列支委托项目管理费（或代建管理费）和项目建设管理费，确需同时发生的（即建设单位可预留或提前扣减一定比例的项目建设管理费留作自用），两项费用之和不得高于504号文中的项目建设管理费限额。即：委托项目管理服务取费≤504号文规定的项目建设管理费。

支付利润或奖励金额：同时满足工期、质量目标、项目投资控制在批准概算总投资范围3个条件时，可以支付项目管理或代建单位利润或奖励资金，额度≤项目管理费（或代建管理费）的10%。

4）其他投资性质项目

全过程项目管理服务取费不执行504号文中的项目建设管理费。由建设（业主）单位（招标人）根据市场和项目实际情况确定或与投标人、项目管理单位协商确定。

4."1+N"模式全过程工程咨询服务取费

"1+N"模式全过程工程咨询服务取费，一般采用"1+N"项咨询业务分项叠加计费的取费方式。其中"1"为项目管理取费，"N"代指其他各项专项专业咨询业务取费。

1）除项目管理以外的其他专项专业咨询取费问题，由于其中主要专项咨询，如投资咨询、勘察、设计、监理、招标代理等国家层面原均有取费标准，现服务价格放开后，原标准仍可作为参照或招标控制价；造价咨询国家层面原本就无统一取费标准，现仍可执行各省市及地区现行取费标准；新兴及专业性、行业性强的咨询业务，如BIM、绿色建筑、PPP、各种评价咨询、信息化、展陈工程、舞台机械、医疗工艺咨询等，可按照或参照各省市、地区及行业协会已有和新制订的服务价格标准或指导意见等。

2）由于项目管理的取费依据仍然为《基本建设项目建设成本管理规定》(财建〔2016〕504号)文，且该取费标准多年来已被大量项目实践证明取费过低（应提高50%以上），满足不了全过程项目管理服务的成本费用支出，成为制约全过程工程咨询发展的掣肘和瓶颈，从而也成为业内要求政府提高服务价格呼声最高的焦点问题。

3）目前，国家对政府投资项目管理越来越严格，在各项咨询服务价格被陆续放开的大环境下，单纯要求和呼吁政府重新制订或提高工程咨询服务指导价格，历经多年实践，已被证明收效甚微或行不通。

4）笔者通过多年项目实践认识到，要解决项目管理取费过低问题，出路可能还要在项目本身寻找，这同样也可以理解成一种不"等、靠、要"，或大胆创新的精神。

政府越来越重视政府和国有投资项目初步设计概算审批和"超概"问题。初步设计概算中所谓"二类费"也就十几项内容，很多咨询服务内容并未列入，如第三方检测、委托尽职调查、精细化审图、专家论证研讨、全过程审计、结算审计、项目奖励等；不少初步设计概算中不但全过程造价咨询不能列支，就连大家熟悉的造价咨询（工程量清单、控制价编制）也未能幸免。

5）对项目业主而言，上述咨询服务业务很必要和急需，但批复的初步设计概算又未列支，那么费用从何处支出呢？经过大量调查研究发现，在同时满足工期、安全质量目标、项目投资控制在批准概算总投资范围3个条件下，业主方为了满足项目实际需要，在不违反国家及当地政府相关法律法规的前提下，可以委托初步设计概算中未列支的咨询服务，并在项目结算、决算中列支费用，只要不"超概"。

6）在解决全过程工程咨询项目管理取费上，以广东省和深圳市为代表的先行先试省市为我们树立了榜样。广东省2018年率先出台了《全过程项目管理服务取费指导意见》，将项目管理最高费率提高至3%。

深圳市在政府投资项目全过程工程咨询招标时，并未完全拘泥于项目可研报告和初步设计概算中项目管理批复额度，而是从全过程工程咨询全局着眼，在保证项目不"超概"的前提下，一是采用将与项目管理打包招标的其他咨询业务（如监理）设置为"不可竞价项"的办法，将取费标准与可竞价之间的价差补贴给项目管理；二是设立奖励金额和项目课题研究费用，奖励优秀的项目管理服务；三是充分利用公开招标的优势，努力实现合理的批复额度和中标合同额之间的额度差；四是科学设立预留金，保证满足项目的正常需要。

上述措施的主要目的是为了保证以项目管理为代表的重要咨询业务高质量完成，同时实现政府投资项目对投资、质量和工期等的综合要求。

综上，"1+N"模式已成为全过程工程咨询服务的主流模式。但是，推行全过程工程咨询还有很长的路要走，还有很多的问题要解决。业主方项目管理是建设项目管理中最重要的环节和内容，而项目管理取费又是目前全过程工程咨询服务中最难解决的问题之一。广东省和深圳市的做法为我们提供了新的思路，值得学习和借鉴。

附件二 全过程工程咨询配套习题

工程咨询协会注册咨询（投资）工程师继续教育课程
全过程工程咨询配套习题（2021）

（加粗字体为正确答案）

第一节：

1. "1+N"模式中的"1"是指：

A.工程监理　B.工程设计　C.工程咨询　**D.全过程项目管理**。

2. "1+N"模式中的"X"是指：

A.招标代理

B.BIM咨询

C.除项目管理以外的其他工程咨询业务

D.绿建咨询

3. 全过程工程咨询概念何时由何部门提出？

A. 2017年，住房和城乡建设部

B. 2019年3月，国家发展改革委

C. 2017年2月，国务院办公厅

D. 2018年11月，国家发展改革委、住房和城乡建设部

4. 住房和城乡建设部指定全过程工程咨询共有多少个试点地区和多少家单位？

A. 8，20　B. 15，30　C. 10，50　**D. 8，40**

5.《关于促进建筑业持续健康发展的意见》中，全过程工程咨询的主要服务对象是谁？

A.施工单位　B.政府　**C.项目业主**　D.审计机构

第二节：

6.《关于促进建筑业持续健康发展的意见》中，全过程工程咨询的适用范围？

A.所有建设行业

B.除水利和交通工程以外的工程项目

C.房屋建筑、市政基础设施工程

D.公共建筑工程

7.《关于促进建筑业持续健康发展的意见》中,政府鼓励企业采用哪些改革措施开展全过程工程咨询?

A.国际接轨

B.合作经营、并购重组等

C.股份制改造

D.转型升级

8.全过程工程咨询服务中,全过程项目管理的地位?

A.可有可无,看业主意向

B.核心地位,不可或缺

C.专项咨询业务

D.可与工程监理二选一,相互替代

9.《关于促进建筑业持续健康发展的意见》中,对全过程工程咨询服务项目负责人的注册和职称有无要求?

A.未明确　　**B.有,工程类注册资格和高级职称**

C.没有　　　D.高级工程师

10.全过程工程咨询属于制度设计还是模式设计?

A.制度设计　　B.法规设计　　C.强制推行　　**D.模式设计**

第三节:

11."1+N"模式中的"N"包括:

A.工程设计　　　　　　**B.工程监理**

C.工程施工　　　　　　**D.决策阶段综合性投资咨询**

12.EPC模式包括:

A.工程设计　　　　　　B.工程监理

C.工程施工　　　　　　**D.工程材料设备采购**

13.全过程项目管理与工程监理的关系:

A.基本相同

B.工程监理属强制性招标范围

C.前者项目工作周期更长

D.工程监理只管工程施工安全和质量

14.全过程工程咨询与工程总承包的关系:

A.均属工程咨询范围

B.均属工程承包范围

C.前者属工程咨询服务行业

D. 工作范围

15. 业主自行管理工程项目，而分别委托勘察设计、工程监理、造价咨询等业务，该项目是否是全过程工程咨询？

A. 是   B. **不是**   C. 说不清   D. 碎片化管理

第四节：

16. 业主自行管理工程项目（不委托项目管理），而将可研报告编制、工程监理、造价咨询等业务打包招标，该项目是否为全过程工程咨询？

A. 是   B. **不是**   C. 说不清   D. 有争议

17. 业主自行管理工程项目，而分别委托勘察设计、工程监理、造价咨询等业务，该项目否是为全过程工程咨询？

A. 是   B. **不是**   C. 说不清   D. **不是，属于碎片化管理**

18. 全过程项目管理与全过程工程咨询的区别：

A. 二者基本相同   B. 前者以协调管理为主
C. 后者包含前者   D. 有争议，前者是后者的核心业务

19. 深圳市推行的全过程工程咨询招标模式主要是：

A. 项目管理   B. 项目管理+造价咨询
C. 项目管理+工程设计   D. **项目管理+工程监理**

20. 政府投资项目代建制北京模式类似于哪种项目管理模式？

A. 顾问式   B. **承包型**   C. PMA   D. PMC

第五节：

21. 项目实施期的项目管理与工程监理的工作内容基本相同。

（正确，**错误**）

22. 只有住房和城乡建设部和各试点省市批准的试点咨询单位才能开展全过程工程咨询服务。

（正确，**错误**）

23. 投标单位必须具备全过程工程咨询服务招标所含咨询业务国家规定的相应咨询资质和资信评价等级。

（**正确**，错误）

24. 目前，政府投资项目全过程项目管理和代建服务的取费依据为财建〔2016〕504号文中的项目建设管理费。

（**正确**，错误）

25. 全过程工程咨询服务的联合体牵头单位可以将全过程项目管理业务委托给联合体成员单位完成。

（正确，**错误**）

第六节：

26. 全过程工程咨询服务是否可以采用所含各项咨询业务叠加式取费？

（是，**否**）

27. 全过程工程咨询招标联合体成员单位可以超过三家吗？

（可以，**不可以**）

28. 全过程工程咨询服务，将各项咨询业务简单叠加即可，而不是将其有机融合，全过程、集成式、一体化服务。

（正确，**错误**）

29. 工程建设项目采用了EPC模式后，是否就不必或不能采用全过程工程咨询模式？

（是，**否**）

30. 全过程工程咨询是否必须包含投资决策、实施和运维三个阶段？

（是，**否**）

工程咨询协会继续教育课程配套试题及答案（2022年）

（加粗字体为正确答案）

第一部分 全咨发展趋势

1. 住房和城乡建设部全过程工程咨询试点省市共有多少个？

A.5 B.8 C.10 **D.40**

2. 住房和城乡建设部全过程工程咨询试点期为几年？

A.3 B.1 C.4 **D.2**

3. 全过程工程咨询开展最好的是哪两个省份？

A. 北京、上海   **B. 浙江、广东**

C. 广东、广西   D. 江苏、山东

4. 全过程工程咨询概念由哪一年、哪个部门提出？

A. 2019，住房和城乡建设部   B. 2018，国家发展改革委

C. 2017，国务院办公厅   D. 2018，中国工程咨询协会

5. 国家发展改革委、住房和城乡建设部哪个文件颁布《关于推进全过程工程咨询服务发展的指导意见》？

A. 515号 B. 670号 C. 504号 D. 101号

6. 当前，采用哪种全过程工程咨询服务模式最多？
A. 建筑师负责制　　　　B. 设计＋造价咨询
C. 设计＋监理　　　　　**D. 项目管理＋工程监理**

7. 目前，参与全过程工程咨询服务项目最多的是哪类咨询机构？
A. 造价　**B. 监理**　C. 设计　D. 招标代理

8. 我国东南沿海地区与中西部地区相比，谁的全过程工程咨询开展得更好？
A. 后者　**B. 前者**　C. 差不多　D. 北方地区更好

9. 从某种程度上讲，全过程工程咨询开展情况与当地GDP数值高低有一定关联性吗？
A. 没有　**B. 有**　C. 关联度很弱　D. 二者为负相关关系

10. 深圳市开展全过程工程咨询在全国处于什么水平？
A. 一般　**B. 前列**　C. 不清楚　D. 靠后

11. 国内工程设计单位参与全过程工程咨询服务的整体情况，与工程监理单位相比，谁更好一些？
A. 差不多　B. 前者　**C. 后者**　D. 造价单位更好

12. 目前，全过程工程咨询服务组合理论上可以有多少项咨询业务？
A. 1～2　B. 2～3　C. 4～5　**D. 9～10**

13. 什么是建设工程"四制"？
A. 建筑师负责制、招标制、监理制、合同管理制
B. 建筑师负责制、安全管理制、质量管理制、施工单位负责制
C. 建筑师负责制、施工单位负责制、监理制、招标制
D. 项目法人责任制、招标投标制、工程监理制和合同管理制

14. 全过程工程咨询服务可以转委托吗？
A. 可以　B. 不可以　C. 不清楚　D. 515号文未提

15. 政府投资项目委托全过程项目管理的取费依据是什么？
A. 670号　**B. 504号**　C. 不清楚　D. 双方协商

16. 建筑师负责制属于全过程工程咨询吗？
A. 不属于　B. 属于工程总承包　C. 不清楚　**D. 属于**

17. 全过程项目管理在全过程工程咨询服务中是否具有核心地位和作用？
A. 不清楚　**B. 是**　C. 否　D. 可能是

18. 全过程工程咨询具有什么优势？
A. 工期短　　　　B. 投资省
C. 质量好　　　　**D. 集成化、跨阶段、一体化**

19. 同一项目可以既采用全过程工程咨询模式，同时又采用EPC发包模式吗？
A. 可以　　　　B. 不可以
C. 不清楚　　　　D. 主要取决于设计单位

20. 全过程工程咨询服务单位必须具备工程咨询咨信评价资质。（√ ×）

21. 按照全过程工程咨询相关规定，同一单位不能在同一项目中既承担项目管理，又同时承担工程监理和造价咨询等业务。（√ ×）

22. 全过程工程咨询服务必须以工程设计为核心。（√ ×）

23. 全过程工程咨询服务的优势之一是变内部协调为外部管理。（√ ×）

24. 全过程工程咨询改变了单纯委托项目管理的不足，把业主授权管理变为合同管理。（√ ×）

25. 全过程工程咨询服务中的全过程造价咨询只承担工程量清单和招标控制价编制工作。（√ ×）

26. 国家推行全过程工程咨询主要是为了鼓励国内咨询企业做大做强，与国际接轨，参与国际竞争和"一带一路"建设。（√ ×）

第二部分 "1+X"模式

27. 全过程工程咨询服务与项目管理是何关系？

A.并列关系　　　**B.前者包含后者**

C.无关系　　　　D.后者包含前者

28. "1+X"模式中的"1"是指什么？

A.设计　B.监理　C.造价　**D.全过程项目管理**

29. "1+X"模式中的"X"是指什么？

A.未知数　　　　B.附加业务

C.其他咨询业务　D.造价咨询

30. "全过程项目管理+工程监理"模式属于全过程工程咨询服务吗？

A.属于　　　　　B.不属于

C.属于全过程造价咨询　D.不清楚

31. "1+X"模式中，"X"可以等于0。（√ ×）

32. PMA是指承包型项目管理。（√ ×）

33. 采用"1+X"模式，全过程工程咨询单位只负责协调管理，而不负责具体咨询业务。（√ ×）

第三部分 全咨总分包模式

34. 工程总承包与全过程工程咨询的主要区别是什么？

A.工程范围不同

B.工程阶段不同

C.工作内容不同

D.前者属于工程承包性质，后者属于工程咨询服务性质

35. 全过程工程咨询项目招标时包含项目管理、设计、监理等咨询业务，中标后是否还需要进行设计和监理招标？

A. **不需要**　　　　B. 需要
C. 看具体情况　　D. 如为政府投资项目则需要

36. 什么项目适宜采用建筑师负责制模式？

A. 政府投资项目　　B. 住宅项目
C. 工业项目　　　　D. **公共建筑项目**

37. 全过程工程咨询是否可以接受联合体模式？

A. 不可以　　B. **可以**　　C. 不大于三家　　D. 可以总分包

38. 全过程工程咨询最主要的咨询业务为哪四项？

A. 设计、招标采购、BIM咨询、造价咨询
B. 监理、设计、造价、招标采购
C. 造价、勘察、设计、监理
D. **全过程项目管理、工程设计、工程监理、全过程造价咨询**

39. 全过程工程咨询服务转委托（分包）时，咨询总包单位对分包单位承担连带责任。（√ ×）

40. 在全过程工程咨询单位招标中，项目业主平行发包是指业主发包选择全过程工程咨询单位的同时，再单独发包选择某一项或几项其他咨询业务。（√ ×）

参考文献

[1]《国务院办公厅关于促进建筑业持续健康发展的意见》.

[2]《关于推进全过程工程咨询服务发展的指导意见》.

[3] 中国建筑业协会. T/CCIAT 0024—2020全过程工程咨询服务管理协会[S].北京：中国建筑工业出版社，2020.

[4] 中国招标投标协会.《建设项目全过程工程咨询服务招标文件示范文本》.

[5] 浙江省住房和城乡建设厅. DB33/T 1202—2020全过程工程咨询服务标准[S]. 2020.

[6]《深圳市推进全过程工程咨询服务发展的实施意见》.

[7]《深圳市推进全过程工程咨询服务导则》.

[8]《深圳市推进全过程工程咨询招标文件》(示范文本).

[9]《深圳市建设工程全过程工程咨询服务合同》(征求意见稿).

[10] 皮德江.全过程工程咨询内容解读和项目实践[M].北京：中国建筑工业出版社，2019.

[11]《深圳市建筑工务署项目策划方案编制大纲》.

[12]《深圳三馆建筑群项目策划实施方案》.

[13]《深圳建筑工务署全过程工程咨询合同履约评价管理细则（试行）》.